Cher Michel.

Entre le mur de Planck
et celui des lamentations
Entre rêve et réalité
où est la vérité ?
Mais où est Dieu ?

Michel Vanvier

AVANT LE BIG BANG

DES MÊMES AUTEURS

DIEU ET LA SCIENCE, entretiens avec Jean Guitton, Grasset, 1991.

IGOR
BOGDANOV

GRICHKA
BOGDANOV

AVANT LE BIG BANG

La création du monde

Préface de
ARKADIUSZ JADCZYK

BERNARD GRASSET

PARIS

A la mémoire d'André Lichnerowicz
et de Moshé Flato

*Le monde a été fait non dans le temps,
mais avec le temps.*

Saint Augustin,
Les Confessions, livre XI

PRÉFACE

— • — • —

par

Arkadiusz Jadczyk

22 octobre 2002. C'est par une journée d'automne comme les autres qu'allait éclater, sans que personne l'ait prévu, l'étrange « *affaire Bogdanov* ».

Tout a commencé par une mystérieuse lettre adressée par un physicien allemand à un certain Ted Newman, célèbre scientifique américain de l'université de Pittsburgh, l'un des grands fondateurs de la théorie des trous noirs (le célèbre « trou noir de Kerr-Newman »). Or, ces quelques lignes vont mettre le feu aux poudres. A peine quelques heures plus tard, le message du physicien allemand explose dans le monde entier, en un Big Bang à vous couper le souffle : John Baez, un mathématicien américain de l'université de Californie, à Riverside, venait de publier un article stupéfiant sur *science.physics.research*, un forum de discussion dont il était le modérateur et l'un des principaux contributeurs depuis sa création sur l'internet en 1993.

Comme j'étais moi-même un collaborateur actif de ce forum scientifique, l'onde de choc m'a atteint à peine trois minutes plus tard ! Dès le premier instant, j'ai pris conscience de l'importance de cette discussion qui se développait partout dans le monde et j'ai tout de suite senti que son retentissement serait considérable. C'était comme une réaction en chaîne, susceptible à tout moment de s'emballer : des événements chaotiques, non linéaires, orchestrés par des forces souvent antagonistes, dont les conséquences étaient à peine prévisibles. Mais quels étaient les enjeux ? Qu'y avait-il de si brûlant, de si *crucial* au cœur de ce débat étonnant ? En réalité cinq articles, publiés par Igor et Grichka Bogdanov dans plusieurs revues de physique théorique (dont *Annals of Physics* aux Etats-Unis). Cinq articles qui proposent, grâce à des concepts mathématiques avancés, un modèle très intéressant de l'origine de l'Univers.

Le 9 novembre 2002, cet événement fait les gros titres du célèbre quotidien le *New York Times* : « French Physicists' Cosmic Theory Creates a Big Bang of Its Own[1] ». Dès le lendemain, les journaux internationaux les plus importants tels que *Nature, The Economist, Courrier International, Le Monde, Die Zeit,* la *Pravda* etc., allaient se faire les relais d'un formidable débat mondial : s'agissait-il d'un canular ? Ou les Bogdanov avaient-ils réellement découvert l'origine de l'Univers ? Pourquoi ces cinq articles ont-ils déclenché une telle tempête ? Pourquoi un tel impact ? Quel était le centre opérationnel de cette affaire, s'il y en avait un ? Igor et Grichka étaient-ils la cible des services secrets américains à cause de leurs découvertes ? Y avait-il quelque chose dans leurs travaux que certaines « agences » avaient intérêt à étouffer à jamais ?

Peut-être. Curieusement, il y a toujours eu des sujets et des théories que la science conventionnelle a jugés « dangereux ». Au sommet de la liste figure aujourd'hui la question de l'origine de l'Univers. Plus précisément, les soi-disant « spéculations » concernant ce qui a pu se passer « avant le Big Bang », à des échelles inférieures au Mur de Planck (la frontière intérieure du monde physique). En voici un exemple : en 1997, John Baez a publié une liste intéressante de ce qu'il appelle sur son site

---

1. « La théorie cosmologique de deux physiciens français crée un Big Bang en soi ».

12

« Questions ouvertes en physique[1] ». Et bien sûr, la première des « questions dangereuses » est celle de l'instant zéro : « Que s'est-il passé au moment du Big Bang ou avant le Big Bang ? Y a-t-il vraiment eu une Singularité Initiale ? Peut-être que ces questions ont un sens, peut-être aussi n'en ont-elles aucun. »

Pour autant, ce sont précisément ces mêmes questions que se sont posées Igor et Grichka Bogdanov. A-t-il existé, dans un lointain passé, une immense explosion cosmique, celle d'un atome primitif qui aurait soudain engendré l'Univers ? Y a-t-il un « instant zéro » au « tout début » de l'Univers ? Comment et de quoi le cosmos est-il né ? Y a-t-il eu « quelque chose » avant le Big Bang ? Ces questions ont-elles un sens ? La physique est-elle à même de répondre ? S'il *y a eu* un Big Bang, ce devait être une « Singularité ». Et cette Singularité devait être la plus importante de toutes, car elle était nécessairement à l'origine de l'Univers que nous connaissons.

Soit. Mais comment résoudre le problème posé par cette Singularité ? La physique n'a rencontré ce qu'on appelle des *solutions singulières* que lors des difficiles tentatives de « mariage » entre les deux théories qui ont révolutionné la première moitié du XXe siècle : la relativité (théorie à grande échelle, celle de l'Univers) et la mécanique quantique (théorie à petite échelle, celle des atomes). Vers la fin des années vingt, les grands physiciens Dirac, Heisenberg et Pauli remportent un premier succès en formulant la théorie quantique relativiste de la lumière et de la matière : la fameuse « électrodynamique quantique » qu'on retrouve aujourd'hui dans de nombreux laboratoires. Or cette théorie conduit, en effet, à des catastrophes mathématiques : des solutions singulières inévitables, des « singularités ». Pire : le cauchemar se reproduit dans les années 1960-1970, lorsque le mathématicien Roger Penrose démontre, de façon tout à fait convaincante – et, à sa suite, Stephen Hawking et George Ellis

---

1. John Baez, http: //www.weburbia.demon.co.uk/physics/open_ques tions.html

– que les singularités se logent dans tout espace-temps possible, pour peu que cet espace-temps représente une solution des équations relativistes d'Einstein.

Mais il n'y a pas que les « grands théorèmes de Singularité ». Les modèles cosmologiques représentant l'Univers en expansion débouchent, eux aussi, sur une singularité à l'« instant zéro ». Bien sûr, on a eu l'espoir de parvenir à construire, pourquoi pas, de meilleurs modèles, sans Singularité Initiale. Beaucoup s'y sont essayés, sans succès. Car les théorèmes de Singularité de Penrose, Hawking et Ellis anéantissent tout espoir de résoudre le problème sans remettre en question les lois fondamentales de l'Univers. Et c'est alors qu'Igor et Grichka Bogdanov se lancent à leur tour dans cette aventure hautement spéculative : traverser la barrière de Planck et atteindre le point zéro de l'Univers. Mais cette recherche est si transgressive, si spéculative, qu'elle va déclencher l'incroyable débat mondial dont nous avons déjà parlé.

Or, il se trouve que mon propre mémoire de maîtrise en physique théorique concernait déjà la théorie du Big Bang et l'évolution de l'Univers d'après une variante originale du modèle cosmologique de l'univers en expansion de Friedmann-Lemaître. Ce modèle met en lumière une question très mystérieuse : celle d'une « Singularité Initiale » passée. John Wheeler, un éminent physicien de l'université de Princeton (celui qui a contribué dans les années cinquante à la construction de la première bombe à hydrogène américaine), en fera – avec d'autres – le commentaire suivant : « *Quand on réfléchit aux fondements de la physique d'un point de vue cosmologique, il n'existe pas de question plus profonde que celle de savoir ce qui a pu "précéder" le "Big Bang", cet "état initial" de température, de pression et de densité infinies. Et malheureusement, en 1973, on est très loin d'approcher la solution du problème[1].* »

---

1. C. W. Misner, K. S. Thorne and J. A. Wheeler, *Gravitation*, Freeman and Co, New York, 1973, §28.3.

14

Trente ans plus tard, aucun progrès décisif n'avait encore été accompli. C'est dans ce contexte qu'Igor et Grichka soutiennent leurs thèses et publient leurs articles scientifiques. Ils proposent d'appliquer ce qu'on appelle la « condition KMS » à l'état initial de l'Univers. Qu'est-ce que cela signifie ? Ici, le hasard a voulu que ma propre thèse de doctorat porte sur les états d'équilibre thermique des systèmes quantiques. En termes techniques, ces états doivent satisfaire la fameuse condition KMS (d'après les noms de trois physiciens, Kubo, Martin et Schwinger). Je connaissais donc bien les outils mathématiques très sophistiqués qui, seuls, permettent d'étudier les propriétés de ces états d'équilibre. Et j'ai donc pensé que je serais à même de comprendre les idées d'Igor et Grichka, d'en discuter avec eux, et peut-être même, de les aider.

*

La physique repose sur un certain nombre de *constantes fondamentales*, comme on les appelle. L'une d'entre elles est la constante de Planck. Elle établit une sorte de frontière entre les phénomènes classiques et les phénomènes quantiques. Une autre de ces constantes est la constante gravitationnelle, qui mesure la force d'attraction. Mais la mieux connue de ces constantes fondamentales est certainement la vitesse de la lumière – elle définit la frontière entre les théories de la relativité de Galilée-Newton et celles de Minkowski-Einstein. Quoi qu'il en soit, ce sont ces trois constantes qui, lorsqu'on les combine entre elles, forment ce que l'on appelle la « longueur quantique », un nombre qui constitue un « mur » entre « l'espace classique » et « l'espace quantique » ; un mur entre le « temps réel » et le « temps imaginaire ».

L'espace classique est l'espace que nous connaissons, celui dans lequel nous vivons. L'espace quantique est un espace dans lequel nous ne vivrons jamais et duquel nous ne pouvons avoir qu'une lointaine intuition. On peut se le représenter comme une « écume » bouillonnante et infiniment chaotique, où des morceaux d'espace se rejoignent et se séparent, un espace où les notions de « longueur » et de « forme » n'ont plus de sens. De plus, les points de raccordement entre les régions distantes se font par des « ponts » ou des « trous de ver » qui se forment ou disparaissent si « rapidement » que toutes ces différentes configurations coexistent « simultanément ». En termes mathématiques, cela signifie que cet « espace quantique » doit être décrit par une sorte de géométrie non commutative fondée sur des potentialités aristotéliciennes – des « tendances à exister » – plutôt que sur des faits observables. Ces questions touchent aux secrets les plus fascinants et les plus fondamentaux de notre univers : la réalité dans laquelle nous vivons. La découverte des clefs qui permettront un jour d'accéder à ces secrets donnera alors littéralement la liberté à l'humanité entière.

Pour l'heure, les problèmes demeurent. Comment unifier l'infiniment grand et l'infiniment petit ? Dans un premier temps, inspirée des vieilles idées des physiciens Kaluza et Klein, une tentative pour unifier l'électromagnétique et la relativité conduit à ajouter des dimensions d'espace-temps « invisibles » aux fameuses théories de jauge non-abéliennes. Dès 1921, Theodor Kaluza parvient à une unification de la relativité et de l'électromagnétique en ajoutant une dimension d'espace « supplémentaire » ; la cinquième dimension. En 1981, le célèbre physicien mathématicien Edward Witten, médaille Fields, le grand maître de la théorie des cordes, publie son article fondateur[1], dans lequel il reprend des idées encore plus anciennes. Avec l'espoir

---

1. Witten, E., « Search for a Realistic Kaluza-Klein Theory », *Nuclear Physics* B186, 412 (1981).

qu'au-delà des quatre dimensions d'espace-temps les théories quantiques se montreront moins divergentes et plus « dociles ». Comme j'en ai fait état ailleurs[1], l'article de Witten n'était pas *exact* d'un point de vue mathématique. Cela m'a pris plusieurs années, d'abord au CERN puis au CPT CNRS de Marseille, avant de parvenir, en collaboration avec le physicien mathématicien Robert Coquereaux, à développer un langage mathématique qui permette de préciser certains calculs et hypothèses de Witten. En 1988, Robert Coquereaux et moi-même avons publié une monographie résumant les résultats de notre recherche conjointe[2].

Aujourd'hui, après que quantité d'espoirs se sont évanouis et que de nombreuses tentatives (dont la théorie des supercordes) sont demeurées vaines, il est évident que de profonds remaniements de la théorie quantique sont nécessaires. D'importants développements formels dans le domaine de l'unification de la théorie quantique et de la relativité sont dus au célèbre mathématicien Alain Connes et à son travail novateur dans le domaine de la géométrie non commutative. En 1993, Robert Coquereaux, en collaboration avec un autre physicien mathématicien, Michel Dubois-Violette, organise les premiers séminaires de l'Ecole de mathématiques et de physique théorique à Saint-François, en Guadeloupe[3]. C'est là que le physicien mathématicien Daniel Kastler donne sa « Conférence sur la géométrie non commutative d'Alain Connes et ses applications aux interactions fondamentales ». J'y ai donné moi-même un séminaire sur les « Problèmes de

---

1. http//www.cassiopaea.org/cass/bog-ark4.htm
2. R. Coquereaux et A. Jadczyk, « Riemannian Geometry, Fiber Bundles, Kaluza-Klein Theories and all that… », *Lecture Notes in Physics*, vol. 16, World Scientific, Singapore, 1988.
3. *Infinite Dimensional Geometry, Non Commutative Geometry, Operator Algebras, Fundamental Interactions*. ed. R. Coquereaux *et al.*, World Scientific, Singapore, 1995.

dynamique quantique[1] », où j'ai décrit de nouveaux chemins dans le domaine de la physique quantique, chemins dont j'espère qu'ils pourront permettre de sortir de l'impasse où elle se trouve, et d'échapper ainsi à « l'ornière quantique ».

De nombreux physiciens sont d'accord pour dire que la nouvelle théorie, celle qui peut réellement changer les paramètres, doit être « suffisamment folle » – sinon, elle aurait déjà été découverte. Comme je l'ai écrit ailleurs dans mon site web, mon « hypothèse de travail » est que les recherches des Bogdanov pourraient contribuer à changer quelque chose dans la physique théorique. En particulier, ils ont eu l'idée intéressante d'utiliser la condition KMS pour décrire l'état du (pré-) espace-temps à l'origine de l'Univers. Dès lors, si, à un « instant » donné, la Nature obéit aux lois de l'état KMS, elle sera nécessairement soumise à des « fluctuations quantiques ». Mais comment dépasser cet état ? Il faut une autre théorie. Pour notre part, le physicien Philippe Blanchard et moi-même avons développé une « Théorie Quantique des Evènements » ou EEQT (« Event Enhanced Quantum Theory »). Il faut comprendre que l'évolution d'un système quantique, même à l'échelle de l'Univers, est loin d'être paisible. Elle est faite de « sauts quantiques », d'« évènements », de « catastrophes ». C'est ce que les Bogdanov appellent « la tempête quantique ». Or, il est impossible de décrire mathématiquement de tels sauts ou événements en ayant une approche standard, ou même avancée, de la théorie quantique telle qu'elle est présentée dans les manuels de référence. Il est nécessaire, comme l'ont fait les Bogdanov, d'avoir recours aux algèbres d'opérateurs, à la dynamique des semi-groupes – ces outils mathématiques permettant de rendre compte des systèmes

---

1. En collaboration avec Philippe Blanchard. Cf. « EEQT – a Way Out of the Quantum Trap », in *Open Systems and Measurement in Relativistic Quantum Theory*, Breuer, H.-P., Petruccione, F. (eds.), Springer-Verlag, coll. « Lecture Notes in Physics », 1999.

quantiques ouverts – et aux processus aléatoires. Il faut pouvoir décrire dynamiquement ces « transitions de phase » et brisures de symétrie, comme lorsque de la vapeur d'eau se condense pour devenir de l'eau liquide ou lorsque l'eau liquide gèle et se transforme en neige ou en glace. La fluctuation de la signature de l'espace-temps décrite par les Bogdanov à petite échelle, dans ce passé lointain de l'Univers, est du même ordre. Or, cette idée de fluctuation (qu'ils ont introduite en 1999 dans leurs travaux) pourrait bien déboucher sur de nouvelles perspectives en physique. Nous vivons dans un monde à quatre dimensions : trois dimensions d'espace, une dimension de temps. Mais pourrait-il exister une cinquième dimension ? C'est ce que proposent les Bogdanov : leur idée de fluctuation du temps implique, *naturellement*, l'existence d'une cinquième dimension. Dans un contexte différent, cette cinquième dimension avait déjà été vue par Kaluza et Klein en 1921, par Einstein et Bergman en 1938, et par moi-même dans les années quatre-vingt. Mais, aujourd'hui, il s'agit, selon les statistiques des éditeurs scientifiques, du sujet le plus « brûlant » des années 2003 et 2004. Il est intéressant d'observer que le type d'oscillation de signature lié à la cinquième dimension n'est possible, d'un point de vue dynamique, que lorsque l'Univers est « ouvert »[1]. De même, pour tenter de

---

1. C'est pour cette raison précise que nous avons conçu la théorie quantique des évènements (TQE). On trouvera un court article récent sur la TQE dans « How events come into being : eeqt, particle tracks, quantum chaos, and tunneling time », in *Mysteries, Puzzles and Paradoxes in Quantum Mechanics*, Rodolfo Bonifacio, ed., Woodbury, NY, American Institute of Physics, 1999 (AIP Conference Proceedings, n° 461) ; paru aussi dans *Journal of Modern Optic*, 47 (2000), 2247-2263 (en collaboration avec Ph. Blanchard et A. Ruschhaupt). Le recours à l'observation des « évènements » en mécanique quantique a été discuté également par R. Haag dans « Objects, Events and Localization », in *Quantum Future, From Volta and Como to Present and Beyond*, Proceedings of the Xth Max Born Symposium, Przesieka, Poland, 24-27 september 1997, Springer, Berlin-Heidelberg-New York, 1999, coll. « Lecture Notes in Physics », 517, Ph. Blanchard et A. Jadczyk (eds).

résoudre ces problèmes, faut-il avoir l'esprit ouvert et être réceptif aux idées nouvelles : ainsi seulement peut-on comprendre la nécessité de développer les structures concep-tuelles et les outils mathématiques existants.

Peut-être l'ère d'une physique nouvelle se profile-t-elle à l'horizon. Comme le grand mathématicien André Lichne-rowicz l'a écrit dans l'un de ses ouvrages[1] : *« L'heure paraît venue où des chercheurs jusqu'alors séparés vont pouvoir unir leurs efforts en vue d'une tâche commune. Ils ne sont pas habitués à une pareille rencontre. Certains pourraient même penser qu'elle n'est pas opportune. Chacun a son propre langage que l'autre ne comprend pas [...]. Mais ensemble ils auront bien davantage de chances de résoudre le mystère de l'Univers. »*

Et peut-être ainsi parviendront-ils à trouver des réponses aux importantes questions encore ouvertes en science, en particulier celles qui sont posées dans ce livre.

Pr Arkadiusz Jadczyk,
International Institute of Mathematical Physics

---

1. *De la causalité à la finalité*, Maloine, 1988. En 1965, Lichnerowicz est président du jury de thèse de Moshé Flato. Vingt-cinq ans plus tard, Lichnerowicz présente Igor et Grichka à ce dernier et leur suggère de poursuivre leurs travaux de thèse sous sa direction.

———— • ———— • ————

Les trois mondes

Un champ d'herbes folles et de marguerites, à la campagne, un soir d'été. En cueillant d'un geste bref, détaché, à peine pensé, une simple fleur des champs, nous entrons, sans le savoir, dans l'un des plus grands mystères du monde : là, au cœur de la marguerite, il y a un ordre, un équilibre, une loi de composition dont l'origine très énigmatique nous échappe totalement. Pour saisir ce mystère, il suffit de prendre une marguerite et de compter ses pétales : celle-ci en a 13. Curieusement, sa voisine, elle, en a 21. Quant aux 3 autres, un peu plus loin, elles ont chacune 34, 55 et 89 pétales. Or le mystère, à la fois simple et vertigineux, le voici : vous ne trouverez jamais de marguerite dotée de 14, 22 ou 56 pétales. Pourquoi ? Parce que – comme dans toutes les fleurs – le nombre de pétales des marguerites n'est pas distribué au hasard : il obéit à une suite mathématique connue, depuis le Moyen Age, sous le nom de « suite de

Fibonacci[1] *». Mais quel est le lien entre cette mystérieuse suite, une simple pomme de pin ou les écailles
d'un ananas ? Pourquoi le nombre de pétales d'une
fleur correspond-il, avec la plus grande rigueur, aux
nombres de la suite ? D'où vient cet ordre ? La question devient encore plus troublante lorsque l'on sait
que cette suite exprime une loi de croissance universelle que les mathématiciens ont nommée « spirale
logarithmique » (ou encore spirale d'or). Très étrangement, on la retrouve au cœur même de la nature
et de l'Univers, aussi bien dans le dessin des
coquillages que dans la distribution des feuilles sur
une branche, dans la spirale d'un brin d'ADN ou, à
très grande échelle, dans celle des galaxies. Mais ne
pourrait-on pas aller encore plus loin, et retrouver
cette fameuse spirale de nombres à l'origine même
de l'Univers ? La réponse est peut-être enfouie quelque part avant le Big Bang.*

*

*Notre monde, celui dans lequel nous vivons, est
fait de paysages, de maisons, d'abeilles, de nua-*

---

1. *Ce mathématicien, peut-être le plus grand du Moyen Age, vivait au
XIIe siècle. Il avait remarqué ceci : en partant du chiffre 1, si vous lui ajoutez
le nombre qui précède, vous obtiendrez la suite que voici : 1 + 0 donne 1,
1 + 1 donne 2, 2 + 1 donne 3, 3 + 2 donne 5, etc. La suite s'écrira donc : 0,
1, 1, 2, 3, 5, 8, 13, 21, 34, 55, 89, etc. Et si vous calculez le rapport entre
deux nombres successifs de cette suite*[1]*, vous obtiendrez un nombre transcendant (qui comme le nombre pi n'a pas de fin) et que les mathématiciens
du XVIIe siècle ont appelé « nombre d'or ». Il s'écrit 1,618 suivi d'une infinité
de décimales.*

ges, d'hommes et de fleurs que l'on peut voir et toucher dans les trois dimensions d'espace : longueur, largeur et hauteur. Comme l'avait senti Poincaré dans ces lointaines années 1900, à ces trois dimensions d'espace il faut en ajouter une autre : celle du temps. C'est en combinant ces quatre dimensions (on dit aussi des coordonnées) que l'on parvient à faire son chemin dans l'espace et dans le temps : un rendez-vous se donne toujours à telle adresse et à telle heure. Or, en termes scientifiques, une chose aussi banale qu'une rencontre avec quelqu'un devient beaucoup plus compliquée : il s'agit alors d'un « événement dans le cône de lumière, au croisement de deux lignes d'Univers ». Et dans cet espace-temps courbe dont l'origine se perd en tourbillons de lumière au fond du cône cosmologique découvert par Einstein, la distance entre chaque évènement (on dira, presque poétiquement, « la distance d'Univers ») est calculée dans l'espace et dans le temps grâce à ce qu'on appelle la métrique de l'espace-temps : trois signes plus pour l'espace, un signe moins pour le temps.

Ce monde-là, le nôtre, est décrit par la théorie de la relativité générale.

*

Or, « en dessous » de notre monde, nous le sentons, il y en a un autre, beaucoup plus infime. Nous *ne pouvons pas le voir. Nous n'avons qu'une idée très vague de ce qu'il est vraiment, même s'il commence, presque par enchantement, « dans un pétale de rose ». Il est bien plus petit que celui des atomes et des particules élémentaires. On le trouve au Mur de Planck, la plus petite distance entre deux points de l'Univers. Dans ce monde-là, le cône de lumière, qui nous permet de mesurer l'espace et le temps, se dissout et finit par s'évaporer au fond de l'infiniment petit. Là-bas, la métrique qui nous est familière, celle de notre monde, est inopérante. Nous entrons dans la grande tempête quantique : il devient impossible de donner rendez-vous à un ami à telle heure et à tel endroit : l'espace ravagé se déforme, s'enroule sur lui-même tandis que le temps, pulvérisé en d'innombrables tourbillons, ne s'écoule plus de manière homogène. A cette échelle, en imaginant que vous soyez juste devant votre ami, l'instant suivant il se trouvera à 1 000 ou à 100 000 kilomètres ; et au lieu d'être « stable dans le temps », il apparaîtrait devant vous avant même que vous lui ayez donné rendez-vous. En d'autres termes, dans le monde quantique, la métrique n'est plus la même que dans le nôtre : elle est fluctuante, c'est-à-dire que le temps et l'espace y sont déformés. S'il existe encore trois signes plus devant les trois dimensions d'espace (elles sont toujours là), en revanche, devant le temps devenu complexe, il y a maintenant le signe « plus » ou « moins ».*

Avertissement

Ce monde-là, dans lequel nous ne vivrons jamais, est décrit par la théorie quantique, les algèbres de Hopf et la théorie KMS.

*

Mais y a-t-il encore un autre monde ? quelque chose qui serait « en dessous » du monde quantique ? un univers « plus petit que tout » et qui aurait une taille nulle ? Ce monde-là, ce troisième monde, existe bel et bien. Nous l'avons découvert au-delà de la tempête quantique, tout au fond du cône de lumière. Là-bas la matière, l'énergie, toutes les forces qui nous sont familières, ont disparu. C'est le point zéro de l'Univers. Sans dimensions, hors du temps, information pure. Invariant, immuable, reflet de l'ordre le plus élevé que puisse concevoir l'esprit humain, il ne peut être décrit que par ce que les mathématiciens appellent un « indice topologique ». Sa métrique est totalement différente des deux autres : désormais « euclidienne », elle est gouvernée par une symétrie dont l'harmonie mathématique est inconnue dans notre monde. Qu'est-ce que cela signifie ? Simplement, que la quatrième coordonnée, celle du temps, n'est plus réelle mais imaginaire. Dans ce monde-là, il n'est plus question de donner rendez-vous à quiconque : le rendez-vous a déjà eu lieu, il aura lieu de toute éternité, du premier au dernier instant de l'Univers, en une totalité fantastique où tous les évènements sont superposés sous la forme

25

d'une seule et formidable image globale. Les quatre dimensions d'espace sont précédées de quatre signes « plus », désormais unifiées en une symétrie si haute, si belle, que ses rayons éclairent encore les sommets de notre monde.

Le point zéro de l'espace-temps, ce monde d'avant la symétrie brisée, est décrit par la théorie topologique des champs.

*

Souvenons-nous d'une chose qui constitue l'essentiel de ce livre : chaque monde repose sur une métrique qui lui est propre. Depuis les très grandes échelles, celles des galaxies, jusqu'à celle de Planck, bien en dessous de l'atome, on trouvera la métrique de Lorentz, qui distingue simplement le temps de l'espace : dans ce monde, le nôtre, le temps est bien réel. En dessous, entre l'échelle de Planck et l'échelle 0, on trouvera une métrique « mélangée » (en mathématiques on dira : « complexe ») qui superpose le temps et l'espace sans plus vraiment les distinguer : le temps devient à la fois réel et imaginaire. Enfin, à l'échelle zéro, on trouvera une métrique « euclidienne », où le temps tel que nous le connaissons n'existe plus : il est devenu imaginaire pur.

Préparons-nous, dans ce livre, à découvrir ces mondes inconnus, bien plus étranges encore que nous ne pouvons l'imaginer. Les secrets vertigineux qu'ils renferment nous permettront, peut-être, de comprendre pour la première fois pourquoi, avant même le début du temps et de l'espace, avant le Big Bang, il y a eu un mystérieux instant zéro marquant le commencement de notre univers.

AVANT-PROPOS

Par un bel après-midi de juin 1985, alors que nous entrions dans l'ombre fraîche de l'Institut de France, quai de Conti, nous ne savions pas encore que l'itinéraire chaotique, imprévisible, qui nous avait menés jusque-là, allait nous engager vers un monde totalement inconnu. Ce jour-là, en effet, nous avions rendez-vous avec André Lichnerowicz, mathématicien immense, à la fois disciple de Poincaré et correspondant d'Einstein (avec qui il avait échangé, dès 1944, plusieurs lettres aujourd'hui historiques), passionné par les pièges du redoutable « calcul tensoriel » autant que par les mystères de la gravitation. Bien des années plus tôt, en 1965, il avait été le président du jury de thèse d'un certain Moshé Flato, inconnu à l'époque, mais qui se révélera être l'un des plus brillants héritiers du légendaire Louis de Broglie (un géant de la physique, Prix Nobel, père de la fascinante « mécanique ondulatoire »). Et par un jeu de destins où, une nouvelle fois, Lichnerowicz aura sa part, Moshé Flato deviendra, à partir de 1993, le directeur de nos propres recherches en physique mathématique. Mais aussi étonnant que cela puisse paraître, tout le monde aujourd'hui, en France ou n'importe où ailleurs, a pu ressentir jusque dans le détail de sa vie l'extraordinaire influence des idées de Lichnerowicz (et pas seulement parce qu'il était membre de l'Académie des sciences, professeur au Collège de France ou encore, pendant longtemps, président de la Société mathématique de France). Car c'est grâce à lui que les mathématiques dites « modernes » (la fameuse théorie des ensembles) allaient faire une entrée révolutionnaire au programme des écoles.

Nous avions pris l'habitude de nous rencontrer, simplement, autour d'une tasse de café, pour discuter (comme Fontenelle en son temps) « du mystère des choses et des secrets du monde ». Et à cette minute, alors que nous marchions presque à l'aveugle, à ses côtés, dans un long couloir de silences, de parquets et d'échos, nous étions décidés à lui poser une question plus difficile que toutes les autres : *Y avait-il « quelque chose » avant le Big Bang ?*

En elle-même, cette question faisait peur. A l'époque presque tout le monde avait entendu dire que l'Univers était probablement né d'une sorte d'« explosion primordiale », d'un atome de feu allumé au cœur du néant, des milliards d'années dans le passé. On avait même appris, entre autres, que la « neige » des écrans de télévision était peut-être la trace diffuse, l'écho lointain de cette formidable explosion primordiale. Mais qu'y avait-il *avant* ? Mystère. La physique faisait silence sur l'essentiel. Pouvait-on alors demander à des outils purement mathématiques de percer une telle énigme ? Etait-il même raisonnable d'espérer qu'un système d'équations et de calculs – si puissant soit-il – donne une forme *sensée* à une question venue d'un passé presque irréel ?

Au bout du couloir, ce jour-là, il n'y avait pas encore de réponse. Simplement, dans un petit amphithéâtre, un homme d'un autre siècle, qui parlait en mots rapides, posés sur une voix très claire, un peu haute. Des phrases et un discours de philosophe. L'instant d'après, Lichnerowicz nous présente Jean Guitton, son ami de toujours, d'un seul geste : « De cette rencontre devrait naître, je crois, quelque chose d'important. »

*

Quelques années plus tard, nous avons donc commencé à parler, à écrire, à *dialoguer* avec Jean Guitton un ouvrage dont Lichnerowicz allait devenir le premier lecteur. Aux derniers jours du printemps 1986, le vieux philosophe avait délimité dans son avertissement le périmètre de pensée : « *Ce que je veux montrer avec les frères Bogdanov, en prenant appui sur la part scientifique de leur savoir, c'est qu'en cette fin de millénaire, les nouveaux progrès des sciences permettent d'entrevoir une alliance possible, une convergence encore obscure*

[...] entre la science et le mystère suprême[1]. » Quel mystère ? Celui de l'Univers et de son commencement. Mais aussi le hasard, la nécessité, l'ordre et le chaos, la matière et l'esprit : tels seraient quelques-uns des thèmes *au travail* dans nos dialogues sur *Dieu et la Science*.

Or, un certain soir, assis sur un banc luisant et lisse, tout en surface, presque un banc d'église, Jean Guitton (dont le vêtement, le chapeau, l'écharpe – qu'il gardait même en été – évoquaient un tableau bien composé du début du XXe siècle) était nostalgique : « Je me pose des questions sur le temps et l'origine des choses. Ici même, il y a bien longtemps, j'étais avec Bergson, rencontré pour la première fois un matin de mai 1921 à l'Académie. Nous étions dans une salle déserte, en train de parler de la multitude des nébuleuses dans l'espace. Or tout à coup, il s'est tourné vers moi et m'a demandé : Dites-moi, Guitton, qu'y avait-il avant le début du cosmos ? »

Longtemps, Jean Guitton était resté là, sur le banc, le regard au vague, à méditer cette question, à la répéter, à la reprendre, à la tourner, à la dire presque musicalement, à petite voix, en rêvant à une très vieille histoire dont il ne connaissait pas le début. Enfin, très lentement, il s'était levé au bout de sa canne et, avant de disparaître dans l'ombre forte d'un couloir, il nous avait lancé, sans se

1. Jean Guitton, « Avertissement » de *Dieu et la Science*, Grasset, 1991.

retourner : « *Nous devons tenter de répondre à cette question dans notre livre. Absolument. C'est évident... c'est évident.* »

*

Or cette question-là, même si nous l'avons abordée dès les premières pages de *Dieu et la Science*, même si elle a fondé notre ouvrage, nous n'avons pas pu y répondre. Pourquoi ? Parce que, malgré leurs efforts, aucun des plus grands spécialistes mondiaux auxquels nous nous étions adressés n'avait pu lui-même apporter le moindre élément de réponse. Pour preuve, même le mythique physicien anglais Stephen Hawking – paralysé des pieds à la tête, muet, mais résolu à apporter une réponse à la question des origines – écrivait en 1988 (non sans une pointe d'amertume) : « L'un des plus grands efforts en physique aujourd'hui, et le sujet essentiel de mon livre, porte sur la recherche d'une nouvelle théorie des origines [...]. Nous ne l'avons pas encore trouvée et il nous reste un très long chemin à parcourir[1]. » Et il est vrai que *rien*, dans la science des années quatre-vingt-dix, ne permettait d'apporter un début d'explication à un scénario cosmologique qui commençait brutalement avec le « Big Bang », cette formidable explosion qui, il y a

_____

1. *A Brief History of Time*, Bantam Press, New York, 1988 (trad. auteurs).

environ 137 millions de siècles (presque quatorze milliards d'années), allait donner naissance à tout l'Univers. Y avait-il quelque chose *avant* ? Cette interrogation avait-elle même un sens ? Comme le signale Hawking dans son livre, on pouvait trouver à cette époque quantité d'ouvrages et d'articles sur les débuts du cosmos. Mais, ajoute-t-il aussitôt, « aucun d'entre eux ne répondait vraiment aux questions [...] : d'où vient l'Univers ? Comment et pourquoi est-il né[1] ? »

*

En commençant ce travail sur l'origine première de l'Univers – sur l'*Instant Zéro* de l'espace-temps – nous ne pensions certainement pas provoquer, dix ans plus tard, un évènement tel que les échos en seraient étrangement repris par les plus grands journaux du monde. Jamais nous n'aurions imaginé – même au cours de cette figure que Freud appelle « le rêve éveillé », figure fantasmatique par excellence puisque tout y est possible – qu'en novembre 2002, soit quelques semaines à peine après avoir soutenu à l'université notre deuxième thèse, nous ferions la « une » du *New York Times* avec ce titre : « *DEUX PHYSICIENS FRANÇAIS CRÉENT LEUR PROPRE BIG BANG : LES BOGDANOV SONT-ILS DES JOUEURS OU DES GÉNIES ?* » Qui aurait pu imaginer alors que

---

1. *Une brève histoire du temps*, Flammarion, 1989.

cette question allait faire le tour du monde ? Par exemple, on la retrouve (toujours en novembre) dans ce titre à double effet de la célèbre revue scientifique *Nature* : « DEUX JUMEAUX FONT DES ÉTINCELLES : UN DILEMME POUR LES PHYSICIENS ». Ici, le dilemme dont parle l'intitulé désigne une hésitation sur notre identité même : les jumeaux « font-ils des étincelles » parce qu'ils sont, avant tout, des « stars » du petit écran ou, au contraire, parce qu'ils ont fait une découverte importante sur l'origine de l'Univers ? Enfin, que dire de cette manchette en forme « d'onde de choc » imaginée par la très sérieuse revue *Chronicle of Higher Education* : « DEUX STARS DE LA TÉLÉVISION FRANÇAISE ÉBRANLENT LE MONDE DE LA PHYSIQUE THÉORIQUE » ? A moins que l'on ne préfère pour terminer (dans un style plus populaire) la une du *Dallas News* : « DEUX JUMEAUX MATHÉMATICIENS ONT RÉCEMMENT TERRIFIÉ LA COMMUNAUTÉ DES PHYSICIENS » ?

Partout dans le monde, en Russie, en Chine, au Japon et jusque dans des pays aussi improbables que le Bhoutan, aussi lointains que la Nouvelle-Zélande ou l'Australie, les journaux reprendront, peu ou prou, la même question : *Qu'ont donc découvert ces étranges jumeaux, auteurs d'une tempête dans l'univers de la science ?* Ce qui renvoie à une autre question : un tel déferlement médiatique était-il justifié ? Qu'y avait-il donc de si complexe – ou de si important – dans nos recherches ? Cette aventure peu commune a d'abord commencé sous la forme d'un message inattendu, presque secret, conspiré un certain soir d'octobre 2002 par un atomiste allemand, basé aujourd'hui dans un laboratoire de l'université de Tours : un courrier électronique obscur, adressé au physicien américain Ezra Ted Newman (l'un des plus célèbres pionniers de la théorie des trous noirs) et instantanément retransmis à la manière d'un *scoop* vers des dizaines de laboratoires, de chercheurs et de journalistes dans le monde entier. Ce message était simple : faute de comprendre le sens de nos travaux, revenu bredouille de sa tentative de lecture, le physicien allemand, presque *en alarme*, écrivait à ses collègues : « *Les Bogdanov ont publié des textes impénétrables sur l'instant zéro de l'espace-temps.* »

Revenons brièvement sur la manière dont les choses se sont passées. Après avoir soutenu nos deux thèses de doctorat, l'une en mathématiques (le 26 juin 1999 à l'Ecole polytechnique), l'autre en physique théorique (le 8 juillet 2002 dans le laboratoire de physique mathématique de l'université de Bourgogne)[1], nous venions de publier les résultats de nos recherches dans cinq revues spécialisées de physique théorique (parmi lesquelles *Annals of Mathematics* en Chine et, surtout, le célèbre journal

---

1. Consultables sur le site du CNRS : « Fluctuations quantiques de la métrique à l'échelle de Planck » tel.ccsd.cnrs.fr/documents/archives0/ 00/00/ 15/02/index_fr.html, « Etat topologique de l'espace-temps à l'échelle 0 », tel.ccsd.cnrs.fr/documents/archives0/ 00/00/15/03/index_fr.html

du Massachusetts Institute of Technology, *Annals of Physics*, qui n'accepte en moyenne qu'un seul article sur plus de trois cents soumissions). La sévérité d'une telle procédure fait toute la différence avec les critères de publication ordinaires, ce qui n'a pas échappé au physicien John Giorgis : « Tous les articles des Bogdanov ont été publiés dans des revues à "referees" extrêmement respectées. Cela veut donc dire que dans chaque cas, la publication a été rigoureusement soumise à l'approbation d'experts indépendants et anonymes. Des articles incompréhensibles ne peuvent pas passer au travers d'une telle procédure, et certainement pas à cinq reprises[1] ! »

Pourtant, quelques semaines à peine après leur publication, ces fameux articles allaient déclencher une véritable tempête dans le monde entier. A tel point que dans son éditorial de décembre 2002, l'austère revue en ligne *Physics World* (l'une des plus sérieuses références dans le monde de la physique) lance cette question étonnante : « Si 2001 a représenté l'odyssée de l'espace, comment décrire 2002 ? Pour la communauté des physiciens, cette année a été sans aucun doute la plus étrange depuis longtemps, en raison de la très mystérieuse histoire des frères Bogdanov qui l'a marquée sur sa fin de manière inouïe[2]. »

---

1. John D. Giorgis le 19 novembre 2002 in jxg9@po.cwru.edu
2. http://physicsweb.org

Aujourd'hui cette « mystérieuse histoire » a même fini par intriguer les sociologues, comme par exemple Donavan Hall : « Qu'est-ce que les théoriciens post-modernes des sciences humaines peuvent donc nous dire de l'Affaire Bogdanov ? Est-ce que les gens hors du cercle de la physique ont entendu parler de leur article de "Classical and quantum gravity" ? Est-ce que l'Affaire Bogdonov représente un nouveau tournant dans la guerre des sciences[1] ? »

Et c'est justement là un des aspects les plus surprenants de notre affaire. Plus de *cinquante mille* articles sont publiés chaque année en physique théorique et en mathématiques[2] : pourquoi seulement cinq d'entre eux, les nôtres, ont-ils fait l'objet d'un débat mondial dépassant largement le cadre du laboratoire ? Que signifie un tel phénomène ? Est-ce parce que nous avons résolu de nous attaquer au mystère le plus profond qui ait jamais défié la science, celui du commencement du temps ?

Il nous faut tout d'abord rappeler que lorsque nous avons commencé à réfléchir sérieusement à l'idée d'entreprendre des recherches de thèse en mathématiques et en physique théorique, nous savions que l'aventure serait très longue et très difficile. D'autant plus compliquée que, après dix ans de présence sur TF1 avec notre émission *Temps X,*

---

1. http://donavanhall.net 3 juillet 2003.
2. Par exemple, plus de 3 000 articles sont publiés chaque mois dans la célèbre arXiv électronique de Cornell.

une image lourde de « personnages du petit écran » venait déformer et limiter (à la manière d'un filtre) notre travail dans les milieux universitaires. Dès notre première inscription à l'université de Bordeaux-I, en 1991, nous avons pris conscience de la difficulté de faire coïncider un ordre pluridimensionnel (les idées que l'on se faisait de nous) avec un travail de laboratoire. Et ni l'image emblématique des *Bogdanov en combinaisons argentées*, reflets presque pacotille de *Star Trek* et de La *Quatrième Dimension*, ni les ouvrages que nous avions écrits sur la science-fiction ne venaient simplifier notre entreprise.

*

C'est dans ce contexte plutôt singulier que nous avons donc établi les objectifs de notre recherche : proposer un modèle mathématique et physique de l'« instant zéro », c'est-à-dire du *début* de l'Univers, du commencement du temps et de l'espace. Autant le dire sans détour : aux yeux de tous (scientifiques ou non) il s'agissait d'un problème absolument insoluble. Bien avant nous, cette question avait déclenché des luttes féroces, provoqué des abjurations déchirantes et des fureurs légendaires. Comme celle de Lord Kelvin, sans nul doute l'un des scientifiques les plus influents des années 1900. Incroyablement irrité par le bruissement des idées nouvelles, il lance à ses collègues de la Royal

Society de Londres : « Les rayons X ne sont qu'un vulgaire canular. » Et il les ramène aussitôt sur le même plan que cette « autre idée folle, insensée », d'après laquelle notre cosmos pourrait avoir eu un commencement. Face à cette question, quelques rares audacieux s'étaient jetés corps et âme dans l'infini pour y chercher le zéro et ils y avaient perdu la raison. Comme le mathématicien allemand Georg Cantor qui avait fini par sombrer dans la folie vers 1890. Cent ans plus tard, le Big Bang était passé par là. Le moment était donc venu de se tourner *mathématiquement* vers l'origine.

Pour décrire notre objectif en quelques mots, rappelons simplement que l'on pourrait comparer l'Univers observable (celui que l'on peut voir) à une sorte d'immense ballon en train de gonfler, de se dilater à chaque instant. Un exemple ? Notre système solaire grandit d'à peu près un mètre chaque année. Cent mètres par siècle. Le cosmos entier : 20 millions de kilomètres par minute ! Mais réfléchissons : si ce « ballon » grandit avec le temps, il existait donc un moment, dans le passé, où il était encore tout petit. Cet instant primordial, plusieurs indices convergents le situent environ 14 milliards d'années dans le passé[1]. Les calculs indiquent alors qu'il a existé une « première seconde » dans l'his-

---

1. On situe aujourd'hui la naissance de l'Univers à 13,7 milliards d'années dans le passé. Ces conclusions reposent sur les données transmises par satellite (WMAP en 2003) des fluctuations de température du fond diffus cosmologique.

toire du cosmos, moment fantastique où sa taille observable était incroyablement plus petite qu'aujourd'hui : à peine trois cent mille kilomètres d'un bout à l'autre. Un millième de seconde plus tôt et cet horizon tombe à trois cents kilomètres ! Puis à trente mètres au premier dix millionième de seconde. Une taille qui, pour peu que l'on y réfléchisse, paraît totalement folle : une planète comme la Terre, avec ses villes, ses montagnes, ses océans, mais aussi le Soleil et toutes les planètes et au-delà, les étoiles, les constellations et les galaxies par centaines de milliards, tout cela compressé dans un espace de la taille d'une petite colline ! Mais ce n'est pas fini : au premier cent millionième de seconde, l'Univers ne « mesure » plus que trois mètres : les dimensions de votre chambre à coucher. Encore un infime instant de moins et voilà que ce rayon passe à celui d'une orange, puis d'un petit pois, d'un grain de sable et enfin d'une particule invisible. Peut-on seulement imaginer les conditions physiques qui devaient régner dans cet Univers naissant ? D'abord une « courbure » colossale : le cosmos est alors comprimé de manière vertigineuse sur lui-même. Cette courbure se traduit par une densité et une température quasiment infinies et à peine concevables.

Et là commence le vrai défi. Car face à ce « mur d'énergie » invincible, se dresse à présent la dernière limite, l'ultime frontière du monde physique : le « Mur de Planck » (10 puissance moins 33 cm), nommé ainsi en souvenir de l'illustre physicien allemand Max Planck, frère de pensée d'Einstein et premier fondateur, en 1900, de la mécanique de l'infiniment petit. Et depuis lors, cette barrière infranchissable paralyse les physiciens, comme nous le disions dans *Dieu et la Science* : « Derrière ce mur se cache encore une réalité inimaginable. Quelque chose que nous ne pourrons peut-être jamais comprendre, un secret que les physiciens n'imaginent même pas dévoiler un jour[1]. »

Or, pour la première fois, nous proposons de découvrir dans les pages qui suivent une partie de cette « réalité inimaginable » qui se cache derrière le Mur de Planck. Pour l'instant, contentons-nous de rappeler qu'à l'âge de Planck, l'Univers est des milliards et des milliards de fois plus petit qu'une tête d'épingle. Il s'agit d'une longueur incroyablement réduite (qui s'écrit zéro, suivi de 32 zéros *avant* le chiffre 1) mais qui *n'est pas* le zéro. C'est donc sur cette dernière borne avant l'inconnu (qui, encore une fois, n'est pas nulle mais représente la limite de divisibilité de la matière) que la cosmologie moderne s'achève. Et c'est là aussi qu'elle fait débuter le fameux « Big Bang », cette formidable explosion marquant le début de l'Univers.

A notre tour, commençons par observer de plus près ce mur redoutable, que personne n'a encore franchi jusqu'ici. Il s'agit du plus petit objet de tout l'Univers, « quelque chose » de cent milliards de

---

1. *Dieu et la Science, op. cit.*

milliards de fois plus petit qu'un noyau atomique. Pour en donner une idée, prenons un infime grain de sable à peine visible à l'œil nu et imaginons qu'il devienne aussi gros que l'Univers tout entier. Or, même à cette échelle, le Mur de Planck serait encore invisible, bien plus petit qu'un atome. En fait, il faudrait que le grain de poussière devienne *un milliard de milliard* de fois plus grand que le cosmos tout entier pour que, enfin, on puisse voir la longueur de Planck comme un petit pois ! C'est à cette longueur ultime – le Mur de Planck – que la cosmologie moderne fait démarrer la fantastique expansion qui a dispersé la matière, marquant l'origine de l'Univers. Autrement dit, le Big Bang ne débute pas à l'instant zéro mais *beaucoup plus tard* : à l'instant de Planck.

Soit. Mais la question que nous posons alors une nouvelle fois est toute simple : qu'y avait-il dans ce cas « avant » le Mur de Planck, c'est-à-dire avant le Big Bang ? Existait-il déjà « quelque chose » ? une réalité qui aurait échappé à la science ? Tout ce que l'on sait, c'est qu'au-delà de ce mur commençait ce que les scientifiques appellent le monde de la « gravité quantique », un monde infiniment petit mais aussi infiniment étrange. A nouveau dans *Dieu et la Science*, nous rapportons les propos d'un physicien théoricien qui « affirmait que dans sa jeunesse, ses travaux lui avaient permis de remonter jusqu'au temps de Planck et de jeter un coup d'œil furtif de l'autre côté du mur. Et pour peu qu'on l'encourageât à parler, il racontait alors qu'il avait vu une réalité vertigineuse où régnait le chaos, où la gravité était si puissante qu'elle avait détruit la structure de l'espace, où passé, présent et avenir n'avaient plus la moindre signification. Voilà ce que cet homme avait cru deviner là-bas, derrière le Mur de Planck ; et on avait l'étrange sensation que le vieux savant en parlait comme d'une hallucination métaphysique qui l'avait frappé à tout jamais[1]. »

Ce que nous avons découvert depuis confirme cette impressionnante vision. Dans l'abîme vertigineux qui commence au-delà du Mur de Planck, au cœur des ténèbres, se déchaînait une tempête furieuse qui faisait ployer la gravitation, l'espace et le temps eux-mêmes. Cette immense tempête quantique soufflait à l'aube des temps – entre l'instant zéro et le temps de Planck – sur tout l'Univers. Aujourd'hui encore, elle nous empêche de « voir » ce qu'il y avait derrière le Mur de Planck. Comment, dès lors, nous frayer un chemin jusqu'au point zéro ? A quoi ressemblait-t-il ? Ces questions ultimes, le grand physicien américain John Wheeler, né en 1911, ancien compagnon de pensée d'Einstein et de Niels Bohr (et génial créateur du mot « trou noir »), les a lui-même posées en 2002 en quelques mots émouvants : « *J'ai eu une crise cardiaque le 9 janvier 2001. Et je me suis alors dit : c'est un signal, il ne me reste que peu de temps à*

---

1. In *Dieu et la Science, op. cit.*

vivre et je dois donc absolument me concentrer sur une et une seule question, la seule qui compte : comment tout ce qui existe est-il apparu[1] ? »

C'est donc ici que nous avons choisi une approche et des méthodes mathématiques radicalement différentes. Nous sommes partis d'une idée presque naïve : puisque l'Univers n'était plus physiquement saisissable à l'échelle de Planck, il fallait donc envisager l'hypothèse d'un début « non physique » de ce même Univers *avant* le mur de Planck. Après tout, pourquoi ne pas supposer que l'*essence* même de la réalité n'est pas physique mais mathématique ? que le réel physique puisse être précédé par le réel mathématique ? Au fond, cette idée est toute naturelle : selon le modèle standard né de la relativité d'Einstein, il existe un point dans l'Univers – et un seul – où toutes les lois physiques (qu'elles soient connues ou inconnues) sont inéluctablement amenées à s'effondrer. Ce point singulier, qui marque la borne originelle de tout ce qui est, doit bel et bien être vu comme un objet sans dimension, *véritablement un point*. Mais comment le comprendre ? De quoi s'agit-il ? La science, encore aujourd'hui, nous dit que cette fameuse singularité primordiale (dont l'existence a été décelée en 1922 grâce aux calculs révolutionnaires de l'astronome russe Alexander Friedmann) est et restera à tout jamais inconnaissable : impossible

---

1. Cité par Tim Folger dans « *Does the Universe exist if we're not looking ?* », Discover, vol. 23, n° 6 (juin 2002), http://www.discover.com

de dire ce qu'elle est, ni comment le cosmos tout entier a pu « tenir dedans ». Or, avec les mathématiques pures, nous sommes peut-être tout près de la clef du mystère : un simple point n'est *en rien* quelque chose de physique (vous ne pourrez jamais en attraper un : il ne pèse rien, n'a aucune énergie et, au fond, n'est même pas visible). Pour cette raison, ce que nous proposons d'appeler le point zéro ne peut pas être défini matériellement mais seulement *mathématiquement*.

A partir de là, si l'on accepte que le cosmos tout entier peut être ramené à un ensemble de lois, de constantes, d'invariants topologiques, alors on peut également adopter l'idée que l'origine même de cet Univers est bien d'essence mathématique. Par là, nous entendons l'idée qu'*en dessous* de la réalité physique (celle que nous percevons par nos sens) il y a une autre réalité : une essence algébrique qui se résume, *in fine*, à de *l'information*. Une information logée, codée, dans le zéro initial. Mais comment extraire cette information ? Et surtout, que peut-elle nous dire sur l'énigme des origines ? Après bien des années de tâtonnements et de calculs, nous sommes finalement parvenus à déchiffrer quelque chose. Nous verrons plus loin qu'il s'agit de « quelque chose » de très étrange, de très éloigné de ce que nous pouvons imaginer. Mais ce quelque chose porte l'image d'un ordre : cet ordre est le plus élevé de toutes les symétries connues aujourd'hui en physique. C'est en tous cas ce que disent les équations, sans ambiguïté.

Curieusement, sans liens apparents entre eux, plusieurs courants scientifiques (en particulier la toute nouvelle « théorie holographique » sur laquelle nous reviendrons) commencent aujourd'hui à converger vers cette idée. Ici et là, dans les laboratoires, des chercheurs s'interrogent sur les fondements non physiques de l'Univers. A commencer par John Wheeler – en avance comme toujours –, qui affirmait dès 1998 : « A présent, j'ai adopté une nouvelle vision du monde, selon laquelle tout est information[1]. » Et c'est peut-être pour cela qu'aux yeux du physicien Neil Turok, l'un des plus proches collaborateurs de Stephen Hawking, « *l'Univers tout entier a jailli de manière splendide d'une seule formule*[2] ».

Mais encore une fois, quelle formule ? Celle que nous avons découverte est étonnamment simple. Et ici, nous sentons bien, d'intuition, que l'idée d'une information mathématique à l'origine des choses nous est proche, étrangement familière : la graine minuscule ne contient-elle pas toute l'information nécessaire au développement d'un arbre gigantesque ? Un être humain n'exprime-t-il pas, dans toute sa complexité, une information génétique seulement visible au microscope ? De même qu'il existe un « code génétique » à l'origine des êtres vivants, ne pourrions-nous pas imaginer un « code

---

1. Cité par Tim Folger dans « *Does the Universe exist if we're not looking ?* », art. cité.
2. *Astronomy Magazine*, septembre 1999, pp. 38-46.

mathématique » à l'origine de l'Univers tout entier ? Les spécialistes de la théorie des nombres ont récemment découvert les « nombres univers ». Il s'agit de nombres transcendants, sans fin, qui contiennent tous les arrangements possibles et imaginables de chiffres : vous y trouverez aussi bien votre date de naissance que le numéro d'immatriculation de votre voiture ou celui de votre téléphone. Ces spécialistes sont presque certains aujourd'hui que le nombre « pi » est un nombre univers : dans ce cas, aussi insensé que cela puisse paraître, on peut être absolument *sûr* que n'importe quelle suite de chiffres numérisés sur un CD (par exemple, celle qui correspond à la numérisation du *Requiem* de Mozart) existe, dans un ordre rigoureusement semblable, enfouie dans les profondeurs du nombre pi. Ici, chacun peut faire une expérience fascinante : celle de retrouver sa date de naissance cachée, dans le même ordre, au sein de la suite des décimales de pi. Qu'il s'agisse du 29081912, du 14011980 ou du 13061972, ces dates de naissance se trouveront nécessairement quelque part dans la suite. Et une date aussi célèbre que celle de l'armistice du 8 mai 1945 (08051945) se trouve exactement au 25462402e rang après la virgule : vous pouvez vérifier[1]. Et cela nous amène vers cette question vertigineuse : l'Univers tout entier serait-il alors mystérieusement codé dans un nombre transcendant ? un

---

1. Il est possible de vérifier cette fascinante expérience sur pi à l'adresse suivante : http : //www.angio.net/pi/piquery

nombre univers ? Si un tel code existe, il est enfoui dans le zéro. Et si le cosmos qui nous entoure (et dont nous faisons partie) a bien un sens, alors c'est que – peut-être – il contient en lui, dès l'origine, une information incroyablement complexe, une essence non physique qui le travaille, l'oriente, le *réalise*.

*

Cela étant posé, pourquoi aurions-nous trouvé une réponse là où tant d'autres ont échoué ? L'une des explications, c'est que la théorie la plus en vue, connue depuis plus de trente ans sous le nom de « théorie des cordes », se limite, par construction, à la longueur de Planck et ne remonte jamais « en deçà » : toute la réalité commence brutalement à cette échelle. Pourquoi ? Parce que, selon les défenseurs de cette théorie, aucune longueur ne peut être « plus petite » que la longueur de Planck. Résultat : rien ne peut exister derrière ce mur ultime. Or il y a un ennui : en trente ans, cette théorie n'a pas obtenu le moindre résultat vérifiable par l'expérience ou l'observation (à tel point que de nombreux physiciens prennent désormais leurs distances avec les cordes).

Comme on le verra dans cet ouvrage, nous pensons que l'une des erreurs majeures de cette théorie et de ses dérivées consiste à introduire « à la main » un nombre (au reste variable) de dimensions supplémentaires qui seraient mystérieusement « repliées » à la longueur de Planck. Ces dimensions supplémentaires proviennent d'une impossibilité : celle de réaliser *en quatre dimensions* l'unification des quatre forces de l'Univers[1]. Il s'agit d'un objectif impossible si la signature d'espace-temps reste *fixe*[2]. Mais pas si elle soumise à des fluctuations quantiques : dans ce cas, comme nous le montrerons, l'unification des quatre forces se réalise au sein de l'objet mathématique décrivant la fluctuation. Autrement dit, il ne s'agit pas seulement d'une unification entre deux métriques différentes, mais d'une unification entre toutes les forces physiques décrites par le modèle standard. Dans ce cadre-là, il suffit d'ajouter *une seule* dimension supplémentaire, celle qui avait déjà été vue par les physiciens Theodor Kaluza et Oskar Klein dans les années vingt, pour décrire le monde avant le Big Bang et atteindre le point zéro. C'est dans cet espace en cinq dimensions qu'a eu lieu, avant le Big Bang, la toute première étape de l'expansion de l'Univers : une expansion qui, très étrangement, s'inscrit dans la courbe d'une spirale logarithmique que les mathématiciens appellent, presque poétiquement, la « spirale d'or[3] ».

---

1. Force nucléaire « forte », force radioactive « faible », force électromagnétique, force de gravitation.

2. Dans l'espace-temps la distance entre deux points est mesurée par un objet mathématique que l'on appelle la métrique. La signature de cette métrique s'écrit « +++ − », c'est-à-dire trois signes « + » pour les coordonnées d'espace et un signe « − » pour la coordonnée du temps.

3. C'est cette spirale gouvernée par un nombre transcendant (le fameux nombre d'or) que le mathématicien Bernouilli a fait graver sur sa tombe.

Avant-propos

*

Comment comprendre ce qui a pu se passer au commencement des temps ? Un Univers plongé dans la nuit totale, soumis à une effroyable « tempête quantique », des forces aléatoires, aveugles, déformant tout ce qui pouvait exister, à commencer par l'espace et le temps eux-mêmes. Dans ces conditions, aucun espoir de traverser cette colossale tempête des premiers âges, d'atteindre le point zéro de l'Univers, sans de nouveaux outils mathématiques. Les mathématiciens les appellent les « groupes quantiques ». Puissants mais très difficiles à maîtriser (il nous a fallu des années avant de les comprendre), ces nouveaux instruments sont encore très peu connus des physiciens, comme nous l'a confié avec une pointe de dépit le mathématicien Peter Woit, de l'université de Columbia : « *Il est tout à fait certain que vous avez obtenu des résultats nouveaux et utiles dans les groupes quantiques, mais comprendre rapidement la signification de ce que vous avez écrit et comment cela se raccorde à ce qui est déjà connu requiert une expertise que seule une poignée de gens possède dans le monde[1].* » C'est peut-être pour cela que, jusqu'ici, il n'avait pas encore été possible d'ouvrir une voie en direction du point zéro. Mais après des années de calculs, nous avons

1. Lettre du 27 février 2003.

51

fini par découvrir au bout de notre voyage quelque chose d'entièrement nouveau, qui nous a coupé le souffle. Contrairement à ce que l'on pensait jusqu'alors, la Singularité n'est pas le lieu le plus violent de l'Univers, l'endroit terrifiant où la température et la courbure s'engouffrent dans un infini titanesque et à jamais inaccessible : au point zéro, tout redevient incroyablement calme : la tempête quantique a cessé et avec elle les fluctuations du temps et de l'espace. Comme dans l'œil du cyclone quantique, une nouvelle réalité émerge, immobile, totalement ordonnée, pure, *mathématique*. Et nous voici ramenés vers l'invariant topologique déjà mentionné plus haut, cet être mathématique très étrange, à l'origine de tout – en fait, un nouvel indice en physique théorique, que nous avons appelé dans nos thèses « Indice de Singularité ». Cet indice nous montre que l'instant zéro ne peut être trouvé dans le temps réel, celui qui nous est familier, mais dans une *nouvelle dimension* que les physiciens appellent « le temps imaginaire » (c'est-à-dire : un temps qui ne sera plus mesuré avec des nombres réels, mais avec des nombres imaginaires).

Ici, une métaphore très simple nous permettra d'étoffer cette notion mathématique d'un temps qui n'est plus réel mais imaginaire. Prenez, par exemple, le disque DVD de votre film favori : il vous suffit de l'introduire dans le lecteur pour suivre les aventures des héros, pour comprendre l'intrigue qui, à l'évidence, n'est saisissable que *dans le temps* : depuis le « passé » (le début du film) jusqu'à « l'avenir » (la fin du film), on est obligé de s'installer dans le « présent » (le moment où l'on regarde le film). En d'autres termes, les événements du film sont distribués hiérarchiquement du passé vers l'avenir sans que cet ordre puisse être violé : si je commence le film par la fin, « l'histoire » deviendra tout simplement incompréhensible. Or, qu'est-ce que contient le DVD sinon du temps imaginaire ? Car dès que je retire le disque du lecteur, je tiens dans ma main « toute l'histoire » du film, sans distinction entre passé et avenir : le scénario se résout alors simplement à une *information* où le temps n'existe plus sous sa forme réelle, mais seulement sous sa forme imaginaire : je tiens *en même temps* le début et la fin du film dans ma main ; tous les « instants » de l'intrigue sont superposés en un seul instant sans durée et hors du temps. A la fin de ce livre, nous reviendrons sur une autre image qui, mieux encore que celle du DVD, va nous aider à comprendre l'idée de temps imaginaire : celle d'un simple sablier. Tout le monde sait qu'il s'agit d'un des instruments les plus anciens de mesure du temps : il suffit de regarder le sable s'écouler du haut vers le bas pour comprendre que le temps *passe* dans une seule direction (le sable ne s'écoule *jamais* du bas vers le haut). On dira donc, tout simplement, que la chute du sable vers le fond du sablier correspond à l'écoulement du temps réel. Or imaginons, à présent, que je fasse pivoter de 90 degrés mon sablier de sa position verticale vers une position horizontale : que se passe-t-il alors ? Très naturellement, le sable cesse de s'écouler : il n'a plus de direction privilégiée. Cela veut dire *aussi* qu'il n'est plus possible d'évaluer le temps : la durée n'est plus mesurable. Lorsqu'il est en position verticale, le « haut » du sablier représente le passé et le « bas » le futur ; mais en position horizontale (c'est-à-dire quand le sable est immobile) il n'y a plus de « passé » ou de « futur » : tous les lieux du sablier sont équivalents, chaque grain de sable est à la fois le passé et l'avenir. Autrement dit, en position horizontale, notre sablier ne figure plus le temps réel mais, tout simplement, le temps imaginaire.

Or (par la commodité que nous permet cette métaphore), si nous comparons maintenant l'Univers à une sorte d'immense « sablier cosmique », alors s'interroger sur ce qu'il y avait « avant » le Big Bang, c'est imaginer notre sablier cosmique « avant » qu'il ait basculé en position verticale. Cela revient à considérer cette étape comme *non physique* et à tenter de la décrire comme une information seulement saisissable par des outils mathématiques.

*

La théorie du point zéro que vous allez découvrir dans ces pages a donc pour but de décrire, pour la première fois, le commencement du temps et la création du monde. Mais en quoi notre approche serait-elle plus vraie que d'autres ? En réalité, elle ne le sera que si elle est en mesure d'apporter des réponses dans d'autres domaines. Or il semble que cela soit le cas pour plusieurs grandes questions qui jusqu'ici n'avaient trouvé aucune solution. A commencer par celles-ci : quelle est la « forme » de l'Univers ? Pourquoi l'expansion universelle ne cesse-t-elle de s'accélérer ? Vers quoi nous mène-t-elle ? Qu'est-ce que l'énergie sombre ? Que se passe-t-il au fond d'un trou noir ? Comment expliquer ce qu'en physique quantique on appelle la « non-localité », c'est-à-dire le transfert instantané d'une information d'un point à l'autre de l'espace-temps ? Qu'est-ce que la cinquième dimension ? L'Univers a-t-il un « bord » ? Toutes ces questions sans solution dans la physique actuelle trouvent une réponse cohérente et, finalement, très simple, si l'on admet que durant la préhistoire de l'Univers, avant le Big Bang, la signature de la métrique a connu une phase de fluctuations primordiales. Or, dans un avenir proche, ces fluctuations seront peut-être comprises, dans le détail, grâce à Blue Gene II, un hyperordinateur qui devrait voir le jour d'ici à l'été 2005. Sa mission ? Le plus fantastique calcul de tous les temps : celui du Big Bang, au temps de Planck. Cet incroyable ordinateur, le plus puissant du monde, pourra traiter le nombre vertigineux de 34 000 milliards d'opérations à la seconde[1]. Connecté à 10 000 antennes radio en Allemagne et aux Pays-Bas, il analysera le rayonnement fossile et nous apportera, peut-être, une confirmation du fait que, à l'échelle de Planck, le temps réel se transforme en temps imaginaire.

A l'aube du troisième millénaire, la science est en pleine mutation. Des questions nouvelles sont apparues à l'horizon des connaissances. En même temps, de nouvelles réponses commencent à émerger face à des questions plus anciennes. Ce sont quelques-unes de ces questions énigmatiques, plongées au cœur d'un mystère à la fois scientifique et métaphysique, que nous avons tenté d'approcher. Et de fait, même si cette question se dérobe sans cesse dans la multitude des autres questions qu'elle aura engendrées, elle reflète, très profondément, l'ombre lumineuse de quelque chose d'infiniment *autre*. Si l'Univers a bien eu un commencement, pouvons-nous y lire, presque intact, l'un des premiers signes de ce qui l'a engendré ? et dans ce cas, pourrions-nous y déceler quelque chose comme un sens ? Un soir de 1936, presque dans un souffle, Einstein adressait ces quelques lignes à un enfant :

---

1. Cet exploit correspond au travail d'une standardiste traitant simultanément 470 millions de conversations.

« Tous ceux qui sont sérieusement impliqués dans la science finiront par être convaincus qu'un Esprit se manifeste dans les lois de l'Univers, un Esprit immensément supérieur à celui de l'homme[1]. »

*

L'Univers : des galaxies par centaines de milliards, une neige de lumière étoilée, l'immensité glacée, de plus en plus loin. Pourquoi tout cela ? Que deviendront les connaissances accumulées pendant des milliards de siècles ? Quel souvenir infime restera-t-il de chacun de nous dans cet ailleurs immense ? Dans cet avenir qui est bien plus qu'un au-delà ? Cette aventure folle a-t-elle un sens ? Au-delà des mystères et des fureurs soulevés par notre recherche, nous espérons que ce petit livre pourra servir de guide à tous ceux qui, regardant vers le très lointain passé de l'Univers, y apercevront, peut-être, au-delà de la première singularité mathématique, la trace fulgurante d'une *pensée* à l'origine de tout ce qui est.

---

1. Lettre adressée par Einstein le 24 janvier 1936 à un enfant qui lui demandait si les scientifiques priaient Dieu.

1

·   ·

La grande peur du commencement

C'est le premier matin d'une nuit d'été, à la
campagne. La lune est partout : en lumière figée,
bleue et calme, immobile. Sous l'horizon à peine
visible, le soleil est encore ailleurs. Très loin derrière d'autres champs, un chien inconnu aboie
vers les étoiles. Il a le nez dans l'Univers. Et à
cette heure fragile, avant l'aube, sous la lumière
sombre venue de si loin, on ne peut s'empêcher
de devenir, chacun pour soi, le rêveur de questions
profondes : depuis quand ces soleils étrangers,
pâles comme la nuit, brillent-ils dans l'infini ?
Comment l'espace où tout est silence, étoiles et
rayonnement, depuis des milliards d'années, est-
il apparu ?

Avec ces questions simples, si familières,
commence pour chacun de nous un fantastique
voyage vers l'inconnu. Or, à un moment ou à un
autre, quels que soient nos connaissances ou notre

désir de savoir, nous finissons tous par atteindre une interrogation ultime. Une dernière question qui, dans un vertige, nous laisse sans réponse : *quelle est l'origine de l'Univers ?*

Nous voici face à l'immensité. A-t-il *vraiment* existé, dans un passé lointain, introuvable dans l'infini, un « instant zéro », un début marquant l'origine de l'espace et le commencement du temps ? Et si oui, à quoi pouvait donc bien ressembler notre univers à cet instant zéro à peine imaginable ? Etrangement, en même temps qu'elle fascine, cette question suscite presque aussitôt une sorte d'angoisse. Chez nombre de savants, comme nous allons le voir, elle va se mêler de peurs lointaines, d'un sentiment d'anéantissement, d'une crainte d'y perdre définitivement sa raison d'homme de science.

*

On l'a vu, lorsque, dans les années quatre-vingt, nous étions au travail, avec le philosophe Jean Guitton, sur notre livre *Dieu et la Science*, il n'existait encore aucune réponse à la question du début des temps. Dès nos premières rencontres, en 1986, l'héritier de Bergson s'était pourtant demandé avec force : « Que s'est-il passé au début des temps pour donner naissance à tout ce qui existe aujourd'hui ? à ces arbres, ces fleurs, ces passants qui marchent dans la rue, comme si de rien n'était ? Quelle force a doté l'univers des formes qu'il revêt aujourd'hui[1] ? »

A peine plus tard (en 1988) allait paraître un merveilleux livre, rayonnant d'idées nouvelles et qui, justement, portait sur ce « début des temps ». En quelques mois à peine, *Une brève histoire du temps* allait devenir dans le monde entier l'un des plus grands best-sellers en physique théorique. Et plein d'espoir, son auteur Stephen Hawking concluait son livre sur ces lignes : « Si nous découvrons une théorie complète, elle devrait un jour être compréhensible dans ses grandes lignes par tout le monde, et non par une poignée de scientifiques[2]. »

C'était il y a bientôt vingt ans. A l'époque, cette merveilleuse théorie complète de l'Univers « compréhensible par tout le monde » n'existait naturellement pas. Pensif à l'ombre molle de son chapeau, Jean Guitton nous avait alors confié : « La science semble impuissante à décrire ou même à imaginer quoi que ce soit de raisonnable, au sens le plus profond du mot, lorsque le temps était encore dans le zéro absolu et que *rien* ne s'était encore passé[3]. »

En effet, l'idée du « zéro absolu » du temps et de l'espace ne va pas de soi. Car lorsqu'on pense à la Singularité Initiale, on ne peut échapper à cette image folle : celle d'un univers tellement comprimé

---

1. *Dieu et la Science*, Grasset, 1991.
2. *Une brève histoire du temps*, Flammarion, 1988.
3. *Dieu et la Science, op. cit.*

au commencement qu'il tient *tout entier* dans un seul point, une portion d'espace de volume nul et de courbure infinie. Un point correspondant à un instant que l'esprit ne peut imaginer : l'« instant zéro » à l'origine du temps et de l'espace. Or, ce scénario inconcevable a effrayé les plus grands, Albert Einstein en tête. Littéralement glacé à l'idée que l'Univers puisse ne pas être éternel, le grand savant avait donc décidé de *forcer* ses équations en y rajoutant un terme qui n'avait rien à voir avec les calculs : la « constante cosmologique ». Sur le papier, celle-ci empêchait l'Univers de subir l'expansion. Pourtant, dans son for intérieur, Einstein savait qu'il était en train de faire une erreur immense : « J'ai encore perpétré contre la théorie de la gravitation un geste qui m'expose au danger d'être enfermé en asile psychiatrique[1] », devait-il écrire à l'un des ses plus fidèles amis.

Mais, pour autant, il n'a jamais admis que l'Univers ait pu avoir un commencement. Et lorsqu'il disparaît, en 1955, la plupart de ses collègues partagent encore son point de vue : impossible que le cosmos ait pu naître d'un tout petit « œuf cosmique » ! La situation allait-elle évoluer par la suite ? Curieusement, depuis une trentaine d'années, le point de vue des physiciens théoriciens, des astrophysiciens et même des spécialistes en cosmologie n'a cessé de s'assombrir.

---

1. Cité par Charles Seife in *Zéro*, Lattès, 2002.

Même si, en 1970, deux jeunes théoriciens anglais, Penrose et Hawking (nous y reviendrons plus loin) ébranlent la physique du cosmos en publiant des calculs stupéfiants : les « théorèmes de singularités ». Des mathématiques compliquées, des raisonnements difficiles. Ces splendides constructions, forgées dans le calcul, ont montré à une génération de scientifiques médusés que les singularités étaient inévitables : aussi bien au fond des trous noirs qu'à l'origine de l'Univers. Mais que savait-on *vraiment* du contenu de ces singularités ? Rien, toujours rien.

A tel point qu'aujourd'hui, l'avis de nombreux physiciens se limite à un haussement d'épaules : ce qu'il y avait avant ? « *Personne ne peut le dire !* » est-il écrit sèchement – une fois pour toutes – sur l'un des sites scientifiques les plus en vue d'internet[1]. « *Avant le Big Bang ?* » : à son tour, le physicien théoricien Michio Kaku, professeur à l'Université de New York, sursaute (même si, plus tard, il a apporté un soutien écrit à nos idées sur l'origine de l'Univers) : « *Posez à n'importe quel cosmologiste cette question et il lèvera les bras au ciel. Après vous avoir foudroyé du regard, il vous lancera : "Tout ça restera sans doute à jamais hors de portée de la science. Nous ne savons tout simplement rien du tout[2] !"* » Pour preuve, il existe

---

1. http://www.google.fr/search
2. http://home.flash.net/~csmith0/bigbang.htm

aujourd'hui sur internet plus de deux millions d'articles sur cette question, mais aucun n'apporte la moindre réponse. D'où cette frustration vague éprouvée par le grand public, magnifiquement résumée par Woody Allen : « *Si je ne peux vraiment pas savoir d'où vient l'Univers, alors franchement, je trouve que j'ai payé ma voiture beaucoup trop cher !* »

*

Ici, arrêtons-nous quelques instants : pour peu que l'on y réfléchisse, l'idée même de la naissance du temps et de l'espace paraît si peu vraisemblable, si éloignée de nos intuitions (même les plus folles), qu'après tout, on ne voit *aucune* raison particulière d'y croire. Pourtant, la curiosité est particulièrement vive[1] et s'inscrit bien dans cette question posée, lors d'un colloque organisé pour le soixantième anniversaire de Stephen Hawking, par le physicien théoricien George Ellis : « Y a-t-il une origine à notre Univers ? Et si oui, à quoi ressemble cette origine ? [...] L'option d'un univers qui ne changerait pas a été disqualifiée par les observations astronomiques [...] Mais pour autant, ceci ne règle pas la question de savoir s'il existe oui ou non un commencement[2]. »

---

1. Un exemple : si l'on sélectionne à l'aide de Google l'expression « Initial Singularity » sur internet, on trouvera plus de 150 000 entrées composées de ces termes (notre article « Topological Field Theory of the Initial Singularity of Spacetime » apparaît en tête de cette très longue liste).

En effet. Mais avant de « régler la question », nombre de physiciens laissent d'abord passer dans leurs commentaires une irritation presque palpable : « Une fois pour toutes, ce qui s'est passé avant le Big Bang est une question impossible ! Comme l'espace et le temps n'existaient pas encore, il n'y avait tout bêtement pas d'avant. Voilà tout[1] ! » Ou bien encore une sorte d'effroi presque religieux, comme sur ce site exclusivement consacré à la théorie des cordes : « Le terrible Mur de Planck est à tout jamais inconnaissable[2] ! » Sans doute parce qu'il n'est pas facile (que l'on soit physicien ou non) d'imaginer que l'Univers *entier* et tout ce qu'il contient (la Terre – avec ses maisons, ses voitures, ses immenses montagnes – et les autres planètes du système, le soleil, les étoiles, les milliards de galaxies), tout cela ait pu, à l'origine, être réduit à un simple point.

Un point zéro

En mathématique, la notion de « singularité » a depuis longtemps un sens bien défini, rappelé par le

---

2. George Ellis, « Cosmological Perturbations and Singularities », in *The Future of Theoretical Physics and Cosmology*, Cambridge University Press, 2003.
1. http://www.geocities.com/astrosci4u/bbang.html
2. http://superstringtheory.com

professeur Jadczyk dans sa préface. Contrairement à ce que nous pourrions penser, nous avons tous vu – et même touché – des singularités dans notre espace habituel à trois dimensions. Prenons ainsi la surface d'un cône – un cornet de glace par exemple – et parcourons-la du doigt. Tout y est lisse, ce qui veut dire que les points appartenant au bord du cône sont tous réguliers. Tous, sauf un seul : le sommet, qui est un « point singulier » (il « pique » si l'on appuie dessus). En somme, un point extraordinaire, différent de tous ceux qui l'entourent, où la trame habituelle de l'espace s'évanouit brutalement. Or, depuis quelques dizaines d'années, on retrouve une idée un peu comparable en physique. L'espace est « normal » partout dans l'Univers (aucun danger de se heurter à un point singulier en marchant dans la rue). Mais rien ne va plus au fond de ces régions mystérieuses qu'on appelle les trous noirs ou, pis encore, lorsqu'on remonte vers l'origine de l'espace-temps. Là, tout se déforme, se distord et se creuse sous l'emprise grandissante de la gravitation. De plus en plus tendues, les lignes d'Univers s'étirent dangereusement, s'enroulent l'une après l'autre autour du siphon gravitationnel. A la fin, elles s'incurvent à l'infini et ce qui reste de l'espace-temps s'effondre au cœur d'un formidable bouillonnement gravitationnel, englouti à jamais dans le néant insondable de la Singularité.

Mais face à ce phénomène, les résistances sont là, plus fortes que jamais. Un exemple ? Le physicien canadien Lee Smolin – bien qu'ayant avoué dans *Nature* être peu familier du langage mathématique utilisé dans nos travaux[1] – a toutefois tranché : nos idées inhabituelles concernant l'origine « sont difficiles à comprendre » et elles *doivent absolument* être « *rediscutées* »[2]. Pourquoi ? Parce que, selon lui, comme il l'a écrit ailleurs un an plus tôt, « il n'y a jamais eu de Singularité Initiale (c'est-à-dire un point où la courbure de l'espace-temps devient infinie) et par conséquent, il n'y a jamais eu de premier instant dans le temps ! Tout cela est insensé[3]. »

Smolin est-il un cas isolé ? Loin de là ; la plupart des scientifiques sont aujourd'hui encore du même avis. La Singularité Initiale ? Une « monstruosité[4] », lance avec force l'astrophysicien Christian Magnan, membre du Collège de France. Saisi du même effroi, le physicien américain Joseph Silk (pourtant auteur il y a quelques années du livre à succès *Le Big Bang*) vient lui aussi d'écrire : « Espérons qu'une théorie de la gravitation plus aboutie fera un jour son apparition pour nous tirer d'affaire et nous permettre d'esquiver la prédiction d'un tel monstre tapi quelque part dans le ciel[5]. » Nous tirer d'affaire ? Ce

---

1. « C'est un sujet difficile », avait-il soupiré en novembre 2002, au début de « l'Affaire Bogdanov ».
2. Declan Butler in *Nature*, 7 novembre 2002.
3. http://physicsweb.org/
4. Christian Magnan : http://www.dstu.univ-montp2.fr/GRAAL/perso/magnan/an2000.html
5. Joseph Silk in *Une brève histoire de l'Univers*, Odile Jacob, 2003.

sont presque les mêmes mots que choisit le physicien américain John Baez juste six mois avant de déclencher sur internet la plus ahurissante des polémiques à propos de nos idées sur l'origine. Cela, précise-t-il avec nervosité, pour « nous sauver des horreurs de la Singularité du Big Bang[1] ». Et pour clore à tout jamais le débat, D. J. Raine, également astrophysicien, résume (sur un mode presque parodique) la vision aujourd'hui en vogue : « L'idée d'un commencement de l'Univers est tellement répugnante qu'elle doit être éliminée à tout prix. »

Une prise de position qui incite tout de même à réfléchir. Tout comme ce courrier que nous a récemment transmis Gérard t'Hooft, Prix Nobel de physique : « Il m'est totalement impossible de parler de ce sujet. Je ne vois pas la moindre raison de croire dans les théories qui concernent le prébig-bang ou les échelles inférieures à celles de Planck. Ceci dans la mesure où même notre côté du Mur de Planck est encore très mal compris. Vous pouvez spéculer sur ces sujets autant qu'il vous plaira, mais ne me parlez surtout pas de ces théories "non physiques". Je vous en prie, laissez-moi en dehors de ça[2]. »

---

1. John Baez http : //www.Ins.cornell.edu/spr/2001-05
2. Courrier adressé Par Gérard t'Hooft à Igor et Grichka Bogdanov le 23 février 2004.

A son tour, l'astrophysicien Marc Lachièze-Rey résume bien cette impression de déroute de la science face au Mur de Planck : « Il est impossible de prolonger la reconstitution vers le passé au-delà d'une barrière de non-connaissance [...] baptisée barrière de Planck[1]. » *Impossible* ! Ce mot revient sur presque tous les sites scientifiques, spécialisés ou pas : « *Le chronomètre de l'Univers n'a pas de Zéro. Impossible pour les physiciens de remonter jusqu'à l'ultime instant de l'explosion primordiale, au temps t = 0. La première image du film Big Bang est introuvable.*[2] »

Une étape de plus est franchie avec l'aveu d'impuissance du mathématicien Alain Connes, membre de l'Académie des sciences et médaille Fields. Saisi d'effroi devant l'existence même de nos recherches sur l'« avant-Big Bang », celui-ci a témoigné de ses craintes jusque dans les colonnes du *Monde* : « J'avoue que quand les physiciens théoriciens s'écharpent sur les premières microsecondes de l'Univers, il y a matière à se poser des questions sur l'absence de sanctions expérimentales à leur imagination théorique[3]. » Peut-être. Mais ici, ce commentaire de Connes est directement contredit par un de ses collègues du Collège de France : « Il peut sembler frivole de se demander ce qui s'est exactement passé au cours du premier

---

1. In *Tous les savoirs*, Odile Jacob, 2000.
2. http://www.cite-sciences.fr
3. *Le Monde*, 20 décembre 2002.

milliardième de seconde après le big bang. Mais les conséquences en sont souvent vérifiables[1]. »

Enfin, dernier stade : le domaine situé au-delà de cette énigmatique barrière de Planck est finalement frappé d'interdiction. En voici un exemple récent, fourni par un astrophysicien français de l'observatoire de Besançon, selon lequel un principe « interdit d'imaginer ce qui a eu lieu entre $t = 0$ et $t = 10^{-43}$ seconde (le Mur de Planck). [...] Aucun scientifique ne saurait affirmer quoi que ce soit sur ce qui a pu se passer avant cet instant, et donc, en particulier, sur la réalité de la *singularité initiale*[2] ». Même réaction – est-ce bien surprenant ? – chez John Baez qui, à court d'arguments, finit par lâcher, perdu pendant quelques instants : « Je n'ai pas la moindre idée de ce qu'est une Singularité Initiale, voilà tout ! [...] » Mais, se reprenant aussitôt, il ajoute avec un agacement soudain définitif : « La seule attitude responsable consiste à avouer que nous ne disposons pas du plus petit indice concernant ce qui s'est passé avant et, disons, juste une microseconde après le Big Bang[3]. »

Or, nous sommes d'un avis évidemment contraire. Depuis peu ont émergé des méthodes mathématiques nouvelles et profondes qui révolutionnent la science de l'infiniment petit. Elles sont difficiles, peu

---

1. Alain Bouquet, chercheur au Collège de France. In *La Recherche*, hors série n° 14.
2. François Vernotte, Observatoire de Besançon http: //www.obs-besancon.fr
3. « Lettre pour le Science Physics Research sur la Singularité Initiale ».

connues, souvent énigmatiques. Leur combinaison donne des résultats encore plus étranges que tout ce qu'on pouvait imaginer. Mais, à condition d'être bien exploitées, elles permettent de se frayer efficacement un chemin vers ces « premières microsecondes de l'Univers » dont parle Alain Connes (ces premiers instants étant d'ailleurs, contrairement à ce qu'il écrit un peu vite, bien plus petits que des microsecondes). Nous avons donc utilisé ces méthodes nouvelles. Et pour la première fois, il nous est alors devenu possible d'explorer l'Univers *avant* le Mur de Planck et de remonter jusqu'à la Singularité Initiale – ce mystérieux point zéro – qui marque, « avant » le Big Bang, l'origine de l'espace-temps.

Ce voyage extraordinaire, nous le ferons ensemble, pour la première fois, dans les pages qui suivent. Mais avant cela, il faudra nous souvenir qu'une telle aventure n'aura été rendue possible, dès les années 1900, que grâce à ces autres hommes, des mathématiciens, des physiciens, qui ont jeté toutes leurs forces, parfois même donné leur vie, pour comprendre, jour après jour, l'immense mystère qu'ils commençaient à deviner dans les brumes incertaines du passé de l'Univers. En somme, comme aimait à le répéter Einstein face à ce monde étrange : « La nature nous montre seulement la queue du lion. Mais je suis sûr qu'il y a un lion au bout. Même si on ne peut pas l'apercevoir tout entier, en raison de sa taille énorme. »

2

À la recherche du Big Bang

Quel est le sens de la vie ?

Si par une nuit sans nuage vous vous posez cette question, peut-être irez-vous chercher une réponse dans le monde silencieux des étoiles. Comme l'ont fait, avant vous, des millions d'hommes. Peut-être alors votre esprit sera-t-il un instant traversé par la trace fantomatique de leurs pensées. Par des peurs infinies. Et des espoirs radieux.

Pour les mécaniciens grecs, l'Univers était sans commencement ni fin : il existait depuis toujours et pour l'éternité. D'ailleurs, pour éviter tout danger, toute tentation de penser à une quelconque origine du monde, Aristote (grand philosophe mais moins inspiré en mathématiques) lançait il y a 2 500 ans son terrible anathème, que nous répétons encore aujourd'hui sans nous souvenir d'où il vient : « *La nature a horreur du vide.* » Car le penseur s'était juré de bannir à tout jamais le zéro – créature surgie des Enfers – de la famille des nombres. Sans le moindre remords. Dès lors, la relation entre l'homme et le cosmos devenait presque *simple* : le sens de la vie consistait, essentiellement, à trouver sa place dans le grand ordre du monde[1]. Or, après Einstein, tout change : on découvre, à contrecœur, que l'Univers n'existe pas depuis toujours, qu'il a eu un début et qu'il aura, peut-être, une fin. De là ce paradoxe : alors que les calculs et l'observation montrent bien que le cosmos n'est pas immuable, qu'il évolue dans le temps, il reste très difficile, pour la plupart des hommes de science (et a fortiori pour l'homme de la rue), d'admettre que l'espace-temps *tout entier*, avec ses milliards d'étoiles et ses milliards de galaxies, ait pu, à un instant initial, se trouver comprimé dans une « région » bien plus petite que le plus petit des grains de sable. Comment concevoir intuitivement que notre univers, dont le rayon est aujourd'hui d'au moins treize milliards et demi d'années-lumière (et qui contient des milliards de galaxies, composées elles-mêmes de milliards d'étoiles), ait pu, voici treize milliards et demi d'années, être « contenu » dans un point unique et émerger spontanément à partir de rien ? Avant d'approcher prudemment la réponse, il nous faut d'abord comprendre que celle-ci ne s'est pas imposée *comme ça*, d'un seul coup. Elle aura fait l'objet

1. Luc Ferry, *Qu'est-ce qu'une vie réussie ?*, Grasset, 2003.

d'innombrables débats, de discussions acharnées, de combats d'idées parfois violents, avant d'être – enfin – reconnue par les hommes de science.

*

Tout commence au cours des premières années du XXe siècle. A cette époque, Albert Einstein n'a pas encore construit le formidable édifice de la relativité générale et la mécanique de l'infiniment petit (qui ne s'appelle pas encore « mécanique quantique ») n'en est qu'à ses balbutiements. Aux yeux des astronomes, l'idée même de « galaxies », composées d'étoiles extérieures à notre Voie lactée, est encore loin d'être admise. « Totalement grotesque ! », lancera même, en 1903, l'un des astronomes les plus en vue de l'Académie des sciences. Jusqu'alors, un homme, un seul, avait osé affirmer l'existence d'autres galaxies dans l'Univers : il n'était pas astronome mais devait atteindre la gloire en tant qu'écrivain de contes fantastiques : Edgar Allan Poe. Dans « Eurêka », un étrange poème en prose, il ose dès 1848 ces lignes incroyablement prophétiques : « *Notre galaxie n'est rien d'autre que l'un des amas que j'ai déjà évoqués, l'une de ces "nébuleuses" incorrectement nommées et révélées par le télescope – telles de faibles taches perdues dans différentes régions de l'espace. Nous n'avons aucune raison de penser que la Voie lactée est plus grande que la moindre de ces "nébuleuses".* » Nous sommes en 1848 : ce texte stupéfiant avait

pratiquement cent ans d'avance. Mais les scientifiques de ce temps se moquent bien des « divaga-
tions » d'Edgar Poe, ce « petit compositeur
d'histoires fantaisistes ». Car à cette époque
insouciante, où les idées apparaissent encore sous
des chapeaux hauts de forme, on se fait souvent
une image bien naïve de tout ce qui touche « au
ciel ». Un exemple ? Celui de Lord Kelvin, som-
mité de la science britannique, alors président de
la Royal Society : « Je n'ai pas le plus petit atome
de croyance en cette idée saugrenue de navigation
aérienne, hormis, bien sûr, les vols en ballon. »
En toute bonne foi, on reste alors fermement persuadé que les « nébuleuses », comme on les
appelle encore, sont confinées à l'intérieur de
notre seule galaxie. Que la Voie lactée représente
tout l'Univers. Et qu'il n'y a rien d'autre au-
dehors, si ce n'est un océan de vide, un désert
d'espace sans fin, noir, immobile et glacé. Une
telle vision de l'Univers – finalement encore toute
proche du « monde-sphère » d'Aristote – renforce
naturellement l'idée selon laquelle l'espace et le
temps sont des *absolus* qui s'étendent à l'infini,
sans commencement ni fin.

De fait, pour les astronomes de l'époque, le monde
est très simplement réglé, telle une machinerie
immuable, par la mécanique newtonienne. Et pourquoi donc faudrait-il imaginer autre chose ? Après
tout, il suffit, pense-t-on, de se reporter avec bon sens
à ce que l'on observe tous les jours. Car l'espace

absolu n'est autre que celui de la vie quotidienne, avec ses trois dimensions : longueur, largeur et hauteur. Tout le monde peut s'accorder sur la position ou la taille d'un objet quelconque situé dans cet espace. De même, le temps *absolu* n'est-il pas donné à chaque instant ? Ce temps qui coule uniformément, au même rythme pour tous, indépendamment du mouvement, à mesure que nous vieillissons. « Que sont ces histoires de durées qui se contractent ? Pour mesurer correctement le temps, il vous suffit de consulter une horloge en bon état, voilà tout ! » lancera avec irritation l'un de ces savants en chemise à col cassé au physicien Paul Langevin, l'un des précurseurs de la relativité, éperdu d'amour pour Marie Curie, alors jeune veuve de trente-huit ans[1].

Quant à l'univers dans son ensemble, les astronomes – comme les philosophes – sont encore persuadés que le cosmos est absolument fixe : l'espace (l'éther, comme on disait à l'époque) constitue une arène immuable au sein de laquelle se déplacent majestueusement planètes, étoiles et autres corps célestes. Corollaire naturel, le vide à trois dimensions est plat et ne comporte aucun bord (il n'y a pas de limite physique à cet espace). Dès lors, savoir si celui-ci existe de toute éternité ou s'il a été créé sous sa forme présente relève de la théologie ou, au mieux, d'une mauvaise métaphysique.

---

1. Chose unique : Marie Curie allait obtenir deux fois le prix Nobel : en 1903 (physique) et en 1911 (chimie).

Et pourtant, un demi-siècle plus tard, un mot, un seul, allait balayer toutes ces tranquilles certitudes.

L'espace-temps

Curieusement (on croit que cette expression est « moderne ») le mot *espace-temps* apparaît vers 1900 à l'université de Göttingen, grâce à l'imagination intransigeante de l'ancien professeur de mathématiques d'Einstein à l'Ecole polytechnique de Zurich, Hermann Minkowski. Très précoce, ce dernier avait fait une entrée fracassante dans le monde des sciences en obtenant, à dix-huit ans à peine, le grand prix de mathématiques de l'Académie des sciences de Paris pour un mémoire rédigé... en allemand. Le jeune prodige a passé sa thèse à l'université de Königsberg, où il se lie avec celui qui va devenir l'ami de toujours : l'impressionnant algébriste David Hilbert, autre esprit incroyablement doué, qui a laissé son nom au fameux « espace de Hilbert » de la mécanique quantique. Calculant comme Poincaré à une vitesse prodigieuse (et la plupart du temps sans prendre la moindre note), Hilbert agaçait souvent les physiciens lorsqu'il leur lâchait avec un sourire d'ironie : « La physique est un sujet trop difficile pour les physiciens ! » Sur ce point, Minkowski est tout à fait d'accord avec lui : bientôt les deux étudiants de

Königsberg se retrouvent donc sur les bancs luisants de l'université de Göttingen.

Göttingen : un lieu mythique qui, dès la fin du XIXᵉ siècle, deviendra le premier centre universitaire du monde pour les mathématiques et la physique théorique. Par exemple, on y retrouvera (parmi tant d'autres) Albert Einstein, venu à plusieurs reprises visiter (à sa demande) son ancien professeur. Que pensait Minkowski de son illustre élève ? A vrai dire, son point de vue a toujours été mitigé. Il lui reprochait, entre autres, d'être *ailleurs*, insaisissable, « toujours prêt à sécher un cours ». Mais sans doute ces remarques critiques cachent-elles, chez Minkowski, une secrète déception : il n'a jamais admis qu'Einstein n'ait pas été véritablement attiré par les mathématiques *pour elles-mêmes*, les considérant plutôt comme un simple instrument de calcul. Pourtant, trois ans plus tôt, en juin 1905, malgré ses lacunes relatives, Einstein avait soumis à l'austère journal allemand *Annalen der Physik* un article apparemment anodin, sur l'électrodynamique des corps en mouvement. Or un examen, même rapide, de cet article révèle immédiatement que l'auteur, expert technique de troisième classe à l'Office fédéral des brevets de Berne, avait mis en place les fondements d'une physique entièrement nouvelle, bientôt connue sous le nom de « relativité restreinte » : avec cette publication, c'est toute la physique qui bascule à tout jamais.

Origine du temps imaginaire

Bien qu'Einstein s'en soit parfois défendu, il a
été profondément influencé (de même que presque
tous les physiciens de l'époque) par les idées de
Poincaré, esprit hors du commun, reçu premier au
concours général de mathématiques et également
premier au concours d'entrée à l'Ecole polytechnique, en 1873 (il n'en sortira « que » second en raison d'une mauvaise note en dessin). André
Lichnerowicz nous a souvent présenté Poincaré
comme « le dernier mathématicien connaissant toutes les mathématiques de son temps ». Les idées de
cet esprit visionnaire sont parfois difficiles à suivre : pour formuler *correctement* son point de vue
sur l'espace et le temps, il utilise des instruments
mathématiques très évolués et donc extrêmement
abstraits, notamment la fameuse « théorie des groupes ». De quoi s'agit-il ? Les premiers fondements
des groupes ont été édifiés soixante-dix ans plus tôt
par le brillant mathématicien Evariste Galois, nor-
malien disparu à l'âge de vingt ans, le 30 mai 1832
lors d'un duel[1]. Pendant de longues décennies, les
travaux de Galois, vertigineusement en avance sur
ceux de son temps, sont jugés « incompréhensibles » ou pis encore « totalement ineptes » par les

---

1. Sur son lit d'hôpital, blessé à mort, Evariste Galois prendra dans ses
bras son jeune frère en larmes pour lui dire : « Ne pleure pas. C'est déjà
tellement difficile de mourir quand on a vingt ans. »

mathématiciens de l'époque. Jusqu'à ce que Poincaré, vers 1890, en saisisse l'extraordinaire portée. Bientôt, il est l'un des rares mathématiciens au monde à maîtriser les techniques difficiles de cette théorie encore inconnue dans les milieux universitaires : la théorie des groupes. Cent ans plus tard, c'est cette même théorie que nous retrouverons dans nos propres travaux, à la fois sous sa forme classique (ce qu'on appelle les groupes de Lie) mais aussi sous la nouvelle forme des « groupes quantiques » – nous y reviendrons. D'une manière qui peut étonner le non-mathématicien, la maîtrise acquise par Poincaré lui confère un net avantage sur d'autres chercheurs de son temps, en particulier sur Einstein. Et c'est probablement pour cette raison qu'il est le premier à franchir le pas décisif : notre univers doit se représenter comme une géométrie « à quatre dimensions ». Jusqu'alors, l'idée même de « quatrième dimension » faisait frémir les hommes de science. Le ton avait été donné dès le XVIIᵉ siècle par le mathématicien anglais John Wallis, qui n'hésitait pas à fustiger cette « absurdité », ce « monstre de la nature, plus impossible encore qu'une chimère ou qu'un centaure ». Et au début du XXᵉ siècle, en dépit de l'engagement de Poincaré, le grand astronome Eddington combattait encore farouchement l'idée même d'une quatrième dimension : « Quel que soit le succès de la théorie de l'Univers à quatre dimensions, il est difficile de ne pas entendre une voix interne qui murmure : "Au fond de toi-même, tu sais que la quatrième dimension est une absurdité[1]." »

*

Et pourtant : d'intuition, lorsque nous nous représentons les quatre directions possibles du monde qui nous entoure, nous distinguons de manière *naturelle* les trois directions d'espace (longueur, largeur, hauteur, qui nous semblent être « de la même famille ») de la direction temporelle (qui nous paraît être d'une tout autre nature). Or à ce stade, Poincaré se pose cette question : comment exprimer *mathématiquement* une telle différence ? Nous avons l'habitude de calculer les distances dans l'espace (mais également dans le temps) en utilisant tout naturellement des nombres *réels*, c'est-à-dire des nombres dont le carré est positif. Toutefois il existe aussi des nombres non réels dont le carré est négatif : ce sont les nombres *imaginaires*. Les éléments de ce nouvel ensemble, notés *i*, satisfont donc à l'étrange propriété $i^2 = -1$. A présent, posons-nous la question : de tels nombres ont-ils une signification quelconque d'un point de vue physique ? Bien sûr ! répond Poincaré. Pour saisir la différence entre le temps et l'espace, il suffit de mesurer les intervalles le long de la direction tem-

---

1. Kasner et Newman dans *Les Mathématiques et l'imagination*, traduction française, Payot, 1950.

porelle à l'aide de nombres imaginaires, dont le carré est négatif. La notion d'espace-temps hyperbolique venait de naître : il ne restait plus qu'à lui donner un nom.

Ce sera chose faite en septembre 1908. Car de son côté, Minkowski a progressivement pris conscience des implications profondes contenues dans la saisissante théorie de son ancien élève Einstein. Il publie alors ses propres conclusions : « Désormais, l'espace en soi, le temps en soi sont condamnés à disparaître comme des ombres, seule une certaine union des deux conserve une réalité indépendante. » Considérant une nouvelle fois l'univers à quatre dimensions de Poincaré-Einstein, indépendant de tout référentiel, il lui donne ce nom saisissant qui s'imposera de manière définitive : *l'espace-temps.*

*

En attendant de revenir sur cette question, faisons une petite halte. Dans un premier temps, force est de reconnaître que toutes ces idées révolutionnaires reçoivent un accueil plutôt mitigé de la part des physiciens. En ce début du XXe siècle, la plupart des chercheurs jugent ces travaux « obscurs » : les plus sévères parlent même de « défi au bon sens ». Einstein en prend naturellement acte lorsqu'il écrit, dans un essai de présentation du principe de relativité : « Le non-mathématicien est saisi d'un frisson

mystique quand il entend parler de "quatre dimensions", un sentiment que produit en nous le fantôme
du théâtre. Et pourtant, rien n'est plus banal que
l'affirmation que le monde dans lequel nous vivons
est un continuum d'espace-temps à quatre dimensions[1]. » Ici, on reconnaîtra le salut d'Einstein à la
manière dont Poincaré et Minkowski avaient, avant
lui, présenté les choses. De fait, chaque « point » de
cette géométrie représente ce qu'en relativité on
appelle un *évènement*. L'ensemble de ces évènements peut être facilement représenté par un cône
réel à quatre dimensions : le fameux *cône de lumière*
de la relativité restreinte. Lorsqu'on remonte dans le
passé, la densité d'énergie de la matière, de plus en
plus élevée, courbe les rayons lumineux et les fait
converger vers l'origine du cône. Il y a environ
quinze milliards d'années, la totalité de la matière de
l'Univers devait donc être comprimée au sommet du
cône de lumière englobant tous les évènements
depuis sa naissance. Mais cela, Einstein n'était pas
encore prêt à l'admettre. Loin de là.

L'« erreur » d'Einstein

Contrairement à ce qu'on croit, la science procède
par tâtonnements, par repentirs, avec dans son sillage
d'innombrables erreurs, même chez les plus grands.

---

1. *Les Idées nouvelles en physique*, 1948.

On l'a vu au début de ce livre, dès 1915, Einstein a constaté – du moins sur le papier – l'existence d'une « expansion cosmique ». Or, chaque fois qu'il résolvait ses propres équations, il obtenait des solutions montrant que l'Univers (au risque de s'effondrer sur lui-même) devait *inévitablement* changer d'échelle à tout instant. Un mauvais coup des équations : très attaché à la notion d'Univers fixe, Einstein était profondément dérangé par cette conséquence capitale (mais à ses yeux inadmissible) de sa propre théorie. Selon lui, comme pour la plupart des physiciens de l'époque, non seulement l'idée que l'Univers puisse être en expansion était extrêmement étrange, mais de surcroît, le fait que cette expansion puisse impliquer un *commencement* de l'espace-temps lui paraissait, pour tout dire, totalement absurde. Car cette hypothèse impliquait également qu'après avoir brûlé toute son énergie, le cosmos devrait finir sa vie « comme une soupe froide de lumière faiblissante[1] » : cela lui faisait horreur. Quelque chose n'allait pas. Aussi, en 1917, afin de « corriger » cette anomalie, a-t-il introduit dans ses équations du champ ce qu'il a appelé une « constante cosmologique ». Celle-ci n'avait qu'un seul but : préserver à tout prix le caractère *statique* de l'espace-temps. Il ignorait encore qu'il venait de commettre, comme il l'avouera lui-même après coup, « la plus grande bêtise de sa vie ». Et voici comment cette erreur a été détectée.

---

1. Cité par Charles Seife in *Zéro*, Lattès, 2002.

Nous sommes en 1922. A cette époque qui s'efface lentement des mémoires, un jeune physicien mathématicien russe du nom d'Alexander Friedmann effectuait, entre deux ascensions en ballon stratosphérique, d'interminables calculs pour le compte de l'Office météorologique de Russie. En fait, il avait pris goût aux difficiles problèmes balistiques (et plus généralement à la modélisation des trajectoires) durant la première guerre mondiale sur le front russe, en tant qu'expert embarqué à bord des premiers avions bombardiers de l'époque. A la fois méticuleux et incroyablement imaginatif, ses recherches au départ modestes sur la prévision des climats l'avaient irrésistiblement attiré au cœur d'une réflexion de plus en plus profonde (en fait, de plus en plus « invraisemblable » selon ses proches) sur l'espace et le temps à l'échelle cosmique. Si bien qu'il avait fini par se forger une conviction pour le moins étonnante, que pas un seul des savants de son temps ne partageait : le cosmos ne *pouvait pas* exister depuis toujours ; il avait eu un *commencement*, plus de dix mille millions d'années dans le passé. Ainsi, pendant l'été 1922, le jeune chercheur avait osé écrire dans son unique livre de vulgarisation[1] qu'à l'origine l'Univers était contracté « en un point (de volume nul) puis, à partir

---

1. Alexander Friedmann, *L'Univers comme espace et temps*, Akademiya, Saint-Pétersbourg, 1923. Présenté dans une nouvelle édition par Jean-Pierre Luminet et Andrey Grib in *Essais de cosmologie*, Seuil, 1997.

de ce point, avait augmenté de rayon[1] ». Quelques lignes plus loin, il avait même griffonné cette chose impensable pour l'époque : « *On pourrait également parler d'une création du monde à partir de rien[2].* »

Mais comment en était-il arrivé là ? Elève du célèbre physicien allemand Ehrenfest (le grand confident d'Einstein) particulièrement doué pour déduire des résultats physiques à partir de purs calculs, le jeune Friedmann s'était forgé une conviction implacable : la force répulsive introduite par Einstein était totalement artificielle. Reprenant une par une les fameuses équations du champ calculées par le grand théoricien sept ans plus tôt, il finit par en extraire une solution nouvelle qui ne faisait aucun doute : l'Univers n'était pas statique mais, bien au contraire, *en expansion.* « Le rayon de courbure de l'Univers s'accroît constamment dans le temps », allait-il préciser dans un article étonnamment *actuel*, envoyé à la célèbre revue de physique théorique allemande *Zeitschrift für Physik* en juin 1922 (l'année même où il finira de rédiger son mémoire de thèse).

Lorsqu'il a découvert ce fameux article, on raconte qu'Einstein, furieux, a commencé par le jeter au sol, l'a piétiné avec rage, avant de reprendre ses esprits et, enfin, de se résoudre à le lire plus calmement. Mais il restait persuadé que les calculs de Friedmann contenaient une erreur : « Les résultats de

---

1. Alexander Friedmann, *L'Univers comme espace et temps, op. cit.*
2. *Ibid.*

ce Friedmann à propos d'un Univers non-stationnaire m'apparaissent très suspects. En réalité, il ressort que la solution proposée ne satisfait pas aux équations du champ », écrit-il dans une lettre très acerbe adressée à la revue de physique mentionnée ci-dessus. Il est vrai que les équations de la relativité générale sont effroyablement compliquées : elles obligent à résoudre plus de vingt sous-équations, chacune d'elles à dix inconnues. Cela, Einstein le savait mieux que personne. Une petite erreur pouvait donc vite se glisser, ici ou là, dans la suite d'équations. Et pourtant, très vite, ses collègues (avec en tête Ehrenfest) allaient lui démontrer le contraire à partir de calculs déconcertants de facilité (en fait, sur le plan mathématique, proposer un univers statique équivalait à diviser certaines quantités par zéro dans les équations, ce qui était strictement impossible). Consterné, le père de la relativité venait tout à coup de se rendre compte que son modèle d'univers statique était hautement instable et donc totalement irréaliste. En mai 1923, il écrivit aussitôt une nouvelle lettre à *Zeitschrift für Physik* : « J'ai fait une erreur de calcul dans mes critiques. Je considère à présent que les résultats de Friedmann sont corrects et apportent un nouvel éclairage. »

*

Et quel éclairage : la toute première solution mathématique *exacte* de la théorie du Big Bang –

presque dix ans avant l'éclatante confirmation expérimentale apportée par l'astronome américain Hubble ! Pourtant, même si le père de la relativité avait fini par reconnaître (à contrecœur) la validité des calculs de Friedmann, il est toujours resté froid avec lui, sourdement convaincu que le savant russe « s'était tout de même trompé » quelque part. Que l'espace-temps ne pouvait pas se dilater à chaque instant. Et que par-dessus tout, il ne pouvait pas avoir commencé par un simple point mathématique.

Hélas, Friedmann ne jouira pas longtemps de sa prodigieuse découverte. Au cours de l'été 1925, il s'envole à bord d'un ballon stratosphérique à très haute altitude (près de 8 000 mètres, le record de l'époque) pour effectuer de minutieuses mesures météorologiques ; deux mois plus tard, comme le rapporte son élève George Gamow, il disparaît des suites d'une mauvaise fièvre contractée ce jour-là dans les courants glacés. Il avait à peine trente-sept ans.

Pourtant, les choses n'allaient pas en rester là. Il manquait une preuve à Friedmann pour asseoir définitivement sa fabuleuse idée... Et c'est ce que va apporter l'astronome américain Edwin Hubble, plus de trente ans avant Hoyle. Observateur infatigable, doué d'un ascendant charismatique sur son entourage, Hubble avait seize ans, en 1905, au moment où Einstein publiait ses premiers articles sur la relativité restreinte. Or dès le début, il est persuadé que le grand savant se trompe lorsqu'il affirme que tout, dans l'Univers, est immuablement figé. Et un beau jour, au plus profond de la grande crise de 1929, il méduse le monde entier en divulguant son incroyable découverte : les galaxies, ces immenses nuages constitués de myriades d'étoiles, s'éloignent les unes des autres, comme sous la poussée d'une fantastique explosion originelle. Cette découverte (sans aucun doute l'une des plus importantes du XXe siècle), confirme avec éclat les conséquences imposées par la relativité générale, selon lesquelles l'Univers ne peut pas rester au repos. Par exemple, les galaxies situées dans l'amas de la Vierge (à 50 millions d'années-lumière de notre système solaire) s'enfuient de plus en plus loin de nous, à une vitesse qui est, pour l'instant, de 1 100 kilomètres par seconde, mais qui ne cesse d'augmenter d'un jour à l'autre. L'espace-temps tout entier grandit, s'étire donc à chaque instant, un peu comme un immense ballon qui gonflerait de plus en plus vite. Friedmann avait donc raison. Et avant de disparaître, il avait laissé derrière lui quelque chose de très mystérieux, de terrifiant pour presque tous les physiciens de l'époque : une « singularité » à l'origine de notre univers.

*

Nous voici le 1er septembre 1939. Jour sombre, car les armées du IIIe Reich envahissent la Pologne et font basculer le monde dans le brasier de la guerre. Or, ce même jour paraît dans la célèbre revue scientifique *Physical Review* un article apparemment sans grande importance (mais qui, plus d'un demi-siècle après, sera l'un des premiers à influencer en profondeur notre vision de la Singularité à l'origine de l'Univers). Cet article est signé Robert Oppenheimer (l'un des nouveaux maîtres américains de la mécanique quantique, un jeune prodige formé à l'école allemande de Göttingen) et Hartland Snyder (son assistant dévoué, chauffeur de camion à ses heures, mais incroyablement doué pour mener à bien les calculs difficiles).

Par un étrange jeu de destins – un de plus –, Oppenheimer était, depuis les années vingt, profondément lié à Dirac. Faisons ici une parenthèse, utile pour mieux comprendre l'origine lointaine de nos propres idées. En effet, ce même Dirac va exercer plus tard une puissante influence sur Moshé Flato, notre directeur de thèse. Il devait apprendre à le connaître dans le laboratoire de Louis de Broglie (fondateur illustre de la mécanique ondulatoire et Prix Nobel de physique en 1929). Lui-même était l'un des disciples de Paul Langevin, son directeur de thèse, fasciné par les idées d'Einstein et célèbre pour avoir participé à la découverte de l'électron au laboratoire de Sir Joseph Thomson, à Cambridge[1]. Et nouvelle spirale de l'histoire, la thèse de Louis

---

1. Et qui a donné son nom, en relativité, au célèbre « voyageur de Langevin », exemple image du ralentissement du temps rencontré par quelqu'un se déplaçant à la vitesse de la lumière.

de Broglie – qui lui permit d'obtenir « de justesse » son doctorat en 1924 – est directement à l'origine des découvertes de Paul Dirac concernant la mécanique quantique. Lors d'innombrables discussions avec Flato, Dirac a profondément orienté son point de vue sur les théories mathématiques de « déformation d'algèbres ». Nous le verrons plus tard : celles-ci sont elles-mêmes au départ de ces fameux « groupes quantiques », ces nouveaux instruments grâce auxquels nous avons pu construire nos principaux résultats sur la déformation de la signature de la métrique. Mais le miracle, c'est que Dirac ne s'est pas contenté de trouver une nouvelle (et puissante) formulation algébrique de la mécanique de l'infiniment petit. Littéralement fasciné par l'idée même de singularité, il s'était mis en tête de trouver une manière mathématique simple d'en décrire l'effet le plus spectaculaire. Et c'est chose faite lorsqu'il invente la fameuse « fonction delta » qui porte son nom. Cette très étrange « fonction de Dirac » est différente de toutes les autres. Son comportement n'a d'ailleurs pas manqué d'être présenté, au début, comme « *suspect* » par les physiciens (qui, à la différence des mathématiciens, n'ont pas vu tout de suite son intérêt ni même, tout bêtement, « comment elle marchait »). Et pourtant : quelle merveille de simplicité et de pénétration dans cette fonction étonnante ! En effet, la fonction delta de Dirac est nulle partout sauf sur un point – un seul – où elle devient infinie. La situation est alors comparable à celle où le support d'un signal devient nul : dans ce cas, le signal se propage jusqu'à l'infini. On rencontre ici pour la première fois l'idée de cette étrange dualité entre le zéro et l'infini que nous pensons être au cœur de toute approche de la Singularité Initiale.

Mais nous n'en sommes pas encore là. Agés à cette époque de vingt ans à peine, Oppenheimer et Dirac s'étaient rencontrés au laboratoire de physique nucléaire dirigé par Sir Rutherford à Cambridge. A la différence de Dirac – qui n'avait pas hésité à passer de longs mois solitaires, enfermé dans sa minuscule chambre du collège St John's pour y approfondir les formes les plus hautes de l'algèbre –, Oppenheimer, longue silhouette aux yeux bleus glacés, préférait écrire des poèmes d'avant-garde, potasser de durs traités de philosophie ou apprendre les langues étrangères les plus compliquées (il en parlait d'ailleurs déjà huit au moment où il avait décidé de se mettre au sanscrit). De plus, il avait une sérieuse brouille avec les mathématiques. Mais qu'à cela ne tienne : dès 1925, il se lance à corps perdu dans la mécanique des quanta. En mai 1926, il publie une série d'articles si novateurs que Max Born l'invite à Göttingen, où il rencontre des maîtres de l'envergure de Fermi, Heisenberg et bien d'autres. Enfin, toujours à Göttingen, encore sous le choc de la découverte neuf mois plus tôt de l'équation de Schrödinger, il soutient sa thèse de doctorat en 1927, l'année même où le grand Niels Bohr jette à Copenhague les fondements « modernes » de la théorie quantique. Entré tout à coup « dans la cour des grands », il signe alors entre 1926 et 1929 jusqu'à seize articles sur la mécanique quantique (dont six rédigés directement en allemand !)[1].

Or, de retour aux Etats-Unis, Oppenheimer s'installe à Berkeley (université encore peu réputée à l'époque, choisie « parce que c'était un désert », répétait-il avec un sourire grinçant). Depuis, les choses ont bien changé, et lorsque Gabriel Simonoff, notre premier directeur de thèse, était arrivé lui-même au laboratoire de physique nucléaire de Berkeley, l'ombre immense du savant planait encore sur toute l'université.

Mais nous n'en sommes encore qu'aux années trente. Progressivement, Oppenheimer s'éloigne du monde minuscule des atomes pour se tourner vers l'immensité de l'Univers. Et en 1939, le « papier » qu'il publie avec Snyder est des plus surprenants : les effondrements des étoiles mourantes conduisent à des « trous noirs ». Quel était le sens de cette idée ? Avant de répondre, arrêtons-nous un instant sur une autre étrangeté : dans ce même numéro de septembre paraît également un article sous la signature de Niels Bohr (le plus légendaire parmi les fondateurs de la mécanique quantique) et de son

---

1. Pour plus de détails biographiques, lire *Oppenheimer et la Bombe*, de Paul Strathern, Mallard, 1998.

collaborateur (encore inconnu à l'époque) John Wheeler. Cet article porte sur la fission nucléaire, sujet qui, bientôt, allait cristalliser toutes les convoitises des militaires américains. Pourtant, par un étrange chassé-croisé, c'est Oppenheimer qui, quelques années plus tard, conduira le projet Manhattan jusqu'à la mise au point de la première bombe atomique, tandis que Wheeler, de son côté, s'intéressera à son tour aux effondrements gravitationnels des étoiles (et finira d'ailleurs par inventer, en 1967, le mot génial de « trou noir »). Mais nous sommes encore loin de tout cela.

*

Dans leur article de 1939, Oppenheimer et Snyder développent une idée tout à fait stupéfiante – à vrai dire difficilement compréhensible par les théoriciens de l'époque. En réalité, cette étrange hypothèse avait été proposée dès 1916 par Karl Schwarzschild, l'un des astrophysiciens les plus remarquables des années 1900, alors simple soldat de l'armée allemande sur le front russe. Un an auparavant, Einstein avait publié ses fameuses « équations du champ » de la relativité. Or, à partir de ces mêmes équations et grâce à un calcul d'une grande élégance, Schwarzschild démontre, sans ambiguïté, que lorsqu'une étoile éteinte s'effondre sur elle-même, la force gravitationnelle augmente tellement que plus rien, pas même la lumière, ne peut s'en échapper. Et en deçà d'un certain rayon, qui dépend de la masse originelle de l'étoile, celle-ci devient – comme on dira un demi-siècle plus tard – un « trou noir[1] ». Vingt-trois ans plus tard, en 1939, la plupart des physiciens ignoraient encore l'étonnante théorie de Schwarzschild, mort dans l'obscurité sur le front russe en 1916, quatre mois à peine après avoir envoyé ses deux articles non publiés à Einstein. Et lorsque les lecteurs de la *Physical Review* découvrent, stupéfaits, les calculs d'Oppenheimer et de Snyder, la surprise est totale : au-delà d'un seuil critique[2], l'étoile éteinte décrite par les deux chercheurs *s'effondre* sur elle-même, finit par être écrasée en catastrophe sur un point de densité infinie et de volume égal à zéro. Chose sidérante, les équations fidèlement dérivées de la relativité montrent qu'une sorte d'horizon unidirectionnel est alors matérialisé par l'énorme gravitation : poussières, particules et radiations sont aspirées par ce qui reste de l'étoile et ne pourront plus *jamais* sortir de ce qui ressemble à un effrayant trou noir.

Comme on pouvait s'y attendre, presque tous les physiciens qui, en 1939, ont lu et étudié les calculs d'Oppenheimer et Snyder se sont sentis très mal à l'aise face à leurs incroyables conséquences. Plus

---

1. Notre soleil, par exemple, a un rayon de 700000 km. Toutefois, s'il se contractait jusqu'à ne plus mesurer que 3 km, alors notre astre se transformerait en trou noir.

2. Selon les calculs en 1930 du jeune physicien Chandrasekhar, une fois et demie la masse du soleil.

grave : qualifiant l'article de « ridicule », Einstein rejettera tout en bloc. Ni lui ni les autres grands experts de la relativité générale ne sont disposés à prendre au sérieux ces objets « scandaleusement bizarres » que sont ces prétendus trous noirs. Et ils le font savoir : cette même année 1939, le père de la relativité publie en toute hâte dans *Annals of Mathematics* un vigoureux calcul relativiste destiné à montrer, une fois pour toutes, que les trous noirs sont des monstruosités et qu'ils n'ont tout simplement aucune place dans la réalité. D'ailleurs franchement irrité contre tous ceux qui lui parlent de singularités, il finira par écrire une phrase sans appel : « *Les singularités de Schwarzschild n'existent pas dans la réalité physique.* »

Ici, faisons une halte : c'est bien en cette année 1939 qu'émergent, sans aucun doute, les premières tensions suscitées par l'idée de « singularités ». Et aussi que se nouent les premiers drames. Un exemple ? Toujours la même année, le célèbre astrophysicien britannique Sir Arthur Eddington se moque publiquement des raisonnements poussés « jusqu'à l'absurde » par le jeune Chandrasekhar : à l'âge de dix-neuf ans (alors qu'il n'avait pas encore soutenu sa thèse) ce dernier avait eu la mauvaise idée de publier dans *Astrophysical Journal* un article racontant plus ou moins les mêmes « idioties » que celui d'Oppenheimer : à la fin de leur vie, les étoiles qui ont plus d'une fois et demie la masse du soleil s'affaissent sur elles-mêmes en

97

s'éteignant et finissent par disparaître de notre univers par un « trou noir ». Disparaître ? Mais pour aller où, grand Dieu ? Pour Eddington, aucune étoile ne pouvait « se conduire de façon aussi absurde ! ». Bientôt pris sous le feu d'attaques féroces, profondément blessé par la cuisante polémique qui devait en résulter, Chandrasekhar abandonnera précipitamment ses recherches sur la mort des étoiles et la formation des trous noirs. Quarante ans plus tard, encore sous le choc, il écrira : « Ce fut une expérience très décourageante pour moi de me trouver entraîné dans une controverse [...] et de voir mon travail complètement et totalement discrédité par la communauté des astronomes[1]. »

Et pourtant, bien après la controverse, Chandrasekhar obtint le prix Nobel pour ses travaux. Mais pour quelle raison Einstein, Eddington et bien d'autres se sont-ils tant révoltés contre l'idée, à leurs yeux scandaleuse, de trou noir ? Pourquoi Wheeler – qui, pourtant, finira par devenir l'un des plus fervents supporters des trous noirs – s'opposera-t-il si farouchement à Oppenheimer dans les années cinquante ? La réponse à cette question ne viendra que beaucoup plus tard (et, étrangement, aura un rapport lointain avec nos travaux). En attendant, jusqu'au milieu des années soixante, il ne sera pas *possible* aux physiciens de concevoir l'existence de ce que

---

1. Chandrasekhar, *Autobiography*. www.nobel.se/physics/laureates/1983/chandrasekhar-autobio.html

l'on commençait à appeler, faute de mieux, des
« singularités ». Comment comprendre cette scandaleuse bizarrerie *à l'intérieur* du trou noir ? Passablement refroidis par l'accueil fait à leurs idées,
Oppenheimer et Snyder refusent d'aller plus loin et
quittent, apparemment sans regrets, la « physique
des soleils effondrés ». Apparemment seulement.
Bientôt, Oppenheimer prend la tête du très secret
projet Manhattan et, en un temps record, va mettre
au point la première bombe atomique de l'histoire.
Le 6 juillet 1945, à cinq heures et demie du matin
dans le désert du Nouveau-Mexique, un souffle brûlant, puis, quelques instants plus tard, une effroyable
onde de choc. Dans un éclair aveuglant, une
immense boule de feu rouge-orangé se lèvera, tel un
soleil de cauchemar, à plus de vingt mille mètres
d'altitude. Terré au fond d'un bunker, le visage vidé
de toute couleur, on entendit alors Oppenheimer
murmurer les sinistres paroles du Bhagavad-Gita :
« Je suis devenu la Mort, le destructeur des mondes. » Désormais hanté à jamais par le feu de
l'atome qu'il avait allumé, le savant démissionna
brutalement de ses fonctions à Los Alamos en octobre 1945. Dans son discours d'adieu, il lâchera dans
un sourire lugubre : « L'humanité maudira le nom
de Los Alamos. » En 1947, encore chancelant, il
prend la direction du premier centre de physique
théorique du monde, le célèbre Institut d'études
avancées de Princeton. Sous sa direction se retrouvent alors ces maîtres de l'espace-temps que sont

Einstein, von Neumann, Gödel et bien d'autres. Et Oppenheimer se souvient. C'est à eux – notamment à Einstein – qu'Oppenheimer, en proie à de terribles remords, se confie et répétera sans cesse jusqu'à sa mort en 1967 : jamais il n'aurait dû quitter la théorie. Jamais il n'aurait dû cesser de s'intéresser aux trous noirs.

En effet : pour quelle raison ce grand savant avait-il cru bon de tourner la page sur les trous noirs ? Avec le recul, Kip Thorne, élève de Wheeler – lui-même le plus grand rival d'Oppenheimer –, laissera entendre que le savant a finalement reculé « devant les mystères de l'inconnu[1] ». Comme si, en approchant de la Singularité, il avait frôlé un secret encore plus brûlant que celui de l'atome. Mais il n'est pas le seul. Son ami Snyder ne se relèvera jamais vraiment de l'article de 1939. Et curieusement, plusieurs de ses collègues de Princeton semblent avoir été, eux aussi, sur la trajectoire de cette onde de choc. Par exemple le grand Gödel – l'un des maîtres de la théorie des Singularités en logique – voit son discernement s'effriter jusqu'à ce qu'il se laisse finalement mourir de faim. Le puissant von Neumann lui-même, créateur de ces fameuses algèbres d'opérateurs sur lesquelles reposent nos travaux, allait basculer dans une sorte de dépression. A tel point qu'un jour, alors qu'il se rendait en voiture à New York, il sera obligé

---

1. « Black Holes, Facts and Fiction », online.kitp.ucsb.edu/online/bh_teach/

de téléphoner à son épouse pour lui demander ce qu'il allait donc faire là-bas. Quant à Oppenheimer, très étrangement, il n'a plus jamais tenté d'imaginer ce qui pouvait bien se passer « sous l'horizon des évènements » ni apporté la moindre réponse ultérieure au sujet des trous noirs : le flambeau était passé à une nouvelle génération.

*

Décidément, cette idée de singularité avait bien du mal à s'imposer. Malgré Friedmann et ses prodigieux calculs, malgré Hubble et ses observations à couper le souffle, malgré Oppenheimer et ses trous noirs, personne – ou presque – ne croyait « à cette absurdité ». Personne, sauf Paul Dirac. En effet, dès 1937 il n'hésite pas à écrire : « L'Univers a eu un commencement, il y a environ deux milliards d'années, où toutes les nébuleuses spirales ont surgi d'une petite région de l'espace, peut-être même d'un simple point. » Un simple point ! Cette idée, Dirac la répète à qui veut l'entendre, en particulier, dès les années quarante, lors de ces passionnantes conférences organisées à l'Université George Washington par un jeune et bouillant chercheur d'origine russe, George Gamow. Longtemps soupçonné par les services secrets américains « d'être un dangereux espion à la solde de Staline », celui-ci n'avait dû son salut qu'à l'intervention vigoureuse de Paul Langevin. Ancien élève de Friedmann, il a passé des années à discuter avec lui, à partager ses idées, ses convictions. A tel point qu'il se considère même comme son héritier. Dirac le sait. Alors qu'à l'Université Washington on croise régulièrement les géants de la physique de l'époque (les Niels Bohr, Oppenheimer, Hans Bethe ou John von Neumann), Dirac s'intéresse de plus en plus aux idées du jeune chercheur russe. Et un beau jour, ses discussions enthousiastes avec Bethe et Gamow finissent par porter des fruits étonnants. En 1948 paraît dans *Physical Review* un article signé Alpher (un élève de Gamow), Bethe (le professeur de Jackiw, examinateur de nos thèses) et Gamow. Une triple signature qui, au passage, faisait les délices de Gamow puisque les noms des trois auteurs – Alpher, Bethe, Gamow – reproduisaient les trois premières lettres de l'alphabet grec – alpha, bêta, gamma. Or ce fameux article « Alpha, bêta, gamma » fait une prédiction stupéfiante : tous les éléments de l'Univers ont dû être formés durant *les trois premières minutes* de son existence, au cours d'une fantastique explosion originelle. Une déflagration cosmique qui aurait donné naissance à tout ce qui existe, il y a quinze milliards d'années. Pure folie ? Voire. Bethe et Gamow en sont persuadés : cette explosion originelle – on allait commencer à dire : ce « *Big Bang* » – a nécessairement laissé une trace, une onde très froide – à peine trois degrés au-dessus du zéro absolu – qu'il devait être possible de détecter.

Et la roue de l'histoire fait tourner de nouveaux rouages. Au printemps 1964, grâce à une simple antenne, deux jeunes radioastronomes américains, Penzias et Wilson, captent la signature claire, omniprésente, du fameux « rayonnement fossile », la trace cosmologique du Big Bang. Ce fameux bruit de fond, « lointaine rumeur de la Création », leur vaudra le prix Nobel en 1978 (ce qui a pu d'ailleurs passer pour un certain manque d'équité envers Robert Dicke et Jim Peebles, deux astrophysiciens de Princeton qui, eux aussi, avaient fait les mêmes observations avec quelques jours de décalage).

Le Big Bang n'était plus très loin.

Le Big Bang

Le mot génial « Big Bang » a été inventé par ironie dans la tranquille Angleterre des années cinquante. En 1951, le nom est lâché, brusquement, lors d'une émission de radio de la BBC par l'astrophysicien Sir Fred Hoyle, de l'université de Cambridge[1]. Le but avoué ? Tourner en dérision l'idée (absurde aux yeux de Hoyle) d'expansion

---

1. Hoyle est également un auteur de science-fiction, réputé à l'époque pour son fameux roman *Le Nuage noir*.

universelle[1]. L'Univers ne *pouvait pas* sortir de rien, « comme une pin-up d'un gâteau », aimait-il rappeler dans un rire mêlé de sous-entendus. Il est vrai qu'au début des années soixante Hoyle était considéré comme le plus grand cosmologiste de l'époque. Connu pour son humour, il avait le sens de la boutade, comme en témoigne ce courrier qu'il nous avait adressé en 1978 : « L'espace n'est pas du tout loin. En fait, c'est à peine à une heure de voiture d'ici. A condition, bien sûr, que votre voiture puisse aller tout droit en montant[2]. » Or, en 1962, un obscur étudiant en thèse de physique nommé Stephen Hawking entre à l'Université de Cambridge. Son projet : intégrer le prestigieux laboratoire d'astronomie dirigé à l'époque par Fred Hoyle. En dehors de la cosmologie, le jeune homme avait d'ailleurs un point commun avec le grand astrophysicien : il adorait les récits de science-fiction. C'est d'ailleurs ainsi que Paul Strathern[3] décrit la première année du jeune Hawking à Oxford : « Le soir, il prend l'habitude de tranquillement mettre à mal un casier de bouteilles de bière tout en dévorant de la science-fiction. Ce qui le met au contact de conceptions de l'univers aussi diverses qu'imagi-

---

1. Chaque fois qu'il rencontrait l'abbé Lemaitre lors d'un congrès il s'exclamait : « Tiens, voila Mr Big Bang ! »
2. Lettre du 3 mars 1978.
3. L'un des nombreux biographes de Hawking, auteur de *Hawking & Black Holes*, Turtleback Books, 1998.

natives… » Hélas, cet étudiant fragile ne représente encore pas grand-chose en science et son
arrivée à Cambridge se passe mal : le professeur
Hoyle refuse sèchement de le prendre en thèse
(malgré sa mention « très bien » obtenue à
Oxford). Motif : il juge le niveau général du candidat « trop faible » et l'obligera finalement à
s'inscrire sous la direction de son assistant
Dennis Sciama. Aujourd'hui, Hawking a soixante
ans, et il garde encore le souvenir acide de cet
épisode : « J'avais posé ma candidature pour travailler sous la direction de Fred Hoyle, le principal défenseur de la théorie de l'Univers
stationnaire et le plus célèbre astronome britannique de ce temps-là […]. Hélas, Hoyle devait
sans doute avoir déjà assez d'étudiants, aussi, à
ma grande déception, j'ai été renvoyé vers Dennis
Sciama, dont je n'avais jamais entendu parler.
Mais cela a été sans doute mieux comme ça. Très
souvent en voyage, Hoyle n'était presque jamais
dans le département, et je n'aurais pas beaucoup
attiré son attention[1]. »

Or, en cette année 1962, Hoyle ne savait pas
encore que ce choix apparemment sans grande
importance allait, en l'espace de quelques années,
réduire à néant sa théorie selon laquelle l'Univers
avait toujours existé. Et nous ne savions pas non

---

1. S. Hawking, « Sixty years in a nutshell », in *The Future of Theoretical Physics and Cosmology*, Cambridge University Press, 2003.

plus qu'au bout du compte, trente ans plus tard, son refus de prendre Hawking comme étudiant aurait un impact inattendu sur nos propres travaux de thèses concernant l'origine de l'Univers.

Pourquoi ? Parce que Sciama s'était spécialisé dans l'étude de ces objets cosmiques très étranges qu'au début des années soixante on commençait à découvrir et qu'on n'appelait pas encore « trous noirs ». Peut-être faut-il déjà voir dans cette péripétie l'un des signes avant-coureurs des affrontements féroces qui, depuis, n'ont plus jamais cessé autour de la question de l'origine de l'Univers. Pour preuve : peu de temps après sa déconvenue, lors d'un épisode resté dans toutes les mémoires, le frêle thésard Hawking ridiculise Hoyle devant les membres les plus éminents de la Royal Society en lui démontrant, calculs à l'appui, que sa théorie « divergeait » et, par conséquent, devait sans aucun doute être *fausse* ! Puis, de plus en plus incisif, en compagnie du célèbre mathématicien Roger Penrose, de l'université d'Oxford, il décide de s'attaquer au domaine jusque-là interdit de l'origine du monde, dont l'accès était jalousement gardé par Hoyle. Pour cela, il devra plonger dans les mathématiques les plus ardues qui soient – un mélange très personnel de géométrie algébrique et de topologie – et franchir une nouvelle étape, décisive cette fois.

Les grands théorèmes de Singularité

Nous voici en 1970. Le flambeau allumé par Oppenheimer, Snyder, Wheeler et d'autres vient donc de passer entre les mains des deux jeunes savants anglais (ils ont moins de trente ans à l'époque). Terriblement audacieux, ils vont signer ensemble un article frappant[1] dans lequel, pour la première fois, se trouve démontrée l'existence inéluctable de « déchirures » dans le tissu de l'espace-temps. Les résultats de l'article sont sans appel : les singularités au cœur du cosmos – aussi bien à l'intérieur des trous noirs qu'à l'origine même de l'Univers – sont absolument inévitables (l'une des seules conditions étant que l'énergie autour de ces singularités reste positive). Comme on pouvait s'y attendre (et ceci rappelle ce qui s'est passé pour Oppenheimer et Snyder) la plupart des scientifiques ont rejeté ce résultat. Pourquoi ? Parce que, comme le remarque Hawking lui-même, presque tout le monde tenait « la notion entière de singularité pour dérangeante[2] ». Cependant, ajoute-t-il aussitôt : « On ne peut pas vraiment argumenter devant un théorème mathématique. Aussi notre travail fut-il peu à peu accepté[3] ».

---

1. S.W. Hawking, R. Penrose, « The singularities of gravitational collapse and cosmology », *Proceedings of the Royal Society*, Londres, n° A 314, 1970.
2. *Une brève histoire du temps*, Flammarion, 1989.
3. *Ibid.*

A partir de là, il devient possible de se représenter la Singularité Initiale comme un état unique de l'Univers, semblable au sommet d'un cône, un point pour lequel le volume de l'espace-temps est réduit à zéro tandis qu'au contraire sa courbure est infinie. Ce point correspondrait donc à cet instant énigmatique, à peine concevable : l'« instant zéro » à l'origine du temps et de l'espace. Un point absolument inévitable.

Parvenus à ce stade, pouvons-nous aller plus loin ? En fait, Penrose et Hawking n'ont absolument *rien* dit à l'époque du contenu possible de cette fameuse singularité, de ce qu'elle pouvait être. Bien sûr, leurs théorèmes nous ont permis de faire un grand saut par-dessus un fleuve de questions embarrassantes pour atteindre, sur l'autre rive, un terrain plus ferme. Pour autant, comme le rappelle George Ellis : « Ces théorèmes ne nous éclairent pas sur ce qu'est d'un point de vue physique une singularité[1]. »

En effet. De quoi s'agissait-il ? Il faudra attendre le milieu des années soixante-dix pour que les véritables progrès sur les théories de Singularité empruntent un tout autre chemin. Un chemin qui, de manière surprenante, va nous conduire jusqu'à Roman Jackiw, l'un de nos rapporteurs de thèse.

---

1. George F. R. Ellis, « Cosmological perturbations and singularities », in *The Future of Theoretical Physics and Cosmology : Stephen Hawking's 60th Birthday Symposium*, Cambridge University Press, 2003.

Vers la Singularité Initiale

Qui est Roman Jackiw ? Médaille Dirac 1998
(l'une des plus prestigieuses distinctions en physique
mais aussi, étrangement, un lien – un de plus – avec
Dirac), Jackiw est une figure éminente de la physique
théorique actuelle. Et puisque nous sommes ramenés
à Dirac, voici ce que le chercheur américain vient
d'écrire à son propos en décembre 2002 : « Ma
recherche, comme celle de tous les autres physiciens,
est totalement dépendante des magnifiques explora-
tions effectuées par Dirac[1]. » Fait intéressant, il a
cosigné des articles fondamentaux avec la plupart
des physiciens théoriciens dont les travaux ou résultats nous ont permis de progresser, par exemple
avec Gérard t'Hooft en 1984[2] (prix Nobel), Edward
Witten en 1985[3], (médaille Fields), Steven Weinberg en 1985 (prix Nobel)[4] ou encore Hans Bethe
(également prix Nobel) dès 1964[5]. Tout comme Steven Weinberg – auteur dans les années soixante-dix
du fameux ouvrage sur les trois premières minutes
de l'Univers – Jackiw s'est spécialisé dès les années
soixante dans l'étude des très hautes températures

---

1. Roman Jackiw, http://arxiv.org/pdf/hep-th/0212058
2. Three-dimensional Einstein gravity : dynamics of flat space (with
S. Deser and R. Jackiw), *Ann. of. Phys.*, 152, 1 (1984) 220-235.
3. In *Current Algebra and Anomalies* by S. Treiman, R. Jackiw, B Zuino
& E. Witten, World Scientific, 1985.
4. « Chiral loops », *Physical Review, D3 (1971)*.
5. Bethe, Hans A. & Roman Jackiw, *Intermediate Quantum Mechanics*,
W.A. Benjamin, NY, 1964, 1968, 1986.

caractérisant l'Univers primordial. Ses deux directeurs de thèse sont l'un et l'autre Prix Nobel de physique : Kenneth G. Wilson, de l'université de l'Ohio, prix Nobel en 1982, et Hans Albrecht Bethe, de l'Université Cornell, prix Nobel en 1967.

Le premier est le père d'une théorie fameuse : la « renormalisation » dite « à la Wilson ». Celle-ci permet, grâce à de savantes astuces de calcul, d'éviter que la mesure de phénomènes physiques – comme justement la température – se mette à « exploser » vers l'infini. Or c'est précisément ce qui survient au voisinage de l'origine : toutes les données physiques – température, densité, courbure – de l'Univers deviennent infinies. La situation est alors presque désespérante : à mesure qu'on se rapproche de cette origine tant convoitée, les barrières naturelles s'élèvent, deviennent de plus en plus hautes. Et inévitablement, nous finissons par tomber sur le Mur de Planck : sa hauteur est en pratique infinie et la Singularité Initiale est donc devenue totalement inaccessible. Alors comment espérer l'atteindre ? Comme on pouvait s'y attendre, c'est une question qui a également beaucoup tracassé le directeur de thèse de Wilson, Murray Gell Mann, Prix Nobel lui aussi. Aux yeux de nombre de ses collègues, ce théoricien passe pour un véritable génie, devenu célèbre presque d'un jour à l'autre pour avoir découvert les fameux « quarks », ultimes fragments de réalité dans la hiérarchie des particules élémentaires (notons au passage que Gell Mann a tiré le nom cocasse de ses « quarks » tout simplement du roman de Lewis Carroll, *Alice au pays des merveilles*).

Mais les choses n'en restent pas là. De fait, le second directeur de thèse de Jackiw, Hans Bethe, est l'une des gloires historiques de la physique[1]. Il est l'auteur, en 1938, du fameux « cycle de Bethe », qui non seulement explique les réactions de fusion au sein des étoiles mais aussi dans les bombes à hydrogène. C'est donc en toute logique que, à la demande du président Roosevelt, Bethe deviendra responsable du groupe de théoriciens qui, avec Robert Oppenheimer (une nouvelle fois), Enrico Fermi, Arthur Compton et d'autres, ont calculé, à Los Alamos, la première bombe atomique américaine. Un demi-siècle plus tard, le savant, âgé de 90 ans, allait publiquement apostropher le président Clinton sur le thème des armes nucléaires : « Nous, les savants atomistes, nous disons : trop, c'est trop ! »

Mais revenons en 1948. Cette année-là se produit cet événement extraordinaire dont nous avons déjà parlé et qui nous ramène vers Jackiw : la publication du fameux article « Alpha, bêta, gamma » où Bethe et Gamow font, pour la première fois, la stupéfiante prédiction du « Big Bang ». Or, comme il nous l'a avoué lui-même,

---

1. Un physicien a un jour dit de lui : « Il n'y a que deux autorités avec lesquelles il est insensé de vouloir discuter : la première c'est Dieu, l'autre c'est Hans Bethe. »

Jackiw a été profondément impressionné par cet article prophétique. En 1966 (soit un an après la découverte de l'écho du Big Bang par Penzias et Wilson), il soutient sa thèse à l'Université Cornell, fief de Hans Bethe, son mentor[1]. Et fort de sa prédiction de 1948, Bethe gagne définitivement Jackiw à l'idée de Singularité Initiale de l'espace-temps. A peu près à la même époque, sur la base des mêmes arguments, Dirac finira à son tour par convaincre Flato de la validité de ce modèle de Singularité.

Et une fois de plus, chacune de ces trajectoires de recherche touchera, parfois en les effleurant, parfois de manière très directe, les idées à l'origine de nos travaux. Ainsi, le seul domaine où, par construction, la théorie de Wilson ne peut absolument pas être appliquée – et ne pourra jamais l'être dans l'avenir – est le voisinage de la Singularité Initiale de l'espace-temps. « Là-bas », plus rien – ni l'énorme température, ni l'inimaginable courbure – ne peut être « renormalisé[2] ». Or cette limite n'a évidemment pas échappé à Jackiw qui, dès nos premières conversations, s'est montré intéressé par notre approche non-standard de la Singularité Initiale. Il nous a ainsi rappelé qu'à partir de novembre 1942 les échanges incessants entre Oppenheimer et Bethe dans les

---

1. Bethe représente d'ailleurs l'exemple de la plus grande longévité en matière de recherche, puisqu'il a passé sa thèse en 1928 et qu'il publiait encore presque soixante-dix ans plus tard, en 1995.

2. En d'autres termes, il est impossible d'empêcher toutes les grandeurs de diverger vers l'infini.

laboratoires secrets de Los Alamos avaient forgé la
conviction de Bethe : il n'existait pas – et n'existerait jamais – de solution « conventionnelle » au problème des singularités des trous noirs. Et pas
davantage à la grande question de la Singularité Initiale. Cette conviction, il l'a transmise à Jackiw :
pour comprendre la Singularité, disait-il, il faudra
« trouver autre chose ». C'est pourquoi, dès la fin
des années soixante, aussitôt sa thèse passée, Jackiw
commencera à s'interroger. Entre autres avec Steven
Weinberg. Mais surtout avec un autre des plus
grands physiciens théoriciens du siècle dernier, dont
nous reparlerons plus loin : John Bell.

De l'anomalie de Bell-Jackiw à la non-localité

Certaines conversations laissent une trace presque
audible dans la mémoire. De nos échanges avec
Gérard t'Hooft (proche de Jackiw avec qui il a cosigné
plusieurs articles) nous reviennent surtout sa voix, sa
diction si particulière, sa manière de parler en réflé-
chissant. Or nous reviendrons sur l'un des articles
dans lesquels il pose cette question provocante :
« Comment Dieu joue-t-il aux dés ? Le (pré)détermi-
nisme à l'échelle de Planck[1] ». Il y évoque notamment, pour la première fois, les fameuses fluctuations

----

1. In http://xxx.lanl.gov/abs/hep-th/0104219

quantiques de la métrique qui sont au cœur de nos travaux, une idée dont nous avions souvent décortiqué les surprenants aspects avec lui. Mais ici, on s'arrêtera un instant sur l'une de ces étranges « coïncidences » qui jalonnent de loin en loin notre aventure de recherche : t'Hooft a écrit cet article en l'honneur de John Bell, physicien théoricien au CERN disparu brutalement en 1990. Qui était John Bell ? Un chercheur d'une grande élégance, aussi bien dans sa pensée que dans sa vie. De lui, nous conservons une lettre qu'il nous a adressée au début des années quatre-vingt, où quelques mots anglais résumaient des heures de calculs. Son résultat le plus important (celui qui lui a assuré une renommée mondiale dans le monde de la physique) résulte d'une recherche qu'il a menée avec Roman Jackiw, dont il était un proche. Ensemble, ils ont découvert la fameuse « anomalie de Bell-Jackiw », publiée en 1969 dans *Nuovo Cimento*[1]. La découverte en question (par la suite clarifiée avec l'aide d'un troisième chercheur, Stephen Adler) a été décisive dans la mesure où elle a fourni le support indispensable au modèle standard, selon lequel les « quarks » (ces particules élémentaires composant le noyau de l'atome) ne peuvent exister que trois par trois et non pas isolément.

Or, douze ans plus tard, nous avons rencontré John Bell au CERN, dans des circonstances que

---

1. L'une des revues où, trente-trois ans plus tard, nous avons publié un article sur la condition KMS.

nous évoquons dans notre épilogue. Et c'est lui qui, à cette époque, nous a donné la seconde clef qui, bien des années après, nous a permis d'ouvrir une nouvelle porte et d'avancer. En fait, il avait attiré notre attention sur un phénomène très insolite. Quelque chose que nous connaissions alors à peine, mais qui, à partir de 1991, allait être au centre de nos propres recherches : la *non-localité* quantique. De quoi s'agit-il ? D'une propriété stupéfiante, qui fait que des objets quantiques apparemment séparés dans l'espace (parfois par des distances énormes) en réalité ne le sont pas et ne le seront jamais ! Pourquoi ? Parce que, comme Bell a été le premier à le dire, il existe entre ces objets quantiques – par exemple des photons, ou encore des particules élémentaires – une sorte de lien « non local » (c'est-à-dire, en un certain sens, « instantané »). Comment comprendre cela ? Un peu comme une abolition du temps et de l'espace dans l'infiniment petit. A tel point que John Bell écrira en 1987 à propos de cette inexplicable relation : « *Le signal en question doit se propager de manière instantanée*[1]. »

Ainsi – sans aucun doute grâce à John Bell – il a été plus facile à Jackiw qu'à d'autres d'accepter notre conclusion : l'approche non locale (c'est-à-dire construite en temps imaginaire) est de nature

---

1. John S. Bell, *Speakable and unspeakable in quantum mechanics,* Cambridge, 1987.

à déboucher sur une solution nouvelle au problème des singularités finales que l'on trouve au
fond des trous noirs. Et, pour les mêmes raisons,
à éclairer la nature de la Singularité Initiale de
l'espace-temps. Car – aussi surprenant que cela
puisse paraître – notre approche « euclidienne »
nous a conduits à découvrir que la Singularité Initiale de l'Univers et les singularités finales des
trous noirs ont la même essence : une essence
« topologique », susceptible d'être décrite sous la
forme d'un invariant mathématique. Nous y
reviendrons.

Récapitulons : les résultats évoqués ci-dessus ont
suggéré à Jackiw et d'autres (notamment aux referees du journal *Classical and Quantum Gravity*)
que, à l'échelle de Planck, il est probable que la
signature de la métrique « fluctue » entre les directions temps et espace[1].

Avec cette idée inattendue s'achèvent les cent
ans d'histoire que nous venons de survoler. Une
époque nouvelle commence : il devient maintenant
possible de formuler des questions inédites concernant l'existence d'une ère *avant* le Mur de Planck :

---

1. Le referee de cette revue scientifique écrivait à propos de notre
article : « Les auteurs établissent l'intéressante proposition d'après
laquelle, dans la limite de température infinie, la théorie des champs
est réduite à une théorie topologique, cette dernière pouvant être appropriée
pour comprendre la phase initiale de notre Univers » (rapport du 15 février
2001 sur l'article « Topological Field Theory of the Initial Singularity of
Spacetime » publié dans *Classical and Quantum Gravity* n° 18, 22 octobre
2001).

comment l'Univers a-t-il *vraiment* commencé ? Y a-t-il eu, quelque part dans le passé lointain, un « instant zéro » marquant l'origine des temps ? Et si oui, quel est le contenu de cette fameuse « Singularité Initiale » ?

3

Face au Mystère

Avant de nous lancer dans l'exploration du monde d'avant le Big Bang, commençons par quelques préparatifs.

Au long de ce livre, nous allons rencontrer des mots qui nous sembleront parfois bizarres ou compliqués, des idées que l'on aura peut-être la tentation de repousser comme *invraisemblables*. Avec, heureusement, ici et là, des choses déjà connues, même si elles restent souvent floues, comme « espace-temps », « trous noirs », ou même, pourquoi pas, « Mur de Planck ». Tous ces termes seront bien sûr éclaircis, leur sens fixé au fil des pages. Mais préparez-vous aussi à découvrir des mots dont vous n'avez *jamais* entendu parler. Par exemple, pour être à l'aise dans la physique théorique d'aujourd'hui, il faut jongler avec des choses aussi arides que les « produits bicroisés cocycliques », les théories des « Branes à n dimensions » ou encore celle du « flot des poids des algèbres stellaires ». Faut-il alors s'étonner de ce qu'écrivait le génial mathématicien von Neumann à l'un de ses collègues : « En mathématiques, on ne comprend jamais vraiment les choses, tout juste si on s'y habitue. » Et c'est finalement ce que nous devrons faire ici : nous habituer à des expressions, des mots, des concepts fascinants qui, sans faire partie de notre vie de tous les jours, trouveront un peu leur place dans nos idées sur l'origine de l'Univers.

Les nouveaux mots du savoir

Et tout d'abord, que veut dire au juste « espace-temps » ? Le mot, on l'a vu, a été créé par Minkowski, le professeur de mathématiques du jeune Einstein à l'Ecole polytechnique de Zurich : « Ah, cet Einstein ! Jamais je n'aurais cru qu'il pourrait aller si loin ! » L'idée générale est, au fond, toute simple : l'espace-temps, c'est avant tout un *objet géométrique* à quatre dimensions : trois d'*espace* (longueur, largeur et hauteur) et, naturellement, une de *temps*. Chaque « point » de cette géométrie spatio-temporelle représente un *évènement* étiqueté par quatre nombres. Par exemple, lorsque vous marchez dans la rue, vous vous déplacez dans l'espace mais aussi, *évidemment*, dans le temps. Ce voyage dans l'espace-temps se mesure

grâce à la *métrique*. Ce qu'on appelle alors la *signa-*
ture de la métrique n'est autre que la suite des trois
signes « + » précédant les trois coordonnées
d'espace et du signe « – » placé devant le temps.
Ici, notre métrique s'écrira donc tout simplement
« +++ – » : c'est la célèbre forme « lorentzienne »
de la signature (du nom du grand physicien Hendrik
Antoon Lorentz, contemporain d'Einstein). Rete-
nez bien cette suite de signes : elle représente le premier indice qui nous permettra de nous repérer dans
notre voyage vers l'origine. Une sorte de « code
secret » grâce auquel vous allez pouvoir percer un
à un les mystères les plus profonds de l'espace et
du temps.

Pour terminer ce survol, voici un dernier terme
important (sans doute déjà entendu ici et là) : le
cône de lumière. Expression presque poétique qui,
à tout le moins, semblerait issue d'un conte fantastique d'Edgar Poe. Mais savons-nous de quoi il
s'agit ? On raconte qu'au tout début, Einstein a eu
du mal à saisir la nature de cet étrange objet
géométrique : « *Une complication inutile !* »
disait-il alors à qui voulait l'entendre. A quoi
Minkowski rétorquait : « *le cône est le seul instru-*
ment qui permette de comprendre l'Univers ! »
Mais comment « marche-t-il » ? Mettons-nous à la
place d'Einstein : lorsqu'un rayon lumineux est
émis depuis tel ou tel point il forme une sphère de
lumière, laquelle grandit rapidement le long d'un
cône à 3 dimensions. Au premier milliardième de

seconde, la sphère mesure 30 centimètres. Puis 300 mètres au passage du millionième de seconde. Et comme la lumière va très vite, au bout d'une seconde, la boule de lumière s'échappe le long du cône et atteint déjà 300 000 kilomètres de rayon. Hélas ! inutile de tenter de se représenter un cône de lumière : la figure formée de la sorte a une *dimension de plus* qu'un cône ordinaire (par exemple le simple cornet de glace). Mais cela n'empêche pas d'effectuer toutes sortes d'opérations, car n'importe quel cône de lumière partage l'espace-temps en trois régions : l'*intérieur* (c'est là que nous vivons, et que se situent tous les événements reliés par un lien de cause à effet), l'*enveloppe* (matérialisée par le rayon de lumière et qui marque la limite des vitesses de déplacement) et enfin l'*extérieur* (où les points ne sont plus reliés les uns aux autres par un lien de causalité). Cette dernière région, nous ne pouvons pas y aller, et Einstein lui a donné ce nom mystérieux : l'*Ailleurs*. Peut-être parce que, comme il l'a avoué lui-même plus tard, il se sentait bizarrement mal à l'aise face à cet « en dehors » de l'Univers qu'il comprenait mal. Aujourd'hui, l'Ailleurs est toujours une région totalement inconnue. Mais ici une bonne nouvelle : nos travaux nous ont peu à peu conduits à explorer ce monde. Et comme nous l'apprendrons, ce qui se passe dans l'Ailleurs est, de façon étonnante, en relation étroite avec le point zéro de l'Univers.

Les questions mystérieuses

Par quoi allons-nous commencer notre exploration ? Paradoxalement, notre vie s'écoule, d'un jour à l'autre, sans que nous ayons vraiment à comprendre ni même à connaître la machinerie compliquée qui fait fonctionner le monde. Pourtant, le cosmos est rempli de mystères qui nous touchent de plus ou moins près, d'énigmes que la science ne parvient pas à résoudre. Par exemple : quelle est donc cette forme d'énergie inconnue, que l'on vient de découvrir et que, faute de mieux, on appelle « l'énergie noire » ? On sait désormais qu'elle accélère l'espace-temps à chaque seconde. Mais d'où vient-elle ? Et vers où, vers quel infini insondable nous emporte-t-elle de plus en plus vite ? Autre question, tout aussi mystérieuse : quelle est cette énergie invisible – et peut-être infinie – cachée au fond de l'infiniment petit, qu'on appelle « énergie du point zéro » ?

Mais sans aller aussi loin, le mystère commence déjà sous nos yeux. Et quel mystère ! Nous connaissons en effet l'existence de quatre grandes forces dans l'Univers (et pas plus). La première, la gravité, assure la marche immuable des étoiles et des galaxies dans l'immensité. Or ici, une première chose extraordinaire, qui ne nous vient jamais à l'esprit : la gravité a une portée infinie. Qu'est-ce que cela veut dire ? Que tout dans le cosmos est relié par cette force justement « universelle ». Par

123

exemple, la minuscule charge gravitationnelle contenue dans une simple tasse de café influence (même de manière infime) ce qui se passe sur Mars mais aussi dans les centaines de milliards d'étoiles et de galaxies du cosmos tout entier. En d'autres mots : soulever ma tasse de café de trente centimètres, c'est modifier quelque chose dans l'équilibre de tout l'Univers[1].

Mais revenons à des choses plus intuitives. La gravitation c'est avant tout ce qui nous maintient bien arrimés au sol. Mais si cette force était un tant soit peu plus élevée, nous serions implacablement « collés » à terre, incapables de soulever sans un gros effort la moindre chose. Supposons que nous comprimions la Terre, jusqu'à la réduire de moitié. Nous pèserions alors près de trois cents kilos et le livre que vous tenez entre les mains plus de dix kilos ! Mais poursuivons la compression. Nous allons réduire la Terre à la taille d'une colline, puis d'une maison, puis d'un ballon et enfin d'une petite bille de deux centimètres de diamètre. La densité de notre planète est alors inimaginable puisque le poids de cette petite bille est de 6 000 milliards de milliards de tonnes. Que se passe-t-il à partir de là ? Comme les calculs le montrent, quelque chose d'extraordinaire : la terre se transforme en trou noir.

---

1. Cela nous rappelle la défintion que le mathématicien Paul Erdös donne de ses confrères : « Un mathématicien, c'est quelqu'un qui change une tasse de café en théorèmes. »

C'est-à-dire en une sorte de siphon gravitationnel qui engloutit tout ce qui passe à sa portée. Et une fois franchi l'horizon plus rien ne peut s'échapper du trou noir : l'hallucinant effondrement se poursuit jusqu'à la Singularité Finale, là où la dernière trace de ce qu'était la terre s'efface sur un point mathématique. Un point qui, nous le verrons plus loin, nous ramène étrangement vers l'origine de l'Univers.

En attendant d'emprunter ce tunnel entre les trous noirs et la Singularité Originelle, explorons la situation inverse. Si la constante de gravitation tombait d'un seul coup à zéro dans tout l'Univers, nous serions brutalement projetés dans l'espace à 1 500 kilomètres à l'heure tandis qu'en moins de dix secondes le soleil exploserait, avalant une à une les planètes en fuite hors des frontières du système solaire. Naturellement, notre Voie lactée se disloquerait de la même manière en quelques heures, tout comme les milliards d'autres galaxies de l'Univers, catapultées aux quatre coins de l'infini.

La deuxième force universelle à longue portée, c'est l'électromagnétisme. C'est elle qui éclaire nos villes, alimente nos ordinateurs, nos télévisions et la nuée d'appareils dont nous nous servons tous les jours. Un aimant peut attirer un clou, ouvrir une porte ou encore soulever une locomotive. Mais c'est également cette force (aussi bien répulsive qu'attractive) qui assure la « solidité » de la matière à notre échelle, en liant les électrons au noyau de l'atome. Profitons-en pour donner une petite idée de ce qu'est un atome. Prenons le plus simple de tous : l'atome d'hydrogène. Pour le voir, grossissons-le mille milliards de fois. Le noyau (composé d'un seul proton) atteint à peine un millimètre (un petit grain de sable). En revanche, sa masse à cette échelle est de 1,6 million de tonnes ! Quant à l'électron, il est mille fois plus petit et « pèse » 900 tonnes. Mais ce qui est vraiment étonnant, c'est qu'il gravite à une distance de plus de 100 mètres du minuscule noyau, l'espace entre les deux étant complètement vide.

Supposons maintenant que la force électromagnétique soit un peu plus intense qu'habituellement. Dans ce cas, les électrons seraient plus fortement agglutinés autour du noyau, de sorte que les objets deviendraient tous affreusement rigides (par exemple les pages de ce livre seraient comme « cristallisées » et ressembleraient à de fines lames de verre). Mais si, au contraire, cette force « s'éteignait » tout à coup, non seulement les rayons du soleil s'éteindraient aussi, mais toutes les choses autour de nous – les vêtements que vous portez, votre fauteuil, l'oiseau qui passe dans le ciel –, tout cela se déchirerait en deux puis en quatre, se morcellerait sous vos yeux en quelques secondes pour finir en pièces détachées de plus en plus fines. La réalité des choses mettrait moins d'une minute à se désagréger, emportée par le vent comme un nuage de sable.

A présent, descendons au pays de l'atome, jusqu'au noyau. Là nous rencontrons une nouvelle force, dont la portée est très courte (à peine 10 puissance moins quinze mètre) : c'est la force forte. A quoi sert-elle ? A « coller » ensemble les particules élémentaires au sein du noyau atomique (où elle est cent fois plus intense que la force électromagnétique). C'est elle qui fait que notre soleil brille et c'est elle aussi que l'on retrouve dans le feu déchaîné des bombes à hydrogène (comme l'ont compris Oppenheimer, Bethe, Wheeler et les autres atomistes du projet Manhattan). Et là encore, si cette force s'évanouissait, non seulement le soleil et toutes les étoiles deviendraient noires mais en plus, elles partiraient en fumée, comme tout l'Univers en moins de cinq secondes. Une fumée encore plus fine que dans le cas de l'extinction de la force électromagnétique.

Enfin, il existe une dernière force, que l'on appelle « faible ». Sa portée est encore cent fois plus petite que celle de sa cousine la force forte (10 puissance moins dix-sept mètre). C'est, en quelque sorte, une force radioactive, qui agit à l'intérieur du noyau atomique. Elle s'est manifestée sous une forme destructrice à Tchernobyl, mais c'est elle aussi que l'on retrouve domestiquée dans les centres de soins radiologiques. On pourrait croire que si elle disparaissait, cela ne changerait pas grand-chose. Détrompons-nous : une fois de plus, sans force faible, le soleil et toutes les étoiles s'éteindraient en une trentaine de secondes (puisque les réactions de fusion s'interrompraient). De plus, comme la force faible participe à la construction des noyaux lourds de la matière, le même scénario de cauchemar se reproduirait : plus rien ne « tiendrait debout » et tout, absolument tout, s'effondrerait une fois de plus en un tas de poussière informe.

Le miracle, c'est donc que les quatre forces de l'Univers sont « comme elles sont ». Mais ici commence un nouveau mystère : pourquoi la gravité est-elle si faible – des milliards de milliards de fois plus faible – en comparaison des trois autres forces de l'Univers ?

Il existe nombre d'autres problèmes mystérieux du même genre. Par exemple, pourquoi « le temps qui passe » ne revient-il jamais en arrière ? Qu'est-ce qui fait que la distance entre deux choses – par exemple entre les deux pieds d'une chaise – ne varie jamais ? Et n'y a-t-il pas des situations où ce n'est plus vrai ? Etrangement, en nous tournant vers l'origine lointaine de notre univers – de tout ce qui existe – nous serons *du même coup* en position de répondre à toutes ces questions. À commencer par la première d'entre elles : *où sommes-nous* ?

Notre Univers n'est pas infini

Selon nos intuitions immédiates, nous nous trouvons dans un « espace immense », au milieu duquel on trouve quelque part notre système solaire. « Plus loin » il y a les étoiles, puis, encore plus loin, les galaxies et les amas de galaxies. Soit. Mais tout cela jusqu'où ? L'espace a-t-il quelque part une *limite* ? Risquons-nous d'atteindre un jour quelque chose qui ressemblerait à son *bord* ?

Une toute première réponse à cette question se cache dans ce qu'on appelle aujourd'hui le « paradoxe de la nuit noire ». Pourquoi donc le ciel est-il noir durant une nuit sans lune ? Nous ne prenons pas garde à cette obscurité ; elle nous paraît aller de soi. Pourtant, elle cache un mystère profond, qui met en jeu l'Univers tout entier, aussi bien dans l'espace que dans le temps. Jusqu'à son origine. Kepler le premier, au XVIIᵉ siècle, puis l'astronome allemand Olbers deux cents ans plus tard ont été frappés par ce paradoxe. Car réfléchissons : si l'espace était infini, où que nous regardions, nous verrions nécessairement une infinité d'étoiles, serrées à l'extrême les unes contre les autres. Résultat : il n'y aurait plus la moindre « place pour le noir » et, la nuit, le ciel serait radieux comme un diamant, empli d'un bout à l'autre d'un éclat argenté que rien ne viendrait atténuer. Curieusement, c'est encore Edgar Poe (inoubliable auteur de la nouvelle « Le Puits et le Pendule ») qui, dans les années 1840, apporte le premier la réponse dans « Eurêka » : s'il fait noir la nuit, c'est parce que l'espace et le temps – et donc le cosmos tout entier – sont *finis*. Si l'Univers existait depuis toujours, même la lumière des étoiles les plus lointaines aurait eu « assez de temps » pour voyager jusqu'à nous. Si le ciel n'est pas brillant comme un miroir, n'est-ce donc pas nécessairement que les étoiles n'existent pas depuis toujours mais seulement depuis une date déterminée dans le passé ?

Cela paraît évident. Pourtant, ce raisonnement a soulevé certaines objections en cent cinquante ans. Si bien qu'au moment où nous avons publié nos recherches en 2002, le débat se poursuivait encore, parfois avec rage.

Mais depuis le 11 février 2003 tout a changé. Car ce jour-là, la NASA a rendu publiques les étourdissantes images captées par son plus puissant satellite explorateur, le fameux WMAP. Le résultat est sans appel : l'Univers est « fini » (il ne s'étend pas à l'infini mais, pour autant, il n'a pas de bord – aucun risque de « tomber de l'autre côté »). Comment a-t-on découvert cela ? En fait, le satellite explorateur a « photographié » durant plusieurs mois le lointain horizon cosmique, à la distance immense de treize milliards d'années-lumière. Ce qui veut dire que WMAP a « vu » l'Univers *tel qu'il était* à peine 300 000 ans après le Big Bang, à cet instant unique où, à la fin de la première nuit cosmique, il devient lumineux (la lumière se libère de la matière et le cosmos, en somme, « s'allume »). Bien sûr, dans ces âges archaïques, les étoiles et les galaxies n'existaient pas encore. Or, ce que révèlent ces images de

l'aube des temps est stupéfiant : de petites différences de température et de densité d'un bout
à l'autre du jeune cosmos. Et c'est là le secret :
un Univers infini contiendrait des « vagues » de
toutes les tailles, c'est-à-dire des différences
énormes dans la condensation de la matière (ce
que le satellite n'a justement pas observé). Et cela
montre bien, de manière irréfutable, que l'espace
est *fini* – pour la même raison que l'on n'a aucune
chance de voir soudain apparaître un raz de marée
dans sa baignoire ou dans sa piscine.

Pourquoi quatre dimensions ?

Nous nous sommes tous posé un jour ou l'autre
cette question que l'on croit sans réponse possible :
pourquoi l'Univers a-t-il quatre dimensions (et pas
trois, ou cinq) ? Ici, une remarque préliminaire. Le
chiffre 4 semble bien occuper dans la nature une
place à part. En effet, il y a 4 – et seulement 4 forces
physiques dans l'Univers. De même, il n'existe que
4 champs et 4 particules stables dans le monde des
atomes. Mieux encore : dans le domaine du vivant,
le fameux ADN est, lui aussi, un « espace à
4 dimensions ! Alors ? Avant d'en venir à des arguments plus détaillés, il nous a paru intrigant
d'observer, d'un point de vue simplement arithmétique, qu'il n'existe, en tout et pour tout, que *quatre*

ensembles de nombres dans la nature : les nombres *entiers* naturels (1, 2, 3 etc. ; ceux qui nous permettent par exemple de compter des moutons), les nombres *rationnels* (c'est-à-dire les fractions, comme 2/3 ; 3/4 etc., qui nous permettent de faire des partages), et enfin les nombres *irrationnels* (qui, comme le nombre π, ne sont pas entiers mais ne peuvent pas s'écrire sous la forme d'une fraction). Une fois réunis, ces trois ensembles de nombres forment une quatrième famille, la plus complète, qu'on appelle les nombres *réels*. L'image pour les représenter est des plus simples : une droite, partout dense (c'est-à-dire sans « trous » ou discontinuités), qu'on appelle « la droite réelle » (on lui attribue la lettre R).

Mais est-ce bien tout ? Pas tout à fait : il existe une dernière famille, totalement différente des trois autres : ce sont les nombres *imaginaires*. En langage mathématique, on dit que les imaginaires représentent la *clôture algébrique* de l'ensemble des nombres réels. Baptisés « imaginaires » (avec une pointe de dérision) au début du XVIIe siècle par le philosophe Descartes, ce sont des nombres dont le comportement étrange viole plusieurs des lois sur lesquelles reposent les nombres réels : par-dessus tout, leurs carrés donnent des nombres réels *négatifs* ! Mais eux aussi peuvent être représentés par une droite : la droite imaginaire. A ceci près qu'elle est *perpendiculaire* à la droite réelle. A elles deux, elles forment ce que depuis le mathématicien allemand Gauss (qui, dès l'âge de sept ans, révéla des dons stupéfiants pour le calcul) on appelle le *plan complexe*. Or toute la simplicité des dimensions du monde tient en ceci : avec les trois familles de nombres réels, nous obtenons les trois directions d'espace ; avec la famille des nombres imaginaires, voilà que nous avons le temps (en effet, Poincaré a montré qu'on ne peut mesurer le temps qu'en se servant des nombres imaginaires).

Finalement, nous pensons qu'il y a bel et bien ici une relation stupéfiante, incroyablement simple et profonde, jusqu'ici non relevée (à notre connaissance)[1] entre l'existence de *quatre* – et seulement quatre – familles différentes de nombres et la réalité physique de *quatre* – et seulement quatre – dimensions pour notre univers. N'est-il pas frappant que, tout comme les quatre dimensions physiques, les quatre « dimensions numériques » aient une origine (le zéro) mais n'aient aucune borne supérieure (c'est-à-dire continuent jusqu'à l'infini ?). N'est-il pas étonnant que les quatre dimensions physiques soient – comme l'a vu Poincaré – divisées en trois dimensions (réelles) d'espace et une dimension (imaginaire) de temps, alors que du côté des nombres, on a les trois ensembles numériques réels

---

1. Nous analysons en détail cette passionnante correspondance entre dimensions physiques et dimensions numériques dans un article scientifique destiné à une revue de théorie algébrique.

(entiers, rationnels et irrationnels) et, en plus, l'ensemble des imaginaires ?

D'un point de vue physique, il est frappant de constater que seul l'espace à trois dimensions et le temps à une dimension permettent d'assurer le fonctionnement de l'Univers. Le premier à avoir fourni (entre 1917 et 1920) les arguments convaincants est l'un des amis les plus proches d'Einstein, (en même temps que le maître de Friedmann, père du Big Bang) : Paul Ehrenfest. Ses résultats, largement complétés aujourd'hui, montrent sans ambiguïté possible que la réalité physique ne peut exister à grande et à petite échelle que dans le cas de trois dimensions d'espace et une seule direction du temps. Pour toutes autres valeurs (par exemple deux dimensions d'espace ou, au contraire, cinq ou six) apparaissent des obstructions ou des instabilités telles (aussi bien dans les orbites atomiques que dans le mouvement des planètes) qu'il est absolument impossible à la « matière » de s'organiser.

Une dimension de plus dans l'infiniment petit ?

Les quatre dimensions de l'espace-temps représentent donc une réalité incontournable, qui reste vraie de l'atome à l'étoile. Mais en dessous ? Que se passe-t-il lorsqu'on atteint la longueur de Planck ? Nous allons le voir, à cette échelle ultime, tout change. Mais dans quelles proportions ? S'il existe « là-bas » des dimensions supplémentaires, combien en trouverons-nous ? Une ou deux ? Davantage, comme le prétend la théorie des cordes ? Nous allons déceler une fois de plus dans le monde des nombres quelque chose qui va nous mettre sur la piste. En effet, l'ensemble des nombres réels (celui qu'on appelle R et qui forme la droite réelle) est construit à partir de la réunion des trois autres ensembles dont nous avons parlé : les entiers, les rationnels et les irrationnels. Ce qui fait donc bel et bien *quatre* (et non pas trois) ensembles différents de nombres réels. Mais à présent, soyons attentifs : si l'on y ajoute les imaginaires purs, cela donne *cinq ensembles fondamentaux de nombres*, en tout et pour tout. Et c'est là le vrai « miracle » : nous avons en effet découvert, d'un point de vue physique, l'existence à l'échelle de Planck – en plus de la dimension du temps – d'une nouvelle dimension, une *quatrième dimension* d'espace de longueur infinie, résultant de la rotation de la coordonnée des temps sur son axe (on appelle cette rotation, en physique, une « rotation de Wick »).

Jusqu'ici, cette quatrième dimension n'avait été débusquée et explorée que par les artistes. Par exemples par l'écrivain de science-fiction H. G. Wells, pour qui l'homme invisible tirait son invisibilité de son aptitude à se mouvoir dans la quatrième dimension. Nous nous souvenions aussi que Lénine était proprement fasciné par cette possible dimension supplémentaire, à tel point qu'il passait de longues heures à en discuter avec le physicien théoricien Ernst Mach (celui-là même qui donna son nom à la vitesse des avions).

Mais revenons à la réalité. Ce que nous avons découvert, c'est qu'en raison des fluctuations quantiques appliquées à l'énorme courbure qui régnait au temps de Planck, la direction temporelle à cette époque si lointaine n'était pas encore stable mais *fluctuait* (elle oscillait, tournait sur elle-même) dans une direction nouvelle, une *cinquième dimension* ! Ceci revient exactement à dire que l'espace-temps primordial à l'échelle de Planck était composé de trois dimensions réelles (l'espace physique ordinaire) et de deux autres dimensions (le temps réel et le temps imaginaire) réunies au sein d'une unique dimension *complexe* (le temps complexe). Or, on retrouve cette même construction avec les nombres, puisque les trois ensembles fondamentaux de nombres réels (entiers, rationnels et irrationnels) sont, au sens strict, eux-même complétés par les réels et les imaginaires purs réunis au sein de ce qu'on appelle les *nombres complexes* (ces nombres qui, seuls, peuvent nous permettre de « mesurer » le temps lorsqu'il fluctue, c'est-à-dire lorsqu'il devient lui-même complexe).

Pour terminer, voici quelque chose qui nous invite à une sorte de « rêverie rationnelle » : en combinant les cinq ensembles fondamentaux dont nous venons de parler, nous obtenons ce que les mathématiciens tiennent aujourd'hui pour la plus belle équation de toutes les mathématiques : il s'agit de la formule d'Euler[1] (publiée pour la première fois en 1748). Celle-ci s'écrit « e puissance iπ plus 1 égale 0 ». Selon le célèbre physicien américain Richard Feynman, Prix Nobel de physique et élève du grand John Wheeler, c'est « la formule la plus remarquable de toutes les mathématiques ». Sa force, c'est qu'elle combine de manière unique, idéale, les cinq constantes mathématiques fondamentales de l'Univers. Et les cinq dimensions de l'espace des nombres.

Nous reviendrons bien sûr plus loin – en particulier au dernier chapitre – sur ce « miracle » vraiment éblouissant. Mais remarquons ici pour finir que notre approche fait apparaître, dans toute sa cruauté, la situation totalement artificielle – à vrai dire intenable – engendrée par la théorie des cordes.

L'Univers est rond

A présent revenons à notre monde de tous les jours avec cette nouvelle question : quelle est la forme de

---

1. On raconte qu'un jour, le grand mathématicien se trouvait en compagnie du philosophe Diderot face à l'impératrice Catherine II de Russie. Alors que Diderot s'évertuait à démontrer que Dieu n'existait pas, Euler l'interrompit soudain sur ces mots : « Vous vous trompez, Diderot ! Dieu existe bel et bien, puisque e puissance iπ + 1 égale zéro. »

l'Univers ? Ici surgit une difficulté : quelles que soient nos intuitions géométriques ou nos aptitudes au calcul, il est absolument *impossible* de se représenter l'espace-temps à quatre dimensions. Cela parce qu'il n'y a rien « autour » : il est impossible de « sortir de l'Univers » pour l'observer du dehors. Alors, comment voir à quoi il ressemble ? Le problème, c'est que ses formes possibles sont très nombreuses. Il suffit d'ailleurs de prendre au hasard des articles scientifiques sur ce sujet pour constater, au gré des auteurs, que notre cosmos peut se voir attribuer tour à tour la physionomie d'un pneu de vélo, d'un cylindre infini ou encore d'une « bouteille de Klein ». Ou de toute autre chose. Toutefois, en 1992, dans la première version de nos thèses, nos hypothèses directrices nous avaient conduits vers une forme beaucoup plus simple : celle d'une *sphère* à trois dimensions (l'intérieur de la sphère matérialisant la quatrième dimension). Et les résultats de nos divers calculs pointent tous aujourd'hui vers la même conclusion : *L'Univers est rond* – exactement comme on peut dire que la Terre est ronde !

Mais soyons attentifs : une sphère à trois dimensions n'est pas quelque chose que l'on peut visualiser (il y a, en fait, une dimension de trop). Les sphères dont nous avons l'habitude sont par exemple les boules de billard, le globe terrestre ou n'importe quel ballon. Mais ces sphères-là n'ont pas trois mais *deux* dimensions ! Ceci parce que l'intérieur d'une sphère ne fait pas partie d'elle : la sphère à deux dimensions est une surface plongée dans un espace à trois dimensions. A partir de là, nous avons montré dans nos calculs que la topologie de l'espace-temps devait nécessairement être finie et sphérique. D'où cette conclusion facile à saisir : nous vivons *dans* (et non pas « sur ») la surface à trois dimensions de la sphère !

L'expansion cosmique peut alors être comprise comme le gonflement de cette sphère à trois dimensions (qui n'est donc autre que le bord de l'espace-temps) le long d'un cône à trois dimensions lui aussi : le célèbre « cône de lumière » proposé par Einstein. La direction temporelle, perpendiculaire à la surface, se trouve alors nécessairement à l'intérieur de la sphère, dont elle représente le rayon, un rayon qui grandit à chaque instant à la suite de l'expansion. Pure vision théorique ? Certainement plus depuis février 2003. Car le satellite WMAP vient, là aussi, de le confirmer : l'espace (qu'à un moment l'on avait cru pratiquement plat) est, en réalité, très légèrement courbé. « les observations fournies par WMAP montrent que l'Univers n'est pas plat mais a la forme d'un ballon de football[1] » précise l'un des porte-parole de la NASA. En termes encore plus directs, le mathématicien et topologue Jeffrey Weeks, de l'université de New York, conclut : « *En fait, la meilleure explication, c'est que le cosmos est en réalité une sorte de sphère.* »

---

1. http://chemistry.surfwax.com

Cette découverte sans précédent a bien sûr des conséquences inouïes : pour la première fois, il nous est devenu possible de nous représenter l'endroit dans lequel nous vivons. Une forme simple et pure, qui coïncide avec nos intuitions les plus profondes. La courbure de cette surface (notre espace habituel à trois dimensions) est extrêmement faible (ce qui explique qu'on ait pu croire qu'elle était plate) mais en réalité elle est *positive* (les mesures les plus fines donnent 1,06, ce qui suffit pour former une sphère). Alors, un peu comme sur terre (mais avec une dimension de plus), si nous partions en exploration droit devant nous, après un très long parcours, nous reviendrions à notre point de départ. Et ceci nous révèle aussi la silhouette de l'avenir lointain : compte tenu de la très faible courbure de cette sphère et de l'accélération constante de l'expansion cosmique, l'Univers est donc « ouvert » : ainsi va-t-il vraisemblablement grandir à l'infini, de plus en plus vite, sans jamais revenir en arrière (contrairement à ce qu'on avait pu parfois imaginer jusqu'à présent). Au passage, cette accélération à laquelle personne ne s'attendait est due à une forme d'énergie encore inconnue et très insolite, à laquelle les physiciens ont donné ce nom vaguement inquiétant : *l'énergie noire*. Invisible, différente de toutes les formes d'énergie identifiées jusqu'ici, cette force mystérieuse semble « pousser » l'Univers dans toutes les directions, accélérer son expansion de plus en plus vite. Et ici encore, l'observation de cet étonnant phénomène va dans le sens de nos hypothèses, chaque pièce tombant à sa place, comme dans un jeu de construction. Pourquoi ? Parce que si le temps devient bien instable (c'est-à-dire « fluctue ») à l'échelle de Planck comme nous l'avons montré, c'est sous l'action d'une force primordiale (en fait, un champ dit scalaire, qu'en physique on appelle « dilaton »). En 1994, lorsque nous avons annoncé son existence, les indices expérimentaux manquaient. Mais aujourd'hui, cette énergie noire que l'on vient d'identifier représente la trace fantomatique de ce champ primordial qui, au voisinage de l'origine, a fait fluctuer le temps.

Mais nous allons ici de merveille en merveille et il y a encore autre chose : car à partir du moment où le cosmos a bel et bien une forme sphérique, alors *inévitablement* il y a eu, dans le passé profond, un point zéro.

*

Maintenant que nous connaissons la forme du cosmos, sans doute avons-nous envie d'en savoir un peu plus sur les distances qui le caractérisent. Des distances que l'on dit « astronomiques » mais qu'on a bien du mal à imaginer. On les calcule en « temps-lumière » (habituellement en années-lumière, distance parcourue par la lumière en un an à 300 000 km à la seconde). Ainsi, la lune se trouve à une seconde-lumière. Par exemple, si vous allez sur la lune et que vous téléphoniez à un ami resté sur terre, sa sonnerie ne retentira qu'au bout d'une seconde. Mars, elle, se trouve à quelques minutes : le temps qu'il faudra avant que l'appareil de votre correspondant sur terre se mette à sonner. Et si vous téléphonez depuis Pluton, la dernière planète du système, votre ami sur terre ne verra son appareil sonner que cinq heures environ après votre appel. Mais quittons maintenant le système solaire et rendons-nous sur l'une des planètes hypothétiques qui gravitent autour d'alpha du Centaure, le soleil voisin le plus proche de chez nous. Puis, téléphonez donc pour annoncer votre arrivée : la réponse ne viendra qu'au bout de neuf ans ! Pourquoi ? Parce qu'il faut au signal téléphonique plus de quatre ans pour aller sur terre et autant pour en revenir. Désespérant ? Le pire est à venir. En effet, faites donc un saut jusqu'au bord de la Voie lactée puis, une fois arrivé, appelez vos amis sur terre. C'est là que les ennuis sérieux vont commencer. Car ils auront beau attendre patiemment, durant dix, vingt, cinquante ans ou bien davantage, ils n'auront jamais votre appel. Ni leurs enfants ou petits-enfants non plus. En fait, aussi insensé que cela puisse paraître, votre appel n'aboutira enfin que loin, très loin dans l'avenir : *plus de 50 000 ans !* Dans ce gouffre du temps, il n'y aura depuis bien longtemps plus une seule personne sur terre qui ait gardé la moindre trace, la moindre poussière de souvenir quant à l'existence de votre appel.

Mais à présent, quittons notre galaxie, la Voie lactée, et allons jusqu'à la magnifique galaxie d'Andromède. Elle ressemble étonnamment à la Voie lactée : trois cents milliards d'étoiles, dont beaucoup sont presque identiques à notre soleil jaune. Parmi les quelque cent milliards de galaxies qui peuplent l'Univers, c'est notre plus proche voisine. Premier geste : téléphoner en toute hâte sur terre. Geste bien inutile : l'appareil de votre hypothétique correspondant terrestre ne se mettra à sonner qu'au bout du temps effroyable de deux millions deux cent mille ans ! Puis, si vous vous obstinez et que vous alliez plus loin encore, l'attente durera des centaines de millions puis des milliards d'années pour des galaxies lointaines.

Cette mésaventure déconcertante donne une vague idée des distances colossales, proprement inhumaines, de cet univers qui, pourtant, est le nôtre. Mais essayons à présent d'y voir plus clair, de mieux visualiser ces incroyables distances. Partons en excursion cosmique, mais après avoir pris soin de « rétrécir » l'échelle grâce à laquelle nous allons mesurer le chemin parcouru. Commençons par supposer que la distance de la Terre au Soleil (150 millions de kilomètres soit 8 minutes-lumière) soit réduite à seulement 1 millimètre. A cette échelle, la Terre ressemblera alors à un grain de sable frôlant l'écorce d'une orange ! Mais les étoiles les plus proches (comme par exemple alpha du Centaure) sont déjà dispersées à environ 300 mètres de l'orange. Quant à la Voie lactée (notre galaxie, qui contient à peu près 300 milliards de soleils) elle ressemble à un immense nuage d'oranges qui mesure plus de 6000 kilomètres d'un bout à l'autre. Et les autres galaxies ? La plus proche de nous, Andromède, se trouve alors bien loin : plus de 200000 kilomètres. Comme tout cela est finalement trop étendu, imaginons donc un nouveau changement d'échelle. Cette fois, au lieu de 6000 kilomètres, la Voie lactée ne mesure plus qu'une centaine de mètres. Pourtant, même à cette échelle beaucoup plus petite, l'Univers est encore aussi grand que la terre entière. Quant à notre système solaire, il n'est plus visible. Faisons alors un dernier saut. A présent, notre galaxie ne mesure plus qu'un tout petit centimètre. C'est bien peu. Mais rien n'y fait : l'Univers observable reste toujours très grand en comparaison et mesure encore plus de cinq kilomètres. Les galaxies sont alors regroupées en amas séparés par quelques centimètres les uns des autres, à l'exception de certaines régions qui, sur plusieurs dizaines de mètres, sont totalement vides.

Pour terminer, n'oublions pas que ces chiffres vont changer au fil des millénaires. A chaque seconde, le cosmos « gagne » 300 000 kilomètres. Depuis la naissance de la Terre, il a doublé de rayon et mesure aujourd'hui, en mètres, 10^{26} mètres. Ou encore 10^{28} centimètres.

*

Nous voici donc un peu mieux renseignés. Bien entendu, d'autres caractéristiques excitent encore notre curiosité. Par exemple le volume de l'Univers. En réalité, si nous comptons à l'aide des puissances, le chiffre obtenu paraît presque ridiculement petit : pas plus de 10 puissance 80 mètres cubes (10^{80} m^3). Coïncidence ? on retrouve ce même chiffre pour mesurer le nombre de particules élémentaires composant tout le cosmos : 10 puissance 80 particules. Mais à présent, quel est son poids ? On connaît celui de la Terre : 6 000 milliards de milliards de tonnes « seulement ». Mais la densité de l'Univers est très faible : environ 10 puissance moins 30 grammes par centimètre cube, ce qui est 300 milliards de milliards de milliards de fois moins dense que l'eau (remarquons que ce chiffre comprend ce qu'on appelle la « matière noire », cette énigmatique forme de matière invisible). Autrement dit, cette densité moyenne est de l'ordre de six atomes par mètre cube. Et finalement, la masse totale du cosmos est d'environ 10 puissance 40 tonnes.

Mais voici, pour finir, d'autres « coïncidences étranges », qui ont frappé des savants comme Dirac ou Eddington. Ils étaient en effet troublés par la présence répétitive du nombre « sans dimension » 10 puissance 40, un nombre que l'on retrouve de manière inattendue dans des rapports fondamentaux caractérisant notre Univers. Par exemple :

l'horizon cosmologique se trouve à 14 milliards d'années-lumière, soit encore 10 puissance 40 fois le rayon du proton. De même, le rapport d'intensité entre la force électromagnétique et la force de gravité est encore de 10 puissance 40. Comme nous l'avons vu, le nombre de particules élémentaires dans tout l'Univers est de 10 puissance 80, soit 10 puissance 40 au carré. Enfin, l'âge du cosmos : 10 puissance 40 fois le temps de traversée d'un proton par un rayon de lumière.

*

Dans les pages qui suivent, nous allons entamer notre long voyage vers l'origine. Sommes-nous prêts ? « *Là-bas* », nous allons rencontrer des choses inouïes. Certaines vont nous émerveiller, d'autres, incompréhensibles, presque effrayantes, vont nous laisser totalement perplexes. Tous les évènements dont nous allons parler se sont produits il y a très longtemps. Des milliards et des milliards d'années dans le passé. Et tous sont mystérieux. Les traces fantomatiques que nous rencontrerons dans cette première histoire de l'Univers nous paraîtront de plus en plus étranges, de moins en moins compréhensibles à mesure que nous nous enfoncerons vers les débuts lointains. Mais au bout de notre voyage fantastique, au bord de l'inconnu, nous finirons par trouver le Mur de Planck. Lorsque nous frôlerons cette mystérieuse frontière de l'infiniment petit, il nous sera devenu impossible de dire quelle est la distance qui sépare deux points : celle-ci devient élastique, instable, tandis que les contours de ce que l'on prétend mesurer tombent dans le flou. Un exemple ? S'il existait des bananes ou des pommes à cette échelle, il vous serait impossible de mettre la main dessus : ces fruits (comme tout le reste) se tordraient dans tous les sens, s'étireraient et se dissoudraient soudain avant de se reformer ailleurs dans de frénétiques tourbillons. De même, « là-bas », le temps ne s'écoule plus uniformément : sa course peut se ralentir, s'accélérer de manière imprévisible ou même s'inverser. Traverser simplement votre salon serait une aventure des plus insolites puisque vous atteindriez la sortie avant même d'avoir pénétré dans la pièce. Car dans ce monde-là, les dimensions ordinaires se déforment, se mettent à fluctuer dans l'écume quantique, un peu comme à la surface de l'eau le va-et-vient perpétuel de petites vagues au-dessus ou au-dessous de l'horizon.

Pour comprendre tout cela, les idées qui existent aujourd'hui ne suffisent plus. Les mathématiques standard non plus. Nous allons donc aller plus loin. Et partir, au chapitre suivant, à la recherche des équations qui, tels des codes énigmatiques, pouvaient exister à l'aube des temps.

4

— • — • —

Des équations à l'aube des temps

Un jour, au début des années quarante, à l'Université de Princeton, un étudiant avait demandé à Einstein : « *Quel est, selon vous, l'objet le plus mystérieux de l'Univers ?* » Le savant eut comme un frisson avant de répondre : « *Assurément, il s'agit de cette espèce de barrière ultime que mon ami Planck a trouvée dans l'infiniment petit.* » Curieusement, lorsqu'en 1899 – soit un an *avant* la création de la mécanique quantique – le physicien allemand Max Planck calcule (avec une précision à couper le souffle) les fameuses « grandeurs de Planck » auxquelles il ne voulait pas donner son nom, les grands savants de l'époque ne réalisent pas tout de suite l'immense révolution qui se prépare. En fait, Planck est pratiquement le seul à se douter qu'il vient de mettre le doigt sur l'une des plus grandes énigmes de la nature. Et il l'écrit avec un aplomb surprenant dans les comptes rendus de l'Académie des sciences de Prusse : « *La signification de ces grandeurs est la même quelle que soit l'époque et pour toutes les civilisations possibles, même d'origines extraterrestres et non humaines. Elles peuvent donc être comprises comme des "unités naturelles"*[1]. » D'origine non humaine ? Aussi crûment exprimée, l'idée déclenche bien sûr un raz de marée de moqueries et de critiques acerbes chez la plupart des savants au monocle sévère qui siègent à l'Académie. Mais la fronde sera de courte durée, car les calculs sont là, incontournables. Au printemps 1900, l'irrésistible révolution se met en marche : ce que Max Planck appelle la « mécanique quantique » va changer le monde. Tout ce qui viendra par la suite – la radio, le téléphone, la télévision, les ordinateurs –, tout cela est parti des fameuses « grandeurs de Planck ». Des nombres minuscules, impalpables, dont les valeurs restent inexplicables. Pourquoi ces valeurs-là et pas d'autres ? Planck ne pouvait pas répondre. En fait, il était fermement persuadé (et il le restera toute sa vie) que la « signification de ces grandeurs » demeurerait à tout jamais inconnue : « La science ne pourra jamais résoudre le dernier mystère de la Nature[2] », soulignait-il avec résignation dans une note séparée accompagnant son compte rendu de 1899 à l'Académie.

---

1. M. Planck, « Uber Irreversible Strahlungsvörgange », *Comptes rendus de l'Académie des sciences de Prusse*, vol. 5, p. 479, 1899.
2. *Ibid.*

Et voilà qu'un siècle plus tard, à notre tour, nous sentons notre esprit vaciller, soudain saisi d'un irréductible vertige : comment comprendre ces grandeurs indivisibles qui marquent le point de départ de l'Univers ? Comment parvenir à dépasser cette frontière qui nous laisse si démunis ? L'aventure est effroyablement compliquée, peut-être même risquée. Et jusqu'ici, toutes les tentatives ont plus ou moins échoué, parfois durement.

Car le monde quantique « avant le Big Bang » est étrange. Très étrange. Il paraît livré à une énergie aveugle, en train d'émerger de l'immense fracas originel. Un monde en apparence indéchiffrable. Et pourtant, cet univers qui commence à la longueur de Planck et que nous comprenons encore si peu cache quelque chose. Comme une sorte de code secret… Mais notre conviction est que ce code – qui seul pourra permettre de répondre aux questions posées par Max Planck il y a un siècle – ne pourra jamais être trouvé sur le Mur de Planck lui-même. S'il est écrit quelque part, ce n'est pas sur ce redoutable horizon mais *avant*. Bien avant. Et pour le déchiffrer, il nous faudra passer par un nouveau langage mathématique. Mais lequel ? Comme le note Jadczyk, le grand Wheeler – qui, après la bombe à hydrogène et les trous noirs, s'est tourné depuis de nombreuses années vers le mystère de l'origine – « ne nous a pas dit comment il fallait s'y prendre ». Alors reposons-nous la question : comment déchiffrer ce secret ?

*

Avant de nous lancer au chapitre suivant dans l'exploration de ce nouveau monde, pour être en mesure de franchir le Mur de Planck, il va donc nous falloir trouver des instruments mathématiques très différents de ceux qui ont été utilisés jusqu'ici. Des êtres algébriques autres. Curieusement, nombre de physiciens font preuve d'une sourde défiance à leur égard, Einstein le premier : « *Depuis que les mathématiciens ont envahi la relativité, je ne la comprends plus !* » répétait-il à ses collègues. Il est vrai que pour un physicien, les mathématiques restent souvent d'une effroyable abstraction, au cœur de laquelle il est tout bonnement impossible de se frayer un chemin. Peut-être sera-t-on ainsi rassuré d'apprendre ce que pensait le grand physicien Yang, Prix Nobel pour la fameuse « théorie de Yang et Mills » : « Il n'y a que deux genres de livres de mathématiques : ceux qu'on ne peut pas lire au-delà de la première page et ceux qu'il est impossible de lire après la première ligne ! »

Et pourtant, ces outils fabuleux sont des clefs. Parfois aussi étranges que les portes qu'elles vont nous permettre d'ouvrir. Et que tout ce que nous allons découvrir au-delà.

Un nouveau langage mathématique

Une recherche est un peu comparable à une sorte de rébus : il s'agit de rassembler des indices, de faire parler des traces, d'interpréter des phénomènes dont on ne perçoit pas toujours l'importance sur le moment. Or pour nous, cette trace, la seule dont nous disposions vers 1991, c'était le Mur de Planck. Une trace fantôme, enfouie dans l'invisible. La trace la plus mystérieuse de tout l'Univers. Une sorte de hiéroglyphe gravé sur la première marche de la réalité physique par cette intelligence étrangère à l'homme à laquelle faisait allusion Max Planck. Comment découvrir sa signification ?

Depuis plus d'un demi-siècle, des savants innombrables cherchent la réponse… Au prix d'efforts démesurés, ils ont ainsi provoqué la naissance de théories nouvelles et puissantes, aujourd'hui connues sous des noms qui font peur : la « théorie des cordes » et celle des « membranes », la « gravité quantique » ou encore les « géométries non commutatives ». A l'aide de ces instruments difficiles à comprendre et encore plus à manipuler, ils cherchent. Portés par une passion brûlante ou glacés par le désespoir, tous s'efforcent, dans l'obscure clarté des laboratoires, de construire la théorie unitaire, la *conception finale*, susceptible d'unifier enfin l'infiniment grand (décrit par la théorie de la gravitation) et l'infiniment petit (décrit par la mécanique quantique). « Si nous trouvons la réponse à cette question, ce sera le triomphe ultime de la raison humaine – à ce moment, nous connaîtrons la pensée de Dieu[1]. » C'était la dernière phrase tracée de sa main immobile par Stephen Hawking en 1987 dans sa *Brève Histoire du temps.* Depuis, bien d'autres ont tenté de « trouver la réponse ».

Mais en vain !...

Jusqu'ici, toutes les tentatives, quelles qu'elles soient, ont échoué. Répétons-le : en dessous du Mur de Planck, sous cet épais brouillard quantique qui au commencement recouvre l'Univers, s'étend une zone immense, encore inconnue. Là-bas, les dimensions de l'espace et du temps s'enfoncent au cœur d'un flou impénétrable et finissent par perdre leur signification habituelle. Sans que l'on sache ce qu'il advient de ces dimensions.

À la recherche de nouveaux outils mathématiques

C'est au cours de la première étape au Centre d'études nucléaires de l'université de Bordeaux que, vers 1992, nous avons pris conscience de l'effroyable difficulté de notre recherche. Aucun des échanges que nous avions alors avec les théoriciens n'était de nature à nous rassurer. Un exemple ? Nos premières discussions avec Gérard t'Hooft. Voici ce qu'il écrivait en 1997, deux ans avant d'obtenir avec

1. Stephen Hawking, *Une brève histoire du temps*, Flammarion, 1988.

Martinus Veltman le prix Nobel de physique : « La recherche de l'ultimement petit rencontre une limite insurmontable, sur le plus petit objet de l'Univers : un mini-trou noir. Là, l'espace et le temps perdent leur sens habituel, mais nous ignorons par quoi nous devons les remplacer. »

C'est bien là le problème démesuré : que deviennent l'espace et le temps *derrière* le Mur de Planck ? Mystère. Sans être pessimistes, nous étions donc en proie au doute : alors que les théories les plus évoluées – en particulier celle des cordes – restaient impuissantes face au redoutable mur, avions-nous la moindre chance de le franchir nous-mêmes ?

Pendant plus d'un an, nous avons donc échafaudé diverses approches, lancé plusieurs calculs compliqués, mais sans faire le moindre progrès. Jusqu'à un matin de l'automne 1993 où, sans que nous l'ayons vraiment prévu, tout a basculé en quelques heures. Ce jour-là, nous nous trouvions rue Paul-Appell (un mathématicien, ami proche de Poincaré), au domicile d'André Lichnerowicz. Il avait accepté de lire les toutes premières ébauches de nos mémoires de thèse. Et selon lui, la solution aux problèmes que nous nous posions ne pouvait venir que d'une approche mathématique profondément nouvelle.

*

Mais laquelle ? Ici, un petit détour qui, étrangement, va nous aider à répondre. C'est en 1915 (année de la naissance de Lichnerowicz) qu'Einstein achève sa monumentale théorie relativiste de la gravitation. Toujours en 1915, un autre mathématicien, le grand David Hilbert, de la mythique université de Göttingen, envoie à Einstein les deux axiomes fondamentaux qui vont lui permettre, quelques semaines plus tard, d'achever la construction de la relativité générale[1]. Hilbert qui, une semaine jour pour jour avant qu'Einstein achève ses travaux, avait pris soin d'envoyer pour publication un article dans lequel il avait, le premier, calculé les fameuses équations du champ de la relativité. Et à son tour, dès son entrée à l'Ecole normale supérieure dans les années trente, Lichnerowicz plonge au cœur de ces mystérieuses équations relativistes. Rapidement, Einstein devient le principal inspirateur de sa pensée physique : à partir de 1944, il entame une correspondance approfondie avec l'illustre savant (alors à Princeton, en compagnie de Wolfgang Pauli) et obtient, grâce à son exceptionnelle maîtrise du calcul tensoriel (on dira plus tard la « géométrie différentielle »), plusieurs résultats nouveaux en relativité : « J'ai correspondu avec Pauli et Einstein à ce moment-là. Ni ce que j'avais fait avant, ni ce qu'ils avaient fait ne nous satisfaisait tous les

---

1. Hilbert, dont le sujet de thèse porte d'ailleurs sur certains aspects de ce qu'on appelle en mathématique les « invariants », objets que nous retrouverons dans notre solution de la Singularité Initiale.

trois. Et, en 1945, par un hiver assez froid, avec peu de moyens de chauffage (j'étais professeur à Strasbourg à ce moment-là), brusquement, un dimanche, je me suis dit : "Bien, cela va marcher comme cela." Et j'ai vérifié. Et en deux heures, un problème qui m'avait préoccupé et qui, depuis 1939, avait préoccupé de bien plus grands esprits que moi a été résolu[1]... »

Ce relais pris par Lichnerowicz aux côtés d'Einstein nous rappelle, une fois de plus, que le père de la relativité n'était pas très porté vers les mathématiques pures. Il avait d'ailleurs coutume de dire : « Je me méfie des mathématiques. » Ce qui, on l'a vu, irritait passablement Minkowski, ce physicien mathématicien à la moustache hérissée qu'Einstein trouvait « beaucoup trop sévère » en tant que professeur, mais qui compte, lui aussi, parmi les plus grands savants du XXe siècle. Calculateur extraordinairement doué, ayant selon ses élèves comme un « lien personnel » avec les chiffres, il est, avec son meilleur ami Hilbert, l'une des figures de proue de l'université de Göttingen. Subjugué (à juste titre) par les découvertes de Poincaré sur l'espace et le temps, il inventera, vers 1907 (juste avant de disparaître prématurément), le mot « espace-temps » ; il est connu aujourd'hui comme le père de la fameuse « métrique de

---

1. Entretien avec le Pr Lichnerowicz perso.wanadoo.fr/jacques.nimier/ entretien_lichnerowicz

Minkowski », cet objet essentiel de la relativité −
qui permet de calculer les distances entre les
points de l'espace-temps − que l'on retrouve,
quatre-vingt-dix ans plus tard, au point de départ
de nos propres recherches. Pourquoi ce choix ?
Parce que la métrique est un objet mathématique
très spécial, dont le « codage » va nous mener loin.
Jusqu'au début du Big Bang et au-delà. Grâce à
cet outil primordial, nous avons pu observer
comment le temps se déforme à l'échelle de
Planck. Que va-t-il émerger de cette déformation ?
La réponse, de manière très insolite, débouche sur
la gravitation. Et sur son mystère.

Le mystère de la gravitation

On commence aujourd'hui seulement à
comprendre à quel point la force de gravitation −
en apparence si familière − est différente des trois
autres forces de l'Univers. D'abord, elle est fantastiquement plus faible : 10^{40} fois plus faible que la
force électromagnétique (soit des milliards de milliards de fois plus petite). Pour donner une image
de cet écart inouï, prenons (comme Newton) une
pomme sur un arbre. Lorsque le fruit est encore
« vert » il tient bon, solidement arrimé sur sa branche. Puis un jour, après avoir mûri, il finit par tomber. Or, la force qui a attiré la pomme vers le sol

(la gravitation) est des milliards de milliards de fois plus faible que la force qui la maintenait sur sa branche (la force électromagnétique). Autre façon de voir ce phénomène surprenant : un banal aimant peut déplacer un clou à plusieurs centi-mètres de distance (tout simplement grâce à la force magnétique). En revanche, la Terre entière avec sa masse proprement colossale, même si elle exerce une puissante attraction gravitationnelle (qui fait que nous ne flottons pas en l'air) est pourtant *incapable* d'empêcher que le clou soit irrésistiblement attiré par le petit aimant et finisse par s'y fixer ! Aussi étrange que cela puisse paraître, cette différence entre la gravitation et les trois autres forces constitue l'un des plus profonds mystères de la physique d'aujourd'hui et débouche sur un abîme de questions concernant l'espace-temps tout entier (en particulier, le nombre de dimensions possibles de notre univers et, bien entendu, son origine avant le Big Bang). Mais il y a plus surprenant encore : la gravitation influe sur l'écoulement du temps. Lorentz et Einstein ont en effet montré un phénomène qui a sidéré les physiciens de l'époque (et qui nous stupéfie toujours aujourd'hui) : lorsque la vitesse d'un objet – et donc son potentiel de gravitation – augmente, son temps propre ralentit. Or, si l'on admet qu'en milieu quantique la vitesse des objets peut dépasser le seuil interdit de la lumière, alors la direction du temps devient *imaginaire* (ce qui modifie inévitablement la signature et débouche sur

159

la possibilité de fluctuation). Une conséquence étonnante – a priori impossible – mais dont la source lointaine remonte justement à cette fameuse discussion de 1993 avec Lichnerowicz. « Méfiez-vous de la gravitation ! Méfiez-vous ! » nous avait-il répété plusieurs fois ce jour-là, énigmatique, en guise de conclusion.

*

Heureusement, face à la gravitation et à ses mystères, le grand savant possédait une redoutable préparation. En cette année 1993, il était même considéré, depuis plus d'un demi-siècle, comme l'un des meilleurs spécialistes au monde de cette force si étrange. Or, de même que la gravitation courbe l'espace, elle « courbe » aussi le temps ! Et à l'échelle de Planck, son action est si forte qu'elle contracte le temps réel sur un point, jusqu'à ce qu'il devienne imaginaire pur à l'échelle zéro. Mais l'explication de ce phénomène, sa compréhension profonde (c'est-à-dire la clef pour accéder à l'Univers *derrière* le Mur de Planck) ne pouvait, selon lui, se trouver que dans le tout nouvel arsenal fabriqué par les mathématiciens : les algèbres *déformées*. Dès lors, André Lichnerowicz allait donc nous présenter un physicien mathématicien avec lequel, depuis des années, il travaillait lui-même à ces fameuses théories de déformations d'algèbres : Moshé Flato.

Des équations à l'aube des temps

Moshé Flato et les déformations d'algèbres

Tous ceux qui ont eu la chance de le connaître avant sa brutale disparition à l'automne 1998 conserveront le souvenir d'une personnalité d'exception. Moshé Flato a été le fondateur et le premier directeur du Laboratoire de physique mathématique de l'université de Bourgogne. Membre du comité consultatif Nobel, professeur aux universités de Bourgogne, de Los Angeles et de Kyoto, fondateur de la prestigieuse revue de physique mathématique *Letters of Mathematical Physics* (qui compte parmi les meilleures du domaine), il a immédiatement saisi l'intérêt des premières idées – très surprenantes à cette époque – du mathématicien Murray Gesternhaber sur la *déformation*. Or, c'est à partir de ces travaux révolutionnaires qu'environ dix ans plus tard sont nées ces nouvelles familles de déformations encore plus mystérieuses, qui constituent la base algébrique de nos recherches : les « groupes quantiques ». Et comme en science « tout se tient », ces êtres mathématiques puissants et difficiles prennent leurs sources plus loin encore dans l'histoire de la physique.

Remontons à l'aube du XXe siècle. A cette époque, la physique s'apprête à revêtir pour toujours un nouveau visage. Là encore, nous allons rencontrer l'un de ceux qui ont participé de près à cette révolution inouïe. Il porte un nom légendaire : Arnold Sommerfeld, présenté par Kip Thorne (lui aussi brillant théoricien des trous noirs) comme

Avant le Big Bang

« l'un des plus grands physiciens théoriciens du monde ». Souvenons-nous que Sommerfeld a été le directeur de thèse de Bethe (après avoir été celui du légendaire Louis de Broglie). Et une fois de plus, il est insolite de voir ici à quel point les différents acteurs de ces aventures de pensée sont reliés les uns aux autres, sans même qu'ils le sachent. En effet, Louis de Broglie, ce fondateur mythique de la mécanique ondulatoire, a été l'un des maîtres de Flato. Par ailleurs, si Bethe a été à l'origine de découvertes fondamentales expliquant non seulement la vie des étoiles mais aussi l'origine de l'Univers, c'est parce que Sommerfeld, son directeur de thèse, l'avait obligé à acquérir une maîtrise très complète de la théorie de la gravitation (dont il s'agissait, *in fine*, de percer les secrets). Rappelons-nous qu'à partir de 1908, Sommerfeld lui-même s'intéressera de *très près* aux idées d'Einstein, avec lequel il aura, durant des décennies, d'innombrables discussions de travail. Et par un beau jour de l'été 1909, sans qu'il l'ait jamais su, il rend à Einstein (selon son expression) un « petit service » : presque un siècle plus tard, ce « petit service » allait avoir de fantastiques conséquences[1]. En effet, cette année-là, Sommerfeld héberge Einstein, venu passer quelques semaines chez lui. Or, le savant, pourtant jeune encore, se plaint souvent d'un tracas qui finit par inquiéter Sommerfeld, fils de médecin : il

1. Y compris jusque sur nos travaux

162

affirme souffrir de brûlures à l'estomac. La cause ? Selon Einstein lui-même, c'est qu'il est « de plus en plus dépassé par les aspects mathématiques de sa propre théorie », et cela le rend nerveux. Que faire ? Sommerfeld propose alors une idée qui lui semble le meilleur remède possible : lui présenter, pour l'aider dans ses calculs, un mathématicien. Et justement, il en connaît un, particulièrement brillant, qui à 26 ans vient de soutenir sa thèse : Ludwig Hopf. Rapidement, le jeune homme, agréable, imaginatif – en somme « idéal » selon Sommerfeld –, devient son assistant. Or Ludwig Hopf n'est pas n'importe qui, loin s'en faut. En fait, cet algébriste doté d'un pouvoir de recherche hors du commun n'est autre que le mathématicien qui, longtemps plus tard, mettra au point les fameuses « algèbres de Hopf ». Ces algèbres dont nous avons longuement parlé plus haut et sans lesquelles Lichnerowicz et Flato n'auraient jamais pu mener à bien leurs travaux sur les déformations quantiques. Or, il est devenu clair aujourd'hui que sans ses échanges avec Einstein, Hopf n'aurait pas construit ses algèbres de la même manière. Et il est tout aussi certain que dans ce cas, il ne nous aurait pas été possible d'utiliser, à notre tour, les algèbres de Hopf et les groupes quantiques pour décrire les propriétés de l'espace-temps à l'échelle de Planck.

Mais revenons à présent au début des années soixante. Plusieurs influences décisives se rencontrent alors, désignant ces champs de la physique où ont pris naissance les plus grands mystères et aussi les plus grandes théories. Encore insouciant de tous ces enjeux, le jeune Flato (déjà, à l'époque, il portait des cravates non conventionnelles : lanière de cuir, boucle de métal) entre en relation de recherche avec nombre de grandes figures qui ont exercé une forte influence sur l'évolution récente de la physique théorique : Paul Dirac (Prix Nobel de physique en 1933 avec l'Autrichien Erwin Schrödinger, père de la fameuse « équation d'onde » qui porte son nom), Julian Schwinger[1] (le « S » de la fameuse théorie KMS à la base de nos recherches, Prix Nobel en 1965 avec Tomonaga et Feynman) ou encore Heisenberg, le physicien prodige allemand, Nobel en 1932 (lui aussi à 31 ans, comme Dirac). A ce propos, Heisenberg et Schrödinger – bien que tous deux Prix Nobel à un an d'intervalle – se détestaient littéralement, tant leurs vues étaient éloignées. Chacun d'eux traitait de la même question : l'évolution dans le domaine quantique. Mais les méthodes étaient différentes. Ainsi, Schrödinger avait-il pour habitude de qualifier la mécanique matricielle de Heisenberg de « repoussante et dépri-

---

1. Fraîchement arrivé en 1939 dans le laboratoire d'Oppenheimer à Berkeley, Schwinger sera l'un des fondateurs de ce qu'on appelle la théorie euclidienne des champs (théorie qui débouche sur la fameuse métrique à temps imaginaire et que nous avons utilisée dans notre thèse). Enfin et surtout – et ce détail se révélera capital pour la suite – Schwinger s'est rapproché à Harvard de Dirac – toujours lui –, puis est devenu à partir des années soixante un ami proche de Moshé Flato. Au cours de leurs échanges incessants, il a convaincu Flato du bien-fondé de la méthode euclidienne.

mante », tandis que pour Heisenberg, la théorie ondulatoire de son rival était tout simplement « écœurante ». Jusqu'à ce que Dirac finisse par démontrer que les deux approches étaient mathématiquement équivalentes (ce que les deux physiciens rejetèrent bien sûr avec véhémence, se mettant provisoirement d'accord pour clamer que les travaux de Dirac « leur soulevaient le cœur ! »). Mais en dépit de ces péripéties, c'est à partir d'échanges souvent enflammés avec ces géants de la physique (en particulier avec Dirac) que Flato a forgé peu à peu la conviction qu'il nous a transmise : en dessous du Mur de Planck, la « réalité physique » se déforme, doit être remplacée par autre chose. Et pour atteindre cette « autre chose » et la comprendre, nous sommes partis d'une idée *naturelle* que les physiciens ont eu beaucoup de mal à admettre : à l'échelle de Planck, l'étalon de mesure sur lequel repose notre réalité se met à « fluctuer », à se déformer, avant de se fragmenter, de manière aléatoire, dans un immense flou quantique.

Fluctuations de la signature

Que veut dire au juste cette phrase : *la métrique fluctue à l'échelle de Planck* ? Simplement, qu'il y a quinze milliards d'années, à la « longueur de Planck », la fameuse métrique qui permet de mesurer la distance entre deux points n'est plus fixe. Dans notre monde, la distance qui sépare votre maison de celle de votre boulanger reste toujours la même. Mais au temps de Planck, plus rien n'est stable : si à cette échelle nous voulions atteindre un certain « endroit », il s'éloignerait ou se rapprocherait de manière aléatoire, sans que nous puissions le moins du monde contrôler la distance. Dans ce monde-là, si on tentait de mesurer votre taille, celle-ci passerait brutalement de 1,80 mètre à 12 mètres, avant de se contracter sans transition à 2 centimètres. Votre silhouette, votre visage seraient déformés en permanence, comme si votre corps tout entier était devenu élastique.

Mais maintenant allons plus loin : si la métrique fluctue dans l'infiniment petit, alors pourquoi sa principale caractéristique, c'est-à-dire ce qu'on appelle sa *signature*, devrait-elle rester fixe ? Cette question a marqué le point de départ de nos thèses en 1991. Et après des années de recherches dans différentes directions, nous avons finalement montré que, en raison des fluctuations de la courbure de l'Univers naissant, cette fameuse signature fluctuait *elle aussi* à cette époque primitive de l'Univers. Cela signifie qu'au voisinage du commencement, le temps n'était pas encore défini mais qu'il était mouvant, flou, indéterminé, en un mot : *fluctuant*. Par exemple que si vous regardiez votre montre, elle indiquerait midi, alors que l'instant suivant il serait déjà cinq heures. Ou encore mille ans plus tard, si ce n'est un siècle avant. Face à ces glissements temporels imprévisibles, nous devons admettre que le temps tel que nous le connaissons – le temps réel – peut brusquement se transformer en quelque chose d'autre et devenir imaginaire. Pour mieux comprendre, revenons à notre image du sablier : le temps réel y est représenté par le sable qui s'écoule du haut vers le bas. À présent, faisons pivoter notre sablier de quatre-vingt-dix degrés autour de son axe : lorsqu'il atteint la position horizontale, le sable ne coule plus et le temps réel est devenu *imaginaire*. Et l'on peut comprendre alors que cette nouvelle direction de temps imaginaire est analogue aux trois autres directions d'espace déjà existantes. Au cours de ces phénoménales fluctuations quantiques, le temps se transformait donc en espace avant de se modifier à nouveau et de redevenir, par un saut totalement imprévisible, la dimension du temps[1]. Ces évènements inouïs, tellement difficiles à admettre, se sont donc passés, selon nous, au temps de Planck, il y a près de 14 milliards d'années.

Encore un mot : Poincaré a montré au début du XXe siècle que lorsque le temps usuel (le temps

---

1. Si dans notre monde le temps est « fixe », c'est que la signature de la métrique s'écrit « +++ – » (signature « lorentzienne » : trois signes « plus » pour les coordonnées d'espace, un signe « moins » pour le temps). Mais lorsque la métrique fluctue, cette signature devient : +++± : le signe « moins » du temps se superpose au signe « plus » de l'espace : le temps et l'espace se mélangent (la signature lorentzienne se mélange à la signature euclidienne).

physique réel) pivote de quatre-vingt-dix degrés dans le plan complexe, il devient « imaginaire pur ». C'est exactement la même chose avec notre sablier : en position horizontale, il ne contient plus de temps (qui ne coule plus) mais de l'espace (immobile et mesurable) : dans ces conditions, le temps peut être représenté par une simple ligne droite. On peut alors comprendre que le temps imaginaire et l'espace (qui, lui aussi, peut être représenté par une simple ligne droite) sont absolument semblables. Dans ce cas, le signe « – » que l'on trouve habituellement devant la coordonnée temporelle devient « + ». La signature revêt alors la forme « euclidienne » caractérisée par quatre directions d'espace (++++). C'est cette métrique euclidienne que nous utilisons pour décrire, à l'échelle zéro, la Singularité Initiale de l'espace-temps.

Or, face à ces « événement inouïs », nous devions donc relever ce défi : celui de les décrire en utilisant des outils mathématiques totalement nouveaux, les groupes quantiques, ces êtres algébriques extraordinaires apparus, à partir de 1986, au sein de l'étrange famille des algèbres déformées.

Algèbres déformées

A priori, l'idée d'utiliser des algèbres « déformées » peut sembler plutôt bizarre (alors qu'il est déjà si compliqué d'utiliser de simples algèbres). Pour prendre une image, « déformer » une algèbre c'est un peu comme regarder les pages d'un livre à l'aide d'une loupe : les mots imprimés apparaissent agrandis, comme « pompés » et déformés à la surface de la page. Mais on aperçoit alors des détails invisibles à l'œil nu. Cela étant, pourquoi utiliser ces déformations algébriques ? Pour une raison au fond toute simple : comme le dit t'Hooft, au voisinage de la Singularité Initiale, les structures de l'espace-temps sont elles-mêmes profondément modifiées – *déformées* – par l'énorme gravitation qui enveloppe l'origine. Résultat : à l'échelle quantique, les outils algébriques classiques ne fonctionnent plus. Ces déformations vont-elles nous apporter quelque chose ? Pour répondre, il nous faut d'abord comprendre ce qui se passe au niveau classique. Et ce faisant, vous allez découvrir « comment marche » cet outil fascinant, sans doute le plus important de la physique théorique d'aujourd'hui : la théorie des groupes.

Le groupe d'espace-temps

On s'en souvient, l'outil algébrique qui décrit le comportement habituel de l'espace-temps, c'est ce que les physiciens mathématiciens appellent le groupe de Lorentz (on retrouve le nom de ce grand théoricien proche d'Einstein, génial précurseur de la relativité). Le groupe de Lorentz est un groupe de symétrie, c'est-à-dire une « machine algébrique » qui décrit comment sont conservées les grandes symétries au cours des déplacements dans l'espace-temps. Un exemple de ce qu'est une symétrie ? Prenez un simple ballon et faites-le tourner sur lui-même : cette rotation ne « déforme » pas le ballon (par exemple un ballon de football ne se transforme pas en un ballon de rugby lorsque vous lui faites faire un tour complet sur lui-même). En langage mathématique, on dit alors que sa symétrie est conservée sous l'action du groupe de rotation. Ce groupe de symétrie à trois dimensions (puisqu'il y a trois dimensions dans l'espace ordinaire) est ce qu'on appelle un « groupe de Lie » (du nom du mathématicien Sophus Lie) et s'écrit SO(3) – ce qui veut dire « symétrie orthogonale de dimension 3 ».

A présent, ajoutons le temps à notre espace ordinaire à trois dimensions. Cela fait une dimension de plus. Le nouveau groupe de symétrie, celui qui conserve les symétries non seulement dans l'espace mais, *en plus*, dans l'espace-temps, s'écrit donc non plus SO(3) mais, en rajoutant la dimension du temps, SO(3,1) – avec 3 pour les trois directions d'espace et 1 pour la direction du temps). On réalise alors d'un simple coup d'œil que ce groupe (c'est lui le fameux « groupe de Lorentz ») distingue clairement les trois directions d'espace de celle du temps. Et c'est là le secret d'une symétrie d'espace-temps : toute transformation dans l'espace-temps préserve cette orientation entre l'espace et le temps. Reprenons notre exemple de tout à l'heure. Si nous faisons tourner un ballon sur lui-même, non seulement il ne se déforme pas (symétrie de rotation) mais il préserve, en plus, la distinction entre l'espace occupé par le ballon et le temps dans lequel il « vit ». En bref : il a beau tourner sur lui-même, notre ballon ne sautera pas d'une heure (ou d'une seconde) dans le futur (ou dans le passé).

Or, reprenons notre raisonnement. A l'échelle de Planck, tout se met à fluctuer. Les grandes symétries de l'espace-temps ne sont donc plus conservées. En déformant (c'est-à-dire en quantifiant) ce fameux groupe de Lorentz, nous avons découvert quelque chose de curieux et de très troublant : si l'on rend « quantique » le groupe décrivant l'espace-temps, alors la distinction entre temps et espace s'évanouit et finit par disparaître ! Disons en termes plus précis que le groupe de Lorentz SO(3,1), une fois « déformé », se met à ressembler étrangement à un nouveau groupe de symétrie qui, lui, ne fait plus *aucune différence* entre le temps et l'espace : le « groupe euclidien », qui s'écrit SO(4) – avec 4 pour les quatre directions d'espace. Ce nouveau groupe est relativement peu connu et, en tous cas, assez rarement utilisé par les physiciens. On se souviendra que Majid, mathématicien avec lequel nous avons travaillé pendant des années, relève dans son rapport sur nos travaux la surprenante parenté algébrique après déformation entre le monde habituel lorentzien et le monde euclidien : « Les structures algébriques sous-jacentes au groupe q-euclidien [...] et au groupe q-lorentzien [...], qui apparaissent à première vue tout à fait différentes, peuvent en réalité être construites sur la même algèbre avec deux coproduits possibles correspondant à ces deux signatures. Celles-ci sont reliées par un cocycle de déformation de Drinfeld, ou "équivalence de jauge". Par là, ainsi que par d'autres arguments, Bogdanov établit, je pense, à nouveau de manière convaincante, un lien entre quantification et changement entre ces deux signatures[1]. »

Assez rapidement, nous avons donc construit le lien entre la déformation algébrique du groupe conservant les symétries de l'espace-temps, la « déformation » (que dire d'autre ?) de l'espace à quatre dimensions sur lequel agit ce groupe et, enfin, la déformation de la signature. Naturellement, entre des intuitions plus ou moins vagues, des conjectures plus ou moins précises et des démonstrations solides, il y a un chemin immense. Il nous a donc fallu plusieurs années avant de parvenir à démontrer l'existence d'une « q-déformation » (« q » pour quantique) de la signature lorentzienne à l'échelle de Planck. Très tôt (dès 1994), Majid nous avait encouragés à pousser le plus loin possible la mise en évidence d'un lien entre déformation de la signature et groupes quantiques : « Je pense qu'il s'agit

---

1. Voir rapport complet en annexe.

là d'une démarche très actuelle et très appropriée, qu'il est absolument nécessaire de développer[1]. »

Prenant alors appui sur la théorie générale de Majid concernant les produits de groupes quantiques, nous avons donc franchi une nouvelle étape : dans l'espace-temps à quatre dimensions, les *seules* signatures naturelles possibles à l'échelle de Planck sont les signatures lorentzienne (+++ −) et euclidienne (++++). En quoi cela peut-il nous aider ? En montrant que la signature ne peut pas fluctuer n'importe comment, comme le remarque le mathématicien Dimitri Gourevitch : « L'auteur montre qu'un passage vers une métrique de signature (++ − −) n'est pas possible et donne une explication topologique à ce fait[2]. » Ceci veut donc dire que les seules métriques possibles à l'échelle de Planck se réduisent en tout et pour tout à deux familles : les métriques lorentziennes en temps réel et les métriques euclidiennes en temps imaginaire. Comment avons-nous procédé ? Tout d'abord en obtenant une construction algébrique nouvelle et générale (qu'on appelle un produit miroir déformé) entre deux groupes quantiques[3]. Nous avons alors appliqué cette construction générale à notre cas particulier et nous avons ainsi réussi à *unifier* les signatures lorentzienne et euclidienne au sein d'une structure de groupe quantique *unique*. C'était la

---

1. Rapport du 9 mars 1999. Voir annexe 2.
2. Rapport du 24 mars 1999.
3. C'est le théorème 3.3.2 reproduit en annexe.

dernière pièce, celle avec laquelle nous avons achevé le calcul de l'algèbre des fluctuations.

Récapitulons : notre raisonnement s'est donc construit en trois temps. Premier temps : l'espace-temps à l'échelle de Planck est « déformé » par les fluctuations quantiques auxquelles il est soumis à cette échelle. Deuxième temps : dans ce cas, la principale caractéristique de cet espace-temps, c'est-à-dire la métrique (qui sert à mesurer la distance entre les points) est, elle aussi, « déformée » et fluctue. Troisième temps, le plus décisif : si la métrique fluctue, alors sa principale propriété – ce qu'on appelle sa signature et qui distingue le temps de l'espace – doit nécessairement fluctuer elle aussi.

*

Depuis la publication de nos résultats, l'utilité des constructions en termes de groupes quantiques a été largement discutée, notamment par le mathématicien Robert Oeckl, le 14 novembre 2002, sur le Physics Research newsgroup : « Cette construction peut déboucher sur une application physique. Mais c'est une question tout autre. En tant que tel, ce théorème appartient au royaume des mathématiques pures. »

Nous avons reproduit en annexe ce fameux théorème, qui soulève une question nouvelle : établi au cœur des mathématiques pures, décrit-il cependant « quelque chose » sur le plan physique ? La découverte d'un tel lien va permettre, nous allons le voir, une compréhension toute nouvelle des mécanismes sur lesquels repose la toute première phase d'évolution de l'espace-temps, bien avant le Big Bang. Pour saisir ce lien, voyons tout de suite comment les physiciens réagissent face à cette idée de fluctuation.

Pendant plusieurs années, nous avons eu nombre d'échanges avec le Prix Nobel Gérard t'Hooft, dont nous avons déjà parlé. Au milieu des années quatre-vingt-dix, réaliste comme à l'accoutumée, voici ce qu'il déclarait de la physique à l'échelle de Planck : « *Si l'on essaie de localiser n'importe quel type de particule avec une précision de l'ordre de la longueur de Planck, les relations quantiques d'incertitude impliquent que l'indétermination caractérisant son énergie sera au moins égale à l'énergie de Planck. Mais dans ce cas, l'on engendre des mini-trous noirs dont les tailles sont plus grandes que la longueur de Planck. Telle est la difficulté : à cause des "bosses", ondulations et pliures de l'espace-temps, il devient impossible de localiser les objets avec une précision supérieure à la longueur de Planck*[1] ! »

Mais dans ce cas, pourquoi ne pas considérer, comme nous le pensions, que la métrique pouvait fluctuer dans l'infiniment petit ? Et voici que, le 25 avril 2001, il publiait sur l'arXiv un article au titre provocant : « Comment Dieu joue-t-il aux

---

1. *In Search of the Ultimate Building Blocks*, Cambridge University Press, 1997.

dés[1] ? » Cette fois il considère, en effet, comme *possible* l'existence de fluctuations quantiques de la métrique à l'échelle de Planck : « Les fluctuations quantiques de la métrique à des distances correspondant à l'échelle de Planck ou au-dessous divergent, et les implications de ce phénomène pourraient bien être plus profondes que la simple nécessité de recalculer des séries perturbatives divergentes. Dans ces circonstances, la causalité et l'unitarité pourraient devenir impossibles à contrôler, considérant les difficultés à conserver l'ordre temporel[2]. »

En effet, tout ce qui « va de soi » dans notre univers (les causes précèdent toujours les effets, l'espace et le temps sont « rigides »), tout cela s'effondre, tombe en catastrophe au pied du Mur de Planck. Mais s'il en est ainsi, c'est en raison des conditions physiques extraordinaires qui règnent « là-bas ». Voyons cela de plus près.

Equilibre thermique global avant le Big Bang

Quelles étaient les contraintes si spéciales auxquelles était soumis le pré-Univers au temps de Planck ? Sur ce point, les opinions des physiciens sont loin de faire l'unanimité (hormis l'idée que les

---

1. *In* http.//xxx.lanl.gov/abs/hep-th/0104219
2. *Ibid.*

quatre dimensions étaient colossalement courbées). Pourtant, il semble émerger aujourd'hui une sorte de « consensus » nouveau : dans sa phase archaïque, l'univers naissant devait se trouver, globalement, « en équilibre thermique ». Cette idée s'est notamment imposée à la suite des remarquables travaux de Jackiw, notre examinateur de thèse. Lorsque nous avons élaboré nos recherches, ce n'était encore qu'une hypothèse probable. Toutefois, depuis février 2003, les observations du satellite WMAP de la NASA ont transformé cette hypothèse en une propriété quasi certaine de l'Univers naissant. Or, à ce stade, soyons attentifs, car c'est là que tout se joue. En effet, si le pré-espace-temps était à l'équilibre à l'échelle de Planck, alors il devait *nécessairement* être soumis à un état physique très spécial, appelé « état KMS ». Une condition qui a dominé les tout premiers instants de l'Univers naissant et dont il subiste encore, comme nous le suggérons, une trace observable aujourd'hui. Mais comment décrire cette fameuse condition KMS ? Et est-elle applicable, comme nous le pensons, au pré-espace-temps lorsqu'il se trouvait à l'échelle de Planck ?

De l'équilibre thermique à l'état KMS

Qu'est-ce que l'état KMS ? Nous avons déjà parlé de ces trois lettres énigmatiques qui proviennent du nom des trois auteurs de la théorie, les physiciens Kubo, Martin et Schwinger (lequel était d'ailleurs profondément lié à notre directeur de thèse, Moshé Flato). Mais entrons davantage dans le détail. Voici comment le physicien allemand Detlev Buchholz, de l'Université de Göttingen, l'un des meilleurs spécialistes au monde de la condition KMS, la définit : « La condition KMS est fondamentale en théorie quantique. C'est elle qui permet de caractériser de manière complète les états d'équilibre thermique d'un système[1]. » En effet, retenons ici, pour simplifier, que l'état KMS relie l'état d'équilibre d'un système à son évolution. De quelle manière ? Pour mieux comprendre, prenons une image. Lorsqu'un funambule avance sur un filin au-dessus du vide, il s'équilibre à l'aide d'un balancier et l'on voit parfaitement les faibles mouvements de la longue perche que tient l'acrobate. Or justement, pour ne pas basculer dans le vide, le funambule doit combiner la position idéale (état d'équilibre) avec son évolution (recherche de la position idéale grâce aux faibles mouvements du balancier).

Allons plus loin. Cette image du funambule va nous permettre de mieux comprendre ce qui se passe au temps de Planck. On comprend d'intuition que l'évolution d'un système correspond aux

---

1. « Towards a Relativistic KMS-Condition », Jacque Bros, Detlev Buchholz, Arxiv-hepth 9807099.

transformations de ce même système *dans le temps* (transformations qui relèvent de notre métrique « lorentzienne ») tandis que l'état d'équilibre, au contraire, est invariant et, par conséquent, *hors du temps* (état qui relève de la métrique euclidienne).

En somme, la condition KMS établit une relation naturelle entre l'évolution dans le temps, soumise à la métrique lorentzienne (+++−) et l'état d'équilibre, soumis à la métrique euclidienne (++++). Et ceci nous conduit, tout simplement, vers une métrique « superposée » (+++±), c'est-à-dire vers un temps *complexe* qui comporte donc une direction réelle et une direction purement imaginaire. La condition KMS n'est rien d'autre que cela : par la relation établie entre équilibre et évolution du système, elle conduit nécessairement vers un temps complexe : celui-là même qui, selon nous, dominait le « monde » à l'échelle de Planck.

Ici, Ark Jadczyk a écrit sur son site préparatoire à un prochain article : « D'abord une précision : je considère que la composante la plus importante des travaux des Bogdanov – la composante essentielle – est la composante KMS. Il existe de nombreuses composantes dans ces travaux. Toutes sont intéressantes. Certaines plus intéressantes que d'autres. Mais celle qui me semble plus importante que tout le reste est la composante KMS[1]. »

---

1. cass.eahosting.com/cass/bogdanov1.htm

Rappelons ici que Jadczyk est un physicien mathématicien qui a occupé et occupera sans aucun doute dans l'avenir une place centrale pour tout ce qui relève de cette extraordinaire théorie KMS. Nous l'avons déjà rencontré dans les pages précédentes, en particulier dans la préface de ce livre. Mais qui est-il ? Personnalité hors du commun, mathématicien doté d'une intuition physique d'exception, Jadczyk nous a été décrit en ces termes par un autre physicien mathématicien, Robert Coquereaux, membre du Centre de physique théorique de Marseille, directeur de recherches au CNRS, directeur du Centre international de rencontres mathématiques. « C'est pour moi l'un des esprits les plus profonds qu'il m'ait été donné de rencontrer. Je ne suis pas certain qu'il ait beaucoup réfléchi à la théorie des groupes quantiques, mais en matière de géométrie et d'analyse fonctionnelle (possiblement non commutative), c'est un maître[1]. »

Rappelons ici l'opinion de cet expert à propos de la condition KMS : « Cette théorie est liée aux fondements mêmes de la théorie quantique, de la matière, de l'antimatière et des fondations de tout cela. Car elle englobe également – surprise ! surprise ! – une symétrie entre énergies positive et négative, quoi que cela puisse signifier. Qui pourrait alors deviner que nous sommes en train de parler de "symétrie" entre matière

---

1. Lettre du 7 novembre 2002.

et antimatière ? de l'extraction de l'énergie à partir du vide ? de la notion très discutée et toujours brûlante d'"énergie du point zéro ?"[1]. »

Or, contrairement à ce qu'affirment un peu rapidement nombre de physiciens, cette énergie (connue depuis 1948 à travers le spectaculaire « effet Casimir[2] ») est loin d'être accessible, même sur un plan purement théorique. Quel est le total de « l'énergie du vide » dans le cosmos ? Pour le Prix Nobel Richard Feynman, rejoint par John Wheeler (fameux protégé d'Einstein), cette quantité est, selon les calculs, proprement colossale : dans une simple tasse de café, il y aurait assez d'énergie pour vaporiser l'eau de tous les océans du monde. En revanche, Steven Weinberg, lui aussi Prix Nobel, n'hésite pas à s'opposer fermement à ce point de vue : l'énergie du point zéro correspondant à la Terre entière ne dépasse pas celle « d'un misérable bidon d'essence ». Une affirmation pour le moins surprenante.

Si nous avons marqué ici un arrêt sur la mystérieuse énergie du point zéro, c'est qu'elle représente un indice intéressant en faveur de la fluctuation de signature que nous allons maintenant considérer de plus près.

---

1. *Ibid.*
2. Une stupéfiante force répulsive détectée à courte distance entre deux plaques de métal.

Avant le Big Bang

État KMS et fluctuation quantique de la signature de la métrique

A de nombreuses reprises, au cours de notre recherche, nous avons eu des échanges très intéressants avec un physicien mathématicien du nom de Marinus Winnink, de l'université de Groningen. Or, avec les physiciens théoriciens Haag et Hugenholtz, Winnink est l'un des trois chercheurs qui, en 1967, sont parvenus à construire la première formulation algébrique de la théorie KMS. En fait, à partir de leurs travaux, on a pu montrer que cette étonnante condition fournit une représentation mathématique rigoureuse de la coexistence de *différents* états possibles d'équilibre à la *même* température. Où trouver une bonne représentation mathématique de cet état ? Ici, ce n'étaient pas les groupes quantiques qui pouvaient nous apporter une réponse. En fait, à la fin de l'année 1992, nous disposions seulement de quelques indices. Des éléments disparates qui, une fois assemblés, nous ont conduits en premier lieu vers des algèbres très spéciales, et selon le mot de Niels Bohr « suffisamment folles pour être justes ». Ce sont les fameuses « algèbres de von Neumann », inventées par le génial élève d'Einstein dans les années vingt à Berlin[1]. Esprit surdoué, calculant de tête à une vitesse foudroyante, von Neumann, comme beaucoup de mathématiciens, avait le caractère facé-

---

1. Il deviendra son voisin de bureau à Princeton dans les années quarante.

tieux d'un adolescent. Durant la seconde guerre mondiale, le gouvernement américain lui avait confié la difficile mission de construire une machine à calculer universelle (en réalité destinée à « prévoir » les trajectoires des bombes volantes). Or, en quelques mois, von Neumann était allé bien plus loin, en réalisant ce qui devait devenir le tout premier ordinateur du monde. Naturellement, personne ne s'était étonné du nom (passablement lourd) qu'il avait choisi pour sa machine : « Mathématiques, Analyse, Numération, Intégration avec Calculs » ! Et ce n'est qu'au bout de plusieurs jours que les scientifiques au service de l'énorme engin s'aperçurent – à la fureur de l'un des généraux responsables du projet – que les initiales du nom adopté signifiaient « *MANIAC* ».

Mais déjà, le fabuleux mathématicien était passé à autre chose. Il s'était mis à réfléchir « sérieusement » à de nouveaux outils algébriques capables d'aider les hommes à mesurer les choses dans le « flou » du domaine quantique. De là allaient naître des algèbres aussi puissantes que difficiles. Un outil peu accessible, illustrant à la perfection ce qu'un jour von Neumann avait lancé à un étudiant : « Jeune homme, n'oubliez jamais que les mathématiques sont comme des fauves en cage. A la moindre inattention, le dompteur sera mis en pièces[1] ! »

---

1. On comprend pourquoi Einstein répétait souvent que les erreurs de calcul peuvent coûter très cher.

Ce sont pourtant ces outils « incompréhensibles », ces algèbres de von Neumann, dures mais fascinantes, que nous avons adoptées. Notre recours par la suite à la théorie des groupes quantiques et à la théorie topologique des champs, deux systèmes mathématiques très éloignés du premier, découle en réalité de ce choix initial. Avant nous, Jadczyk avait fait le même choix : « Depuis le monumental travail précurseur de John von Neumann, nous savons que la bonne direction est celle de ce qu'on appelle les "algèbres d'opérateurs". Et c'est justement ce en quoi consiste le corps principal des travaux des Bogdanov. Naturellement, Igor et Grichka ne sont pas les seuls sur ce chemin. Alain Connes et Edward Witten sont précisément deux scientifiques illustres qui poursuivent également le but de "décoder les origines de l'Univers" en utilisant des outils mathématiques similaires[1]. »

Or – contrairement à ce qui a pu être dit sur le site du Science Physics Research Newsgroup ainsi que dans la presse –, le fait que nous ayons utilisé ces outils mathématiques ne signifie pas pour autant que nos travaux sont impénétrables. Bien sûr, le codage algébrique, avec son arsenal d'équations et de signes barbares, peut faire obstacle à une compréhension directe. Mais il a émergé de nos calculs quelque chose de totalement inattendu : une dimension supplémentaire existant à l'échelle de Planck – la *cin-*

---

1. *Ibid.*

quième dimension. C'est ce qu'il nous manquait pour compléter l'arsenal qui, au chapitre suivant, va nous permettre d'explorer le Mur de Planck.

La cinquième dimension

Nous vivons dans un espace-temps qui (nous le « sentons ») a quatre dimensions. Mais ne pourrait-il pas en exister une de plus, une nouvelle dimension d'espace, invisible, et se déployant jusqu'à l'infini ? C'est, en tous cas, ce qui résulte de nos recherches. Vision purement mathématique, coupée du monde réel ? L'évolution la plus récente de la physique semble au contraire – et de manière surprenante – aller dans le sens de ce que nous proposons. Comprenons d'abord que cette éventuelle cinquième dimension de l'espace-temps n'est autre qu'une quatrième dimension possible d'espace, qui vient s'ajouter aux trois autres déjà existantes. Voici, par exemple, ce que l'un des chefs de file de la physique d'aujourd'hui, le théoricien américain Michio Kaku, pense de cette quatrième dimension : « Puisqu'il n'existe pas de tigre qui puisse nous attaquer depuis la quatrième dimension, il n'y a aucun avantage particulier à développer un cerveau capable de visualiser des choses en mouvement dans quatre dimensions. Toutefois, d'un point de vue mathématique, ajouter des dimensions supplémentaires donne un net avantage : celui de décrire l'union de toutes les forces. »

Notre idée de cinquième dimension (discutée en 2002 avec Kaku) semble même être aujourd'hui l'une des idées les plus « chaudes » en physique (selon les statistiques d'édition). En effet, le 6 décembre 1999, soit six mois après notre soutenance de thèse, est paru un article marquant signé de Lisa Randall, professeur de physique théorique au MIT[1], et Raman Sundrum, de l'Université Stanford. Or, comme on peut le lire dans les annexes, Roman Jackiw insiste particulièrement sur le « phénomène fascinant » découlant de l'existence d'une cinquième dimension : « L'idée non conventionnelle introduite par Bogdanov est qu'à haute température, le système Yang-Mills fluctue dans la quatrième dimension supprimée, prenant alternativement une valeur genre temps et/ou genre espace. En d'autres termes, la surface spatiale à trois dimensions a donc deux extensions possibles à l'intérieur de laquelle on observe une fluctuation : l'espace-temps physique lorentzien usuel à $(3 + 1)$ dimensions fluctue avec un espace euclidien à quatre dimensions[2]. »

Or, édifié à partir de cette même idée, l'article de Randall et Sundrum[3] est présenté par le *New*

---

1. Roman Jackiw, examinateur de la thèse de I. Bogdanov, est professeur au MIT.

2. Roman Jackiw, rapport sur la thèse de I. Bogdanov.

3. Lisa Randall, Raman Sundrum, « An alternative to compactification », *Physical Review Letters* n° 83 (23), 4690-3, décembre 1999.

York Times comme étant à l'origine d'une « véritable commotion intellectuelle », annonciatrice de la plus grande révolution qu'aient connue la physique et nos connaissances sur l'Univers depuis Einstein. C'est peut-être aller un peu loin (ou un peu vite). Mais que nous dit ce fameux article ? « La sagesse populaire affirme que selon les lois de Newton, il existe seulement quatre dimensions à l'espace-temps. Nous prouvons que ce n'est pas nécessairement vrai. Nous fournissons en particulier la démonstration que notre espace à trois dimensions est plongé dans cinq dimensions[1]. » Et Lisa Randall ajoute : « *Dans notre théorie, il existe trois dimensions d'espace et une dimension de temps que nous pouvons voir ; mais il existe en plus une dimension supplémentaire d'espace, que nous ne voyons pas. Nous ne sommes pas sensibles à cette cinquième dimension*[2]. » En somme, selon ce modèle, il existe dans notre espace-temps une cinquième dimension, une dimension infinie d'espace, dans laquelle se propage la gravitation (ce qui expliquerait, entre autres, pourquoi la force de gravitation est beaucoup plus faible que les trois autres forces de l'Univers). Or, il nous faut signaler que, selon les toutes dernières statistiques d'édition, il s'agit de l'article le plus cité

---

1. *Ibid.*
2. Cité in http: //www.sciencewatch.com

en physique théorique depuis sa parution[1]. Une sorte de best-seller parmi ce que l'on appelle dans la communauté des physiciens les « papiers chauds en physique ». Mieux encore, selon Mark Wise, du California Institute of Technology : « Cet article change vraiment nos perspectives[2]. »

Et ici vient le point qui a singulièrement conforté notre approche : la théorie de Randall-Sundrum, publiée après la parution de nos thèses et articles, est fondée *stricto sensu* sur la même idée : celle d'une cinquième dimension assurant l'unité de notre monde. Dernier point, particulièrement intéressant : la notion de cinquième dimension est apparue pour la première fois en 1919, grâce aux recherches de deux physiciens alors inconnus, Theodor Kaluza et Oskar Klein. Or, Einstein lui-même va adopter avec enthousiasme cette proposition révolutionnaire. En compagnie de Peter Bergmann (un de ses collègues), il écrit en juillet 1938 dans *Annals of Mathematics* : « *Nous devons donc prendre très au sérieux l'existence de la cinquième dimension, même si nous ne sommes pas confortés en cela par l'expérience [...]. Nous avons montré qu'il est possible d'assigner une réalité à la cinquième coordonnée sans entrer en contradiction avec les caractéristiques du continuum physique à quatre dimensions.* »

---

1. In http: //www.in-cites.com/research/2001/november_26_2001-3.html
2. *Ibidem.*

Prendre « très au sérieux » la réalité de la cinquième dimension ? Si elle existe vraiment, cette cinquième dimension pourrait bien, en effet, permettre de comprendre des phénomènes jusqu'ici inexpliqués, comme par exemple la différence énorme entre la force de gravitation et les trois autres forces. Ou encore de mystérieux « effets tunnels » – c'est-à-dire des « sauts instantanés », sans transition – de particules d'un point à l'autre de l'espace-temps.

Reste enfin le plus étonnant : une cinquième dimension débouche directement sur un Big Bang d'un genre nouveau, un *Big Bang froid* qui, selon nous, a eu lieu *avant* le Mur de Planck, c'est-à-dire avant le Big Bang chaud que nous connaissons. Pourquoi froid ? Parce qu'il décrit une première phase de l'expansion qui n'est pas physique, c'est-à-dire qui ne se déroule pas en temps réel mais en temps complexe. Un phénomène qui entraîne nécessairement l'existence d'une dimension supplémentaire (celle du temps imaginaire). Résultat : le cosmos « avant » le Big Bang n'a plus quatre mais bel et bien *cinq dimensions* !

Nous verrons au dernier chapitre en quoi cette idée – qui débouche sur l'évolution en temps complexe entre l'échelle zéro et l'échelle de Planck – annonce, peut-être, la révolution attendue dans le monde de la physique. Mais pour en arriver là, une fois encore, il est plus que jamais indispensable d'adopter une démarche non-standard.

L'évolution avant le Big Bang

Que pouvons-nous conclure de tout cela ? De manière très naturelle, une certaine image de l'évolution de l'espace-temps avant le Big Bang. L'évolution KMS, celle qui a eu lieu au cours du Big Bang tiède, est très différente de celle qui existe ici, en temps réel. Car comme l'espace-temps est sous l'implacable domination de la condition KMS, cette énigmatique expansion avant le Big Bang ne pouvait absolument pas ressembler de près ou de loin à l'évolution ordinaire, celle qui a lieu depuis dans « notre » univers. C'est sur ce point capital qu'a insisté en 2001 le physicien théoricien Robert Wald, de l'université de Chicago, spécialisé dans l'étude des phénomènes quantiques en forte gravitation : « Une telle évolution donne nécessairement naissance à des violations de causalité et de conservation de l'énergie (à travers des processus englobant les "trous noirs virtuels")[1]. » Autrement dit, l'ordre naturel qui, dans notre monde de tous les jours, fait que la cause précède toujours l'effet, doit être remis en question lorsque nous pénétrons dans l'infiniment petit du monde quantique. Nous avons donc tenté d'imaginer cette possible « évolution non causale » de l'Univers avant le Mur de Planck.

---

1. « The Thermodynamics of Black Holes », http://relativity.livingreviews.org

Or c'est là que nous avons introduit l'idée qui paraît la plus inhabituelle (et qui, pour cette raison, est aussi la plus difficile à admettre) ; selon nous, l'évolution du pré-Univers avant l'âge de Planck n'a pas pu avoir lieu dans le temps réel (celui que nous connaissons) mais dans le temps *complexe* (au sens mathématique du terme). Une idée folle ? Pas en mécanique quantique. Pour preuve, c'est sur cette même idée que s'est appuyé Abhay Ashtekar (collègue de John Baez, l'un des premiers physiciens théoriciens à avoir reçu, le 23 octobre, le fameux mail du physicien allemand à l'origine de l'« affaire Bogdanov » : « Au niveau fondamental, puisqu'il il n'existe aucune métrique de référence, il n'existe pas non plus a priori de notion de temps. Quel est même le sens de la dynamique et de l'évolution lorsqu'il n'y a plus d'espace-temps de référence ? » La réponse nous est finalement suggérée à nouveau par Robert Wald : « L'évolution d'un état pur vers un état final superposé est représentée de manière naturelle dans le cadre de l'approche algébrique de la théorie quantique[1]. »

En somme, cette fameuse condition KMS réalise idéalement la transition, le passage entre l'information contenue par un système (au pur état d'équilibre) et l'énergie de ce même système. L'une – l'information – évolue en temps *imaginaire pur* tandis que l'autre – l'énergie – évolue en temps *réel*. Et l'une

---

1. *Ibidem.*

et l'autre sont unifiées au sein de la condition KMS. Mais bien sûr, dans ce cas, l'évolution du pré-espace-temps à l'échelle quantique doit être vue comme caractérisée par ce transfert information/ énergie. Et la fluctuation de signature apparaît bien comme ce qui rend possible ce transfert inouï. Nous l'avons vu, le professeur Buchholz détient la chaire de physique théorique de la fameuse Université de Göttingen, celle de Minkowski, de Hilbert, de Heisenberg et de tant d'autres. Or, après avoir analysé notre article paru dans *Classical and Quantum Gravity*, cet expert des méthodes algébriques appliquées à la physique nous a adressé le courrier que voici le 19 novembre 2001 : « L'un des points essentiels de votre article est que le cas correspondant à l'échelle zéro (où les états KMS sont munis d'une trace) doit nécessairement être un facteur de type II, ce qui est tout a fait correct. Par conséquent, à l'échelle zéro, l'espace-temps est dans un état topologique et sa "dynamique" est euclidienne. » Ce qu'il nous faut déduire de ce commentaire, c'est donc qu'à l'instant zéro, l'évolution de l'Univers (le Big Bang froid) s'effectue bien en temps imaginaire – et non pas en temps réel.

Mais qu'elle soit mise en évidence par la théorie KMS ou par celle des groupes quantiques, cette unification entre évolution en temps réel et évolution en temps imaginaire pur est essentielle : elle va nous permettre de franchir la dernière étape (la plus importante) de notre recherche : la résolution possible de la Singularité Initiale de l'espace-temps, à l'échelle zéro. Et tous les instruments que nous avons vus, toutes les idées que nous avons traversées, aussi surprenantes qu'elles soient, vont maintenant nous aider, dans notre grand voyage vers l'instant zéro, à affronter le mystère immense qui se tient sur le Mur de Planck et au-delà.

5

• ——— •

Vers la première seconde

QUELQUES SECONDES AVANT LE TEMPS DE PLANCK

Commençons notre voyage par quelque chose de simple : un regard vers le ciel pendant la nuit. Sur le fond noir, à peine visible, brille très faiblement la grande galaxie d'Andromède, notre plus proche voisine. Elle est pourtant loin. A deux millions deux cent mille années-lumière de chez nous. Des centaines de milliards d'étoiles rassemblées en une immense nébuleuse argentée. Cette magnifique galaxie spirale, qui tourne lentement sur elle-même en 200 millions d'années (elle était « à l'envers » au temps des dinosaures), est le centre d'un petit archipel céleste comprenant plusieurs dizaines d'autres galaxies plus petites qu'elle. Si nous pouvions observer ce groupe « de l'extérieur », c'est-à-dire en nous plaçant à quelques millions d'années-lumière de distance, nous verrions alors les deux nébuleuses spirales argentées, séparées par environ deux millions et demi d'années-lumière, autour desquelles circulent des dizaines de galaxies plus petites, flocons luminescents, à flot dans un océan de vide noir et glacé.

Or, si nous restions là assez longtemps, nous verrions que ce petit groupe de galaxies, frileusement serrées les unes contre les autres, se disperse lentement. Comme si elles étaient amenées à s'éloigner les unes des autres par une force invisible. Cette force, c'est *l'expansion* que nous venons de découvrir au chapitre précédent. Un phénomène sans équivalent, qui nous a amenés à comprendre que contrairement à ce que l'on avait pu croire au début, ce ne sont pas les galaxies qui s'enfuient dans le vide (en un certain sens, elles sont en réalité immobiles) mais le tissu de l'espace lui-même qui s'étire, à chaque instant, comme une immense bande élastique à trois dimensions.

A présent, que va-t-il se passer si nous décidons de rembobiner cet étonnant film cosmique à l'envers ? La réponse est simple : le cosmos *tout entier* va se mettre à rétrécir et devenir de plus en plus petit.

Il y a cinq milliards d'années

Au début, en parcourant le premier milliard d'années vers le passé, on observera que la distance entre les galaxies (par exemple entre la Voie lactée et la galaxie la plus proche) diminue peu à peu. Même constat pour les distances entre les étoiles à l'intérieur de chaque galaxie. Conséquences : étoiles et nébuleuses paraissent briller d'un éclat plus vif et la nuit n'est plus tout à fait noire sur la Terre.

Allons visiter un paysage de notre monde en ce temps-là. Même lorsque la lune est absente, au plus profond de l'hiver, un léger halo argenté éclaire les déserts des premiers âges. Toutefois, en dehors de cet insolite « effet de serre lumineux », on ne remarquera pas encore d'autres phénomènes notables, en tous cas pas au niveau de la température, qui reste sensiblement la même qu'aujourd'hui. Poursuivons notre voyage. Nous voici plus de quatre milliards d'années en arrière. Notre planète vient à peine de naître et nous marchons sur un sol encore chaud du brasier dont il a jailli. De toutes parts, jusqu'à l'horizon, d'innombrables volcans vomissent dans un fracas perpétuel des colonnes incandescentes qui montent haut vers le jeune soleil. Mais tout a beaucoup changé dans l'Univers de cette époque, car il est *deux fois plus petit* qu'aujourd'hui. Rien d'étonnant, alors, à ce que notre soleil paraisse si gros et si brillant dans le ciel. Ni que l'on distingue parfaitement certaines étoiles (comme Sirius ou l'étoile Polaire) en plein jour. La nuit, le spectacle est encore plus saisissant : la planète Mars est là, presque à portée de la main, comme une orange sanguine, de même que Saturne dont on commence à bien voir les anneaux. Mais impossible de reconnaître les constellations qui nous sont familières. Par exemple, la Grande Ourse est bizarrement écrasée sur elle-même et ne ressemble plus du tout à un chariot. Pas plus que sa sœur la Petite Ourse. Quant à la Voie lactée, elle est maintenant tellement brillante que nos silhouettes projettent de l'ombre sur le sol.

Le premier soleil

Mais partons encore plus loin, jusqu'à dix milliards d'années en arrière. Cette fois, la Terre, le Soleil et toutes les autres planètes du système ont disparu depuis longtemps (ou plutôt ne sont pas encore nés). A la place de notre petit soleil jaune a surgi une étoile énorme et inquiétante. Son éclat, beaucoup plus blanc, nous indique qu'il s'agit d'un soleil solitaire de première génération. C'est l'ancêtre unique de notre système solaire. Mais à cette époque inouïe, la Terre, la Lune et toutes les autres planètes sont encore prisonnières dans son cœur en fusion. Autour de cet astre géant, il n'y a rien. Rien que des gouffres d'espace noir et glacé. Toutefois, les étoiles alentour, celles qui existaient avant celles que nous connaissons aujourd'hui, étaient nettement plus proches les unes des autres. De même que les autres galaxies, à présent clairement visibles la nuit, comme des nuages phosphorescents. La voûte céleste est d'ailleurs devenue beaucoup plus éclatante, éclairée par les milliards de diamants éparpillés dans l'immense bande luminescente de la Voie lactée. Des mesures précises indiquent alors que la température globale s'est réchauffée, de plusieurs degrés.

Si la Terre avait déjà été là et que nous ayons pu observer le ciel nocturne, nous aurions d'abord constaté que même au cœur de la nuit il ne fait plus du tout sombre. Les galaxies de l'amas local, toutes proches, sont désormais comme d'immenses nuages luminescents, qui brillent en volutes argentées de l'horizon jusqu'au zénith. Quant à la bande blanc cendré de la Voie lactée, elle est incroyablement plus claire et plus large qu'aujourd'hui : on distingue des étoiles de toutes couleurs (quelques jaunes bien sûr, mais aussi beaucoup d'étoiles toutes jeunes, vertes ou même bleues, géantes ou naines ; d'autres encore en formation sont aussi légères que des flocons de neige). Toutes brillent incroyablement dans le ciel étranger, il y a plus de dix milliards d'années.

*

Continuons notre voyage en arrière. Cette fois, nous parvenons à treize milliards d'années avant notre époque. A présent, le cosmos a rétréci dans des proportions phénoménales : il est presque cent fois plus petit qu'aujourd'hui. Ici, nous entrons dans une période peu connue, que les cosmologistes appellent « les âges sombres ». Pourquoi sombres ? Parce qu'à partir de moins de treize milliards d'années, il n'y a plus d'étoiles, plus de nébuleuses ou de galaxies. Toutes ces choses qui brillent aujourd'hui d'un éclat argenté dans le ciel n'existent pas encore. Nous allons alors assister à ce spectacle unique : la naissance des toutes premières galaxies. Partout dans le ciel, on aperçoit des colonnes de gaz de toutes couleurs, qui ruissellent en panaches d'or dans l'abîme du dessus. Ce sont les premiers feux de la Voie lactée et de toutes les autres galaxies, nuées brûlant en spirales bleues et vertes dans le vide gelé. Mais encore un saut en arrière et voilà que l'Univers en contraction compresse soudain les nébuleuses naissantes, tandis que la température s'échappe dans un emballement qui donne le vertige. Les uns après les autres, les premiers nuages de matière se désintègrent en un plasma brûlant de particules élémentaires.

Les premiers 300000 ans

Etrangement, le panorama que nous allons contempler maintenant nous est familier. En effet, nous arrivons à une date importante de l'histoire cosmique : 300 000 ans après le Big Bang. Pourquoi est-ce si important ? Parce que c'est à cette époque

que le cosmos devient, pour la toute première fois, « lumineux ». Comme s'il s'était soudain allumé dans le néant. C'est ce que l'on appelle la « surface de première diffusion ». Avant, les grains de lumière que sont les photons sont encore prisonniers des autres particules naissantes, en quelque sorte agglutinés à elles. Ce qui fait qu'ils ne sont pas libres de s'échapper à l'infini et que, par conséquent, le cosmos n'est pas encore « transparent » à la lumière. Or, si ce cosmos tout jeune nous est familier, c'est que nous en avons tous vu, au moins une fois, des images : celles « photographiées » par les satellites observateurs de la NASA, d'abord COBE en 1992 puis WMAP en 2004. Bien sûr, comme on le sait, chacune de ces images représente une prodigieuse source d'informations sur ce qui s'est passé au commencement.

Mais si nous nous placions quelque part dans le ciel de cette époque, nous serions probablement déçus. D'abord il ferait très chaud : 3 000 degrés environ. Ensuite, le cosmos observable serait des milliers de fois plus petit qu'aujourd'hui : à peine 10 milliards de milliards de kilomètres d'un bout à l'autre. Comparé au magnifique spectacle que nous venons de voir se déployer jusqu'ici, le ciel est devenu très uniforme, rempli d'un bout à l'autre par une brume laiteuse. En effet, il n'existe encore aucune étoile ni, à proprement parler, aucune galaxie à cette époque où la matière a encore du mal à s'organiser.

La première seconde

Un nouveau bond de trois cent mille ans en arrière et nous voici à la première minute : cela fait soixante secondes (à notre échelle) que l'Univers est né. Dans le plasma primordial, comprimé à l'extrême, les électrons, les protons et les neutrons viennent de se former, ne laissant encore aux photons aucune liberté. La température est bien entendu intenable : dix millions de degrés. Quant à la taille de l'Univers observable, elle est devenue très petite : à peine vingt millions de kilomètres. Mais notre hallucinant voyage vers le passé s'accélère.

Nous parvenons à la première seconde de vie de notre Univers. Il mesure maintenant tout juste trois cent mille kilomètres, la distance Terre-Lune. Sa température subit un nouveau pic : cent milliards de degrés. Puis l'effondrement gravitationnel de l'Univers se poursuit de plus en plus vite : tandis que le plasma originel se contracte à toute allure, sa température dépasse très vite les mille milliard de degrés. Bientôt, la totalité de la matière de l'Univers – la Terre, la Lune, les planètes du système solaire, toutes les étoiles de notre galaxie, la grande galaxie d'Andromède, avec ses deux cents cinquante milliards de soleils, l'amas galactique local, et, enfin, toutes les autres galaxies de l'Univers, par centaines de milliards – se trouve comprimée à l'intérieur d'une sphère de quelques centimètres de rayon, la taille d'une simple orange. Nous sommes alors juste avant le premier milliardième de seconde.

*

Ici s'achève la première étape de notre voyage. Mais la limite que nous cherchons, le Mur de Planck, est encore loin. En réalité, à la première seconde d'existence de l'espace-temps, nous sommes infiniment plus éloignés du fameux Mur de Planck que nous ne le sommes de l'Univers d'aujourd'hui[1]. Pour comprendre ce phénomène stupéfiant, il nous suffit de compter le temps de vie de l'Univers en secondes et en utilisant les puissances de dix. En effet, 10 puissance 17 secondes se sont écoulées depuis le début de l'Univers. Or, toujours à partir de la première seconde, le temps de Planck, lui, se trouve à quarante-trois ordres de grandeur de là (10 puissance moins quarante-trois seconde). Imaginons que nous ayons la chance de trouver une voiture qui nous attendrait, quelque part, à la première seconde. Dans ce cas, lancés à pleine vitesse, il nous faudrait cent millions de milliards de milliards de fois plus de temps pour atteindre le Mur de Planck que pour revenir chez nous. Autrement dit, une fois parvenus à la première seconde, nous sommes encore 100 millions de milliards de

---

1. Ceci en dépit des milliards d'années qui se sont écoulées depuis la première seconde.

203

milliards de fois (10^{26}) plus loin du Mur que de l'endroit d'où nous sommes partis (le cosmos d'aujourd'hui).

C'est dire la route qu'il nous reste à faire. Alors sans plus attendre, traversons les milliards de milliards d'ordres de grandeur et partons vers la limite du monde physique, vers le redoutable Mur de Planck. Plus nous nous rapprochons de ce mur, plus la vitesse de fuite de l'Univers augmente. Bientôt, elle dépasse celle des photons : les géodésiques déchirent alors l'enveloppe du cône cosmologique. Nous venons de franchir le mur de la lumière. Des choses à peine rêvées – peut-être aussi des choses indicibles – nous attendent de l'autre côté.

6

Le Mur de Planck

Le moment est donc venu de nous faire déposer, un peu comme des explorateurs, tout au fond du cône de lumière. Face à ce que l'on pourrait appeler le « mur de la réalité[1] », la frontière ultime. C'est à cet instant *impensable*, 10^{-43} seconde après le temps 0, que l'Univers physique apparaît. Et comme nous l'écrivions en 1991 dans *Dieu et la Science* : « Les physiciens n'ont pas la moindre idée de ce qui pourrait expliquer l'apparition de l'Univers. Ils peuvent remonter jusqu'à 10^{-43} seconde mais pas au-delà. Ils se heurtent alors au fameux "Mur de Planck". »

Le mur de Planck ! Sa seule évocation fait frémir les théoriciens. C'est la frontière noire de la connaissance, une barrière terrible, que personne n'a encore franchie jusqu'ici. Toujours en 1991 nous poursuivions : « *Derrière ce mur se cache encore une réalité*

---

1. Charlotte Riedberger, Thèse de doctorat de l'EHESS.

inimaginable. Quelque chose que nous ne pourrons peut-être jamais comprendre, un secret que les physiciens n'imaginent même pas dévoiler un jour. Certains d'entre eux ont bien tenté de glisser un regard de l'autre côté de ce mur, mais ils n'ont pu rien dire de vraiment compréhensible sur ce qu'ils ont cru voir[1]. »

Aujourd'hui, en dépit d'efforts titanesques, le Mur de Planck reste tout aussi inaccessible, tout aussi mystérieux qu'en 1991. Peut-être même s'est-il un peu plus éloigné. Les obstacles ? D'abord le Mur de la chaleur : 10^{32} degrés. Une température terrifiante, celle qu'avait notre univers au premier instant du Big Bang. Deuxième mur : celui de l'énergie : 10^{19} gigaélectronvolt. Les chiffres savent compter, mais ils parlent mal. Habitués aux électronvolts, on a l'impression qu'il s'agit, au bord d'une rivière, de la puissance d'une grosse centrale électrique. Et pourtant : dans les 10^{19} GeV, il y a une énergie tellement colossale qu'elle n'a plus de sens : c'est celle de l'Univers tout entier. Cette énergie monstrueuse a *courbé* l'Univers au commencement, comme une immense barre de fer qu'on n'aurait cessé de tordre, de retordre et de plier, jusqu'à atteindre la longueur de Planck. Au moment où le cosmos était comprimé à la taille d'un cube d'un centimètre, ce petit dé à jouer « pesait » plus de 10^{75} tonnes. Et nous voici projetés vers le troisième

---

1. Igor et Grichka Bogdanov, *Dieu et la Science*, Grasset (1991).

mur, celui de l'infiniment petit : 10^{-33} cm. A supposer qu'un atome ait la taille du cosmos tout entier,
alors à cette échelle, le Mur de Planck atteindrait une
hauteur de trois mètres à peine. Pour prendre une
autre image, ramenons la longueur de Planck à la
taille d'un grain de poussière (environ un millimètre) : à cette échelle, l'infime noyau d'hydrogène
s'étalerait sur *mille milliards* de kilomètres, soit cent
fois la taille du système solaire ! Une différence de
taille à peine concevable.

Voyons maintenant de plus près en quoi consiste
ce terrible mur. Pourquoi il est infranchissable avec
les méthodes appliquées jusqu'ici. Et ce que nous
devons faire pour espérer le traverser.

*

Commençons par quelque chose de frappant
pour l'imagination : le Mur de Planck, l'objet le
plus ancien (le plus « vieux ») de tout l'Univers. Il
existe depuis longtemps, très longtemps : presque
quatorze milliards d'années. A cette époque extrêmement étrange (mais déjà infiniment éloignée de
l'instant zéro), le temps ordinaire vient tout juste
de commencer et chaque infime fraction de
seconde – un simple flash photographique – nous
semblerait durer des milliards d'années de « notre »
temps. Car le temps de Planck comparé à une
seconde est un milliard de milliard de milliard de
fois plus petit que la durée d'un éclair par rapport

à toute l'histoire de l'univers. En d'autres mots (et à condition de n'être pas plus grand que le rayon de Planck), le temps dans cet univers dominé par des fluctuations cycliques nous semblerait interminable. Pour retrouver des échelles de temps plus « ordinaires », il nous faudrait grandir dans des proportions vertigineuses. Par exemple, si nous étions des milliards de fois plus grands et que nous mesurions un nanomètre (c'est-à-dire un milliardième de mètre), alors, à cette échelle, une seconde de chez nous durerait plus de trente ans. A un millième de nanomètre, une seconde durerait trente mille ans. Et à l'échelle de l'atome d'hydrogène, la même seconde s'allongerait interminablement, jusqu'à dépasser les trente millions d'années ! On comprend alors qu'à des milliards d'ordres de grandeur au-dessous, à l'échelle de Planck, le temps paraisse littéralement figé.

Un mur autour de l'Univers

On croit (et on a de bonnes raisons pour cela) que le Mur de Planck est tout petit. Mais réfléchissons à ce paradoxe : il a beau être minuscule, il fait pourtant le tour de l'Univers ! Du haut de ses 10^{-33} centimètre, partout, dans tout le cosmos, on se heurte à lui : où que nous soyons, sur terre ou quelque part dans la galaxie d'Andromède, il est toujours là, « en dessous », et il nous empêche de sortir. Un peu comme une muraille tout autour d'un village. Or s'il est omniprésent malgré sa petitesse, c'est que le Mur est construit à partir des trois plus importantes constantes de la nature : la constante de gravitation, la vitesse de la lumière et la constante de Planck (plus petit « grain » d'énergie possible). Prenons un instant, ici, pour nous émerveiller devant cette formule universelle, qui semble tout droit sortie du cerveau d'un savant fou ou d'un roman de science-fiction : le carré de la longueur de Planck est égal au produit de la constante de gravitation par la constante de Planck divisé par le cube de la vitesse de la lumière. Extraordinaire ! Et encore plus fou : le temps de Planck repose exactement sur la même formule, à ceci près que la vitesse de la lumière n'est pas élevée au cube, mais à la puissance cinquième ! Et toutes les fameuses « grandeurs de Planck » (énergie, masse, etc.) sont construites à partir de ces trois constantes fondamentales.

Quinze centimètres égale quinze milliards d'années-lumière

Faisons une halte : ce monde à l'échelle de Planck est trop loin de nous, trop différent, pour que nous puissions un jour le voir directement. Il n'existera jamais de microscope assez puissant pour

« agrandir » l'image de la matière jusqu'à ce que nous puissions voir le Mur de Planck dans l'objectif. Pourquoi ? Tout simplement parce que pour parvenir à distinguer quelque chose dans l'infiniment petit, il faut produire beaucoup d'énergie. Et plus les choses que l'on veut observer sont petites, plus l'énergie qu'il nous faut déployer augmente de manière affolante. A tel point que pour aller jusqu'au Mur de Planck, le microscope qu'il nous faudrait utiliser serait tellement vorace qu'il viderait d'un seul coup l'Univers et ses milliards de galaxies de toute l'énergie qu'il contient. De là ce paradoxe vertigineux : alors que le Mur de Planck se trouve « à portée de la main », nécessairement enfoui au cœur de tout ce qui nous entoure dans la vie quotidienne, en réalité, il est à une distance colossale, tout au fond de l'Univers. Par exemple, ce livre que vous tenez entre vos mains : pour atteindre l'échelle de Planck au fond d'une de ses pages, il ne vous suffira pas de franchir les trente centimètres qui vous en séparent. Car le redoutable Mur (que vous « tenez » pourtant entre vos mains) se trouve, en réalité, à des milliards d'années-lumière de vous : à l'autre bout de l'Univers. En fait, il est fantastiquement éloigné par l'énergie qu'il nous faudrait déployer pour enfin l'atteindre.

Mais réfléchissons : si notre fameux Mur se trouve tout au bout de l'Univers, cela veut également dire qu'il est situé très loin dans le passé. Car comme on le sait, plus nous regardons loin dans l'espace, plus nous regardons loin dans le temps (en raison de la limite de la vitesse de la lumière). Et là s'impose toute l'ampleur du paradoxe de tout à l'heure : non seulement la longueur de Planck que l'on croit « sentir » ici et maintenant entre nos doigts est en réalité à des milliards et des milliards de kilomètres d'ici, mais *en plus,* elle se trouve projetée dans le passé. Tellement loin que pour la trouver enfin, il nous faut – une fois encore – remonter à l'origine de l'Univers.

*

Faisons une nouvelle pause. Lorsque nous atteignons la longueur inconcevable de 10^{-33} centimètre, le tissu de l'espace-temps se déchire et devient discontinu. Un peu comme si, alors que nous marchons sur la terre ferme, le sol commençait à se décomposer, devenait flou et s'ouvrait soudain sous nos pieds en d'insondables crevasses aux flancs mouvants. C'est ce que les physiciens mathématiciens appellent des « cycles d'évanescence ». Car dès les années trente, les théoriciens redoutaient l'existence de cette limite au-delà de laquelle l'espace-temps ne serait plus continu. A contrecœur, Einstein lui-même, le père du « continuum », l'avait admis en 1936 : « Il existe une frontière dans l'infiniment petit où par principe, nous devons abandonner le continuum ». Mais par quoi le remplacer ?

211

Nous avons indiqué à plusieurs reprises que la physique « bloque » à la dangereuse échelle de Planck. La physique dominante, aujourd'hui, celle qui mobilise le plus de chercheurs dans le monde entier, c'est la théorie des cordes. Ses grands théoriciens s'appellent Edward Witten, John Schwarz, Peter Suskin, Cumrun Vafa, Nathan Seiberg, et bien d'autres. Or cette théorie, bien que fortement mathématisée, s'arrête au Mur de Planck. Même chose pour la « M-théorie » (la théorie des « membranes ») qui généralise – en les unifiant – les diverses versions de la théorie des cordes. Toutes ces approches ont un point commun : aucune n'est en mesure de nous mener jusqu'à la Singularité Initiale. Voici, en quelques mots, ce qu'elles nous disent.

La théorie des cordes

C'est en 1992 que nous avons découvert cette théorie fascinante de la matière aux confins de l'infiniment petit. Tout au long de nos travaux, nous l'avons étudiée et discutée en détail avec John Schwarz ou Edward Witten aux Etats-Unis, ou encore, en France, Costas Kounnas, de l'Ecole normale supérieure, expert de la discipline, examinateur et rapporteur de nos thèses. Il s'agissait, avant tout, de vérifier que nos résultats étaient compatibles avec les contraintes engendrées par les cordes.

Très cohérente sur le plan mathématique, cette théorie remplace, à l'échelle de Planck, la notion de particule élémentaire par un minuscule « filament » unidimensionnel : la corde, ni plus longue, ni plus petite, que la longueur de Planck. Les cordes sont colossalement « tendues » : comme si elles soutenaient une charge de mille milliards de milliards de milliards de milliards de tonnes sans « casser ». Or, en raison (entre autres) de cette tension de Planck, la plupart des cordistes affirment que l'espace-temps physique ne peut *en aucun cas* être réduit à des tailles inférieures à la longueur de Planck. Résultat : en théorie des cordes, la Singularité Initiale (c'est-à-dire une origine d'échelle zéro) n'a aucune existence possible. D'où, là encore, une attitude plus ou moins défensive adoptée par certains spécialistes de cette théorie à l'égard de nos résultats, radicalement inverses[1].

Toutefois, reste une question : quelles sont les applications possibles de la théorie des cordes à la réalité ? En fait, de plus en plus de physiciens parmi les plus importants sont persuadés que celle-ci n'en a finalement aucune. Pourquoi ? Tout simplement parce qu'elle n'a pas obtenu le moindre résultat tangible et vérifiable sur le plan expérimental en plus de trente ans. L'opinion plutôt amère, exprimée dès 1986 par Sheldon Glashow, Prix Nobel de

---

1. Par exemple Gabriele Veneziano, du CERN, ou Ignacios Antoniadis, de Polytechnique.

physique 1979, reflète bien cet état de choses : « Des années d'efforts intenses, poursuivis par des centaines de chercheurs parmi les meilleurs et les plus brillants, n'ont pas produit une seule prédiction vérifiable, et l'on ne devrait pas en attendre avant longtemps[1]. » De fait, aujourd'hui pas plus qu'hier, *aucun* progrès significatif n'a eu lieu. Encore plus sévère, Gérard t'Hooft va jusqu'à comparer sarcastiquement la théorie des cordes aux « publicités télévisées américaines » : beaucoup de bruit pour très peu de résultats. Quant à John Schwarz, du Caltech (pourtant l'un des pionniers avec Edward Witten de la théorie), il répète à qui veut l'entendre cette boutade qui a fait le tour des laboratoires dans le monde : « J'aurais mieux fait de devenir conducteur de camion ! »

De fait, un constat précis et impitoyable a été dressé par le mathématicien Peter Woit, de l'université de Columbia, lors de l'une de ses interventions sur le SPR dans « L'affaire Bogdanov », le 11 novembre 2002. Prenant appui sur notre article de *Classical and Quantum Gravity*, il a ainsi fait observer, à propos de comptes rendus sur la théorie des cordes publiés dans cette revue :

Ces comptes rendus émanent tous de chercheurs extrêmement brillants, dans des spécialités très différentes de celles des Bogdanov, et représentent les contributions les meilleures et les plus importantes dans ces

---

1. Sheldon Glashow, « Autobiography », www.nobel.se/physics/laureates/1979/glashow-autobio.html

domaines. Toutefois, il faut remarquer trois points capitaux à propos de la théorie des cordes :

1. Ces articles n'ont absolument rien à dire au sujet du monde réel et de la physique standard. Leurs seuls contacts avec la réalité reposent sur des espoirs pour la plupart hautement improbables, qui circulent depuis longtemps mais ne marchent tout simplement pas. Tout ceci représente des spéculations construites à leur tour sur des spéculations à propos d'autres spéculations, avec rien de solide à la base.

2. Ces travaux n'ont absolument rien de tangible à nous apprendre sur le sujet « Structure quantique de l'espace-temps ». Leur seul lien avec ce domaine étant, encore une fois, un programme conjectural vieux de vingt ans qui n'a pas marché.

3. La plupart des approches tournent autour d'une idée qui est dans l'air depuis cinq ans maintenant et qui, en dépit d'efforts colossaux, n'a pas le moindre rapport avec le monde réel.

Ici, la conclusion est sans appel : la théorie des cordes n'offre aucun espoir d'atteindre le « point zéro » de l'espace-temps. La tentative qui suit va nous le confirmer.

La théorie des collisions primordiales

Depuis quelques années est apparu en cosmologie primordiale un nouveau modèle intitulé « collisions primordiales ». En Europe, les chefs de file de cette idée sont Maurizio Gasperini, de l'université de Turin, et Gabriele Veneziano, physicien théoricien au CERN (dont la découverte, en 1968, concernant le rôle de la fonction mathématique bêta dans l'interaction nucléaire forte est à l'origine de la théorie des cordes). Veneziano avait fait partie de la commission d'évaluation de nos travaux à l'Ecole polytechnique en 1999 et à l'époque, il avait du mal à accepter le modèle de Hawking, fondé sur un changement brutal de la signature de la métrique à l'échelle de Planck. C'est peut-être pour cela que le modèle des deux chercheurs prend le contre-pied de tout ce qui existe jusqu'ici. Empruntant çà et là certaines idées de la théorie des cordes, celui-ci postule l'existence, avant l'ère de Planck – c'est-à-dire avant le Big Bang –, d'un espace *froid*, sombre, infini et plat, perpétuelle-ment parcouru par des myriades d'ondes gravita-tionnelles. Ainsi, selon les propres mots de Gabriele Veneziano, l'Univers avant le Big Bang était « une sorte de vaste mer agitée par les vagues des ondes gravitationnelles ». Toujours selon ce scénario, au cœur de cette « tempête éternelle », les vagues gravitationnelles auraient fini par se heurter, provoquant soudain l'apparition d'une courbure puis la naissance d'un trou noir dans une petite région de l'espace primaire (mais pour quelle raison ? Par quel mécanisme ?). Et qui dit trou noir dit effondrement gravitationnel avec, au bout, non pas une singularité (naturellement pas) mais une bulle d'univers (le nôtre !). Soudain gonflée par ce qu'en théorie des cordes on appelle un « dilaton » (une sorte de champ de dilatation qui va de pair avec la gravitation), la bulle d'univers grandit alors rapidement et le reste du scénario se raccorde à la phase « chaude » du Big Bang décrit par le modèle standard.

Même si cette approche exerce une sorte de fascination poétique, on se trouve cependant confronté aux objections des cas précédents : d'où viendrait le pré-espace-temps « froid et infini » préexistant au nôtre ? Pourquoi (si ce n'est pour des raisons *ad hoc*) la présence d'ondes gravitationnelles en l'absence de toute matière ? Et surtout, une fois de plus, ce modèle n'ouvre aucune voie d'accès à un possible point zéro de l'espace-temps : la Singularité Initiale est simplement inexistante puisque le vide originel « est là » depuis toujours. En réalité, la dimension « anti-Singularité » d'une telle approche explique, peut-être, que Gabriele Veneziano ait développé une opinion ouvertement critique au sujet de notre propre solution quant à l'origine singulière de l'Univers.

On le voit, aucune des théories en vogue aujourd'hui n'est donc en mesure de décrire de manière complète l'Univers à l'échelle de Planck. Approchons-nous donc de ce monde fantastique et voyons, avec un regard presque naïf, à quoi il ressemble.

217

Ava

Ava

Quelle forme a l'Univers nouveau-né ?

À quoi ressemble l'Univers naissant, sur le Mur de Planck ? On l'a déjà vu, au moment où il naît, le cosmos est *déjà* âgé d'une minuscule fraction de seconde (10^{-43} seconde) et possède une taille qui, elle non plus, n'est pas nulle (10^{-33} centimètre). A cet instant, il existe donc *déjà* un horizon, qui est donné par la distance parcourue par le rayonnement primordial. Autrement dit, le rayon de l'horizon autour d'un point quelconque délimite la portion maximale d'Univers qu'un observateur peut voir. En l'occurrence, ce rayon est nécessairement égal à la longueur de Planck (10^{-33} cm), distance parcourue par la lumière durant le temps de Planck (10^{-43} seconde). Et puisque le rayon de l'horizon doit naturellement être le même dans toutes les directions, l'espace observable est donc une sphère tridimensionnelle dont le volume est d'environ π multiplié par 10^{-99} centimètre cube. C'est ce que l'on appelle le « volume de Planck ».

Le poids de l'Univers à l'âge de Planck

Or, comme nous l'avons vu dans le chapitre précédent, l'Univers – qui n'est alors qu'une pure énergie – « pèse » tout de même quelque chose au moment où il naît. Il a un poids de 22 microgrammes (ou encore 0,02 milligramme) ! Quelque chose comme le poids d'un infime grain de sable. Etonnant résultat, qui donne pour la masse du plus petit objet de l'Univers une masse dix milliards de milliards de fois plus importante que celle d'un proton (qui pourtant est des milliards de milliards de fois plus gros). C'est aussi la plus petite masse du plus petit trou noir possible. Une autre façon de dire la même chose : la sphère de Planck pèse 22 microgrammes.

La force de Planck

Intéressons-nous de plus près à cette sphère. Nous apprenons une nouvelle chose à son sujet : elle est extrêmement « solide ». Bien sûr, elle n'est pas faite de matière : c'est une boule d'énergie primitive, chargée de 10 puissance 19 gigaélectronvolts, l'énergie de Planck. En fait, sa résistance est égale à ce qu'on appelle la « force de Planck », soit 10^{40} tonnes. Cela veut dire que cette minuscule sphère de Planck pourrait supporter un poids de 10 000 milliards de milliards de milliards de milliards de tonnes sans se briser. Ou encore que l'on pourrait suspendre cet immense poids (qui est de l'ordre du poids de l'Univers tout entier) à une corde ayant la longueur de Planck sans que celle-ci casse.

Evidemment, une telle « solidité » correspond à une incroyable fréquence vibratoire. En fait, la « fréquence de Planck » : 10^{43} hertz. Là encore, les chiffres défient l'imagination la plus folle. A cette fréquence-là, si l'on prend un photon et qu'on le lance comme une petite balle contre les parois de la sphère de Planck, il va rebondir dix millions de milliards de milliards de milliards de milliards de fois en une seule seconde !

La symétrie de l'Univers à l'échelle de Planck

Nous l'avons dit à plusieurs reprises : à l'époque de Planck, l'Univers était parfaitement *symétrique*. Qu'est-ce que cela signifie ? Comme nous l'écrivions déjà dans *Dieu et la Science* : « L'énergie de la boule de feu primordiale était tellement élevée que les quatre interactions, la gravité, la force électromagnétique, la force nucléaire forte et la force de désintégration, étaient alors unifiées en une seule interaction d'une symétrie parfaite[1]. » Autrement dit, à ce stade archaïque, où n'existait encore aucune des composantes physiques que nous connaissons aujourd'hui, l'énergie primordiale résultait d'une unification unique – la seule dans

---

1. Jean Guitton, Igor et Grichka Bogdanov, *Dieu et la Science*, Grasset, 1991.

toute l'histoire de l'espace-temps – entre la gravitation et les champs quantiques.

Rappelons-nous que ce qu'on appelle la force « forte » relie les unes aux autres les particules élémentaires à l'intérieur du noyau de l'atome (en l'occurrence, ces particules élémentaires de matière sont ce que les physiciens appellent des « quarks »). Or, cette force nucléaire est dite « forte » dans la mesure où c'est elle la plus forte des quatre autres forces de l'Univers. Quelle est la force qui vient derrière elle ? C'est la très familière force électromagnétique, déjà cent fois plus faible que la force forte. Puis vient en troisième position une interaction encore mille fois plus faible : la force « faible ». En dernier, très loin derrière les trois autres, vient enfin la force gravitationnelle. En comparaison, elle est à peine perceptible : cent millions de milliards de milliards de milliards de fois plus « petite » que la force forte. Pour illustrer une telle différence, supposons que vos bras aient la puissance de la force gravitationnelle, dans ce cas, il vous serait possible de lancer un poids d'un kilo à une distance d'environ dix mètres… Mais à présent, imaginons que vous soyez tout a coup doté d'une puissance nouvelle : celle de la force forte. Dans ce cas, tout change de façon stupéfiante : vous seriez alors capable de lancer votre boule d'un kilo à une distance proprement colossale : quinze milliards d'années-lumière. En fait, jusqu'au fond de l'Univers !

Avant le Big Bang

Or, lorsque l'Univers a pour rayon l'échelle de Planck, ces quatre forces sont fondues en une seule. Mais comment comprendre cette unification inconcevable, réalisée à un niveau d'énergie colossal, entre les forces de l'infiniment petit et celles de l'infiniment grand ? En fait, nous l'avons vu au chapitre précédent, à cette échelle, le monde se trouve dans cet état extraordinaire, qui ne reviendra jamais : l'état KMS. Or, dans cet état extraordinaire, nous l'avons vu, le temps fluctue entre temps réel et temps imaginaire. Cela a une conséquence essentielle : contrairement à ce qui se produit dans le modèle standard, il devient ici possible de réaliser l'unification des quatres forces de l'Univers. Dans un article publié, nous avons montré ceci : l'unification que nous avons réalisée entre les métriques en temps réel et les métriques en temps imaginaire contient exactement la symétrie externe (la gravitation) ainsi que les trois symétries internes (électromagnétisme, force forte et force faible)[1]. Mais au-delà, cet état porte en lui l'image d'une autre symétrie, encore plus profonde que les précédentes : une symétrie entre le contenu en *énergie* de l'espace-temps et son contenu en *information*. De sorte qu'il nous faut comprendre l'état KMS comme une phase de transfert entre l'information codée à l'échelle zéro et l'énergie qui apparaît à l'échelle de Planck. Nous y reviendrons au dernier

---

1. Nous développons ce point important en annexe.

222

chapitre. En attendant, posons nos regards sur cet univers étonnant qui, en « déployant » à la fois le temps imaginaire et l'information initiale, vient de naître à l'instant de Planck.

Le « monde » de Planck

Pendant quelques instants, imaginons que nous ayons la possibilité de rétrécir, de devenir de plus en plus minuscules, jusqu'à ce que nous atteignions une taille de l'ordre du Mur de Planck. Nous voici donc aussi petits (ou aussi grands) que l'Univers tout entier. Mais pour que nous puissions encore mieux « voir » ce qui se passe, il nous faudrait devenir encore plus petit. Supposons que nous soyons protégé de tous les paradoxes et que nous puissions atteindre une taille mille fois plus petite que la longueur de Planck. Que « verrions-nous » alors autour de nous ? A cette échelle, la « sphère de Planck » mesure donc mille mètres : c'est une étrange et minuscule petite planète qui se trouve tout au bout du cône de lumière, dont le rayon se modifie en permanence. Mais souvenons-nous : il ne s'agit pas d'une sphère à deux dimensions (comme un ballon) mais d'une sphère à trois dimensions dont *l'intérieur* se déforme en permanence. Nous dirons tout à l'heure pourquoi. Sa surface à trois dimensions représente l'ancêtre lointain de notre propre espace tridimensionnel. Mais ne nous y trompons pas : il est impossible de se promener « à la surface » extérieure de cet objet : cette sphère est une « hypersphère » dont la surface côtoie ce qu'en relativité générale on appelle « l'Ailleurs ». C'est-à-dire *rien*. Plus précisément, à l'extérieur de la sphère, l'espace-temps n'existe pas. Pour trouver « quelque chose » il nous faut donc aller à l'intérieur de l'hypersurface qui, heureusement, a trois dimensions. Attention : nous ne sommes pas « dans » la sphère, c'est-à-dire à l'intérieur, nous sommes *dans sa surface* (que nous pourrions comparer à la « peau » à trois dimensions d'un ballon). Cette surface a une épaisseur : ce sont les trois dimensions de l'espace ordinaire. Son volume est de $2\,\pi^2\,R^3$. Autrement dit, à l'échelle de Planck, le volume de la surface de la 3-sphère de Planck est donc de l'ordre de 10^{-99} centimètre cube. Nous pouvons donc nous promener partout dans la surface de la sphère, mais nous ne pourrons jamais aller à l'intérieur[1] : celui-ci se réduit à un enchevêtrement des géométries lorentzienne et euclidienne. Pourquoi ? Parce que, comme nous l'avons vu au chapitre précédent, tout le Mur de Planck est soumis aux forces de fluctuations

---

1. Il n'y a rien d'étonnant à ce que nous ne puissions pas entrer à l'intérieur : à notre échelle, nous ne le pouvons pas davantage. En fait, *ici et maintenant*, nous vivons également dans la surface de cette sphère S3 qui, 13,7 milliards d'années après le début, est immensément dilatée. C'est pourquoi elle paraît pratiquement « plate » aux observations du satellite explorateur WMAP.

quantiques. Pour prendre une image, cela signifie
que la direction du temps à l'intérieur de la sphère
oscille, fluctue, entre la direction temporelle et une
quatrième direction spatiale. C'est un peu comme si
le sablier dont nous avons déjà parlé au début de ce
livre basculait brutalement autour de son axe et passait, de manière aléatoire, de la position verticale à
la position horizontale. Pourquoi de tels phénomènes ? Parce que tout comme la matière et l'énergie,
l'espace et le temps *eux-mêmes* finissent par être
soumis à l'implacable principe d'incertitude de Heisenberg. On le sait, selon ce principe, il est impossible, dans l'infiniment petit, de déterminer *à la fois*
la position d'une particule dans l'espace et sa
vitesse. Il existe donc, autour de tout évènement
quantique, une sorte de « flou » irréductible. Et ce
phénomène a des conséquences fascinantes. Car à
cette échelle, selon John Wheeler, l'Univers natif
prend la forme d'un « océan bouillonnant », perpétuellement traversé par des turbulences aléatoires,
des pics et des distorsions tels que les notions habituelles de haut et de bas, de droite et de gauche,
d'avant et d'après se mélangent, s'effritent et finissent par perdre toute signification.

*

A présent, comment pouvons-nous décrire le
« paysage » dans cette surface de Planck ? Tout
d'abord, comme nous l'avons déjà indiqué, il

n'existe bien sûr aucune lumière libre : tous les « grains de lumière » que sont les photons sont inextricablement agglutinés aux autres particules, notamment celles du champ de gravitation (qu'on appelle les « gravitons »). A priori, il est donc impossible de distinguer quoi que ce soit. Mais supposons tout de même que nous disposions d'une sorte de lampe miraculeuse qui nous permette d'éclairer le paysage. Que verrions-nous alors ?

En fait, nous remarquerions aussitôt que les particules ordinaires n'existent plus. A leur place, ce que l'on pourra peut-être apercevoir, ce sont ces filaments qui traversent l'hypersurface de part en part, ces fameuses « cordes » de la longueur de Planck et qui vibrent perpétuellement, comme à l'intérieur d'un immense piano. Ces filaments apparaissent, se croisent et disparaissent, soudain escamotés par les innombrables trous noirs qui constellent chaotiquement la membrane primitive. Dans l'espace où nous nous trouvons, nous constatons de brusques changements d'échelle, imprévisibles, provoqués par l'oscillation de la métrique.

Ce « paysage »-là, presque toutes les théories actuelles s'accordent pour le décrire. Et la plupart des physiciens s'arrêtent à ce niveau, dans la mesure où, en théorie des cordes, il n'y a plus d'échelle « plus petite » que celle de Planck. Cela est vrai, sans aucun doute, si l'on cherche une échelle « stable », une réalité physique qui « tienne la route ». Que va-t-on trouver à la place ? Comme nous venons de le dire, la « substance » de cet univers originel (la « membrane », selon l'expression aujourd'hui très à la mode en physique) est faite d'objets qui expriment uniquement la géométrie de bébé Univers. Or, cette géométrie est elle-même conditionnée par ce que nous avons appelé la *métrique*. C'est elle, désormais, l'objet fondamental. La « brique » à partir de laquelle est bâti l'Univers au temps de Planck. Il n'y a encore rien d'autre. Sauf les quatre forces unifiées.

Or, nous avons pu établir que le principal défaut de ces approches tient, pour l'essentiel, à ce paradoxe : alors que nous sommes à l'échelle de Planck, dans un milieu profondément différent du nôtre, *toutes* les théories des cordes et leurs variantes s'acharnent à décrire ce monde avec la *même* métrique que celle dans laquelle nous vivons. Ne sentons-nous pas, d'intuition, qu'il nous faudrait ici changer de métrique pour comprendre ce qui se passe vraiment à cette échelle[1] ?

*

Résumons-nous : il n'existe aujourd'hui aucune théorie, aucun modèle, aucune hypothèse qui apporte une solution complète au problème de la

---

1. Confrontée à ce problème, la théorie des cordes n'a qu'une seule alternative : celle de créer six dimensions supplémentaires qui se trouvent, inexplicablement, « repliées » à la longueur de Planck. A l'évidence, plutôt que de simplifier le système, la théorie ne fait que le compliquer inutilement jusqu'à lui supprimer tout pouvoir de prédiction.

Singularité Initiale de l'espace-temps. Le Mur de Planck se dresse sur le chemin de la physique, redoutable et énigmatique, et le mystère semble insoluble. Après des années de recherche, grâce, notamment, à la théorie des groupes quantiques, nous avons exploré des chemins nouveaux. Comme nous l'avons déjà dit au début de ce livre, les paradoxes quantiques apparaissent comme tels si on tente de les expliquer en leur appliquant de force des solutions qui fonctionnent de manière naturelle à notre échelle mais qui, dans l'infiniment petit, deviennent totalement inutilisables. En particulier, face à l'incertitude quantique (connue pourtant depuis plus d'un demi-siècle), il nous paraît tout simplement absurde de maintenir, *comme si de rien n'était,* notre métrique ordinaire à l'échelle de Planck : comment imaginer *là-bas* un espace et un temps comme chez nous ? dans ce monde d'une petitesse impensable, est-ce que ces notions ont encore un sens ? En réalité, nos résultats montrent qu'il ne devient possible de comprendre ce qui se passe à l'échelle quantique que si l'on accepte un *changement de métrique.* Car à l'échelle de Planck, deux phénomènes viennent perturber gravement cette métrique : le premier, c'est l'énorme gravitation, le second, c'est le célèbre principe d'incertitude qui jette le flou sur tout ce qui existe là-bas.

Quand la gravitation courbe le temps vers l'axe imaginaire

Disons-le sans détour : nos résultats « relativistes » à l'échelle de Planck – défendus devant un jury de théoriciens des cordes – sont pour le moins surprenants. En fait, ils matérialisent un lien inattendu entre la courbure de l'espace-temps et la signature de la métrique. En basse courbure, lorsque l'espace-temps est pratiquement « plat » (ce qui est le cas aujourd'hui, presque 14 milliards d'années après le Big Bang), il n'y a aucun problème pour ce qui est de la signature de la métrique : elle est tout simplement divisée en trois signes « + » pour les directions d'espace et un signe « – » pour la coordonnée du temps. Comme toujours. Mais cela peut-il être encore vrai à l'échelle de Planck ? Nous venons de le dire, la courbure devient colossale : elle déforme l'espace dans des proportions telles que celui-ci se ratatine sur lui-même, jusqu'à s'effondrer en une sorte de poussière microscopique. Or, notre hypothèse est que cette intense courbure déforme *aussi* le temps ! Et quelle déformation : à la courbure de Planck, la métrique devient *euclidienne* – autrement dit, le temps devient imaginaire pur. Comment est-ce possible ?

Ici, nous avons pu démontrer une proposition physique dont les conséquences sont importantes. Voici comment, dans le cadre d'une extension de la relativité, nous avons présenté cette proposition en termes techniques : « En gravité quantique, l'approximation linéarisée de la métrique de Schwarzschild peut être considérée comme une solution locale exacte de la théorie étendue. » Cela veut dire que lorsque la courbure devient très élevée, il devient possible d'utiliser d'un point à l'autre de l'Univers naissant la fameuse « équation de contraction » construite par Lorentz. Notre seule contrainte, c'est d'appliquer cette formule *localement* (et non pas sur la globalité de l'espace-temps, comme c'est le cas habituellement). Mais ceci ne constitue pas la moindre gêne (bien au contraire) dans la mesure où, à cette échelle, les fluctuations quantiques brisent de toutes manières les structures globales de l'espace-temps.

Voici notre raisonnement. Partons de la fameuse formule de Lorentz. Elle nous dit que plus la vitesse d'un mobile quelconque augmente, plus son temps propre ralentit. Lorsque cette vitesse atteint (dans l'idéal puisque c'est une limite) la vitesse de la lumière, alors le temps propre du mobile se fige totalement. Aussi étrange que paraisse cette situation, la relativité est sans appel : le temps a tout simplement cessé de s'écouler pour ce mobile. Or voici la vraie question : que se passe-t-il lorsque la vitesse *dépasse* la limite de la lumière ? La réponse nous est donnée par les équations et elle est, là encore, sans appel : le temps propre du mobile devient imaginaire pur. Ceux qui le souhaitent peuvent vérifier ce calcul très simple, sur lequel

repose d'ailleurs l'hypothèse des tachyons (ces particules hypothétiques de la physique qui voyage-
raient *toujours* plus vite que la vitesse de la lumière).

Or, à l'échelle de Planck, les physiciens s'accordent
pour dire que la notion de vitesse de la lumière n'a
pas encore le sens que nous lui attribuons de nos
jours. En raison des fluctuations quantiques, cette
vitesse, d'un point à l'autre de l'univers naissant,
oscille parfois au-dessous mais, parfois aussi, très
au-dessus de la vitesse de la lumière. Les
conséquences sont alors absolument inévitables
(dans la mesure où il s'agit d'une solution locale,
applicable seulement au voisinage de tel ou tel
point – ce qui est évidemment bien le cas ici) : le
temps autour de cette région devient imaginaire pur
et la métrique, par conséquent, devient euclidienne.
On peut « voir » ce phénomène de manière encore
plus concrète : à cette échelle, le cône de lumière
est lui-même soumis à des fluctuations quantiques
qui déforment son enveloppe. En somme, « au-
dessous » de l'échelle de Planck, le cône commence
à s'évaporer. Cela signifie – comme dans le cas
précédent – que la vitesse de la lumière fluctue. Par
conséquent, localement, d'un point à l'autre, la
métrique peut basculer et *devenir euclidienne*. Ces
fluctuations de la métrique sont d'ailleurs loin
d'être des vues de l'esprit, puisqu'elles ont été
détectées par le satellite WMAP et reconnues par
les scientifiques du monde entier en 2003. En effet,
comme l'ont révélé les astronomes de la NASA,

99,9 pour 100 du rayonnement de tout l'Univers a
été émis au cours de la première année après le Big
Bang. L'infatigable observateur mécanique qu'est
WMAP a donc analysé ce que l'on appelle le
« spectre de puissance » du fond cosmique diffus,
remontant ainsi incroyablement tôt dans l'histoire
de l'Univers. Et il a pu détecter d'infimes écarts de
température, de seulement un millionième de
degré : ces minuscules fluctuations en traduisent
nécessairement d'autres, qui concernent la densité
de matière, c'est-à-dire la courbure de l'espace-
temps. Et qui dit fluctuations de courbure dit, inévitablement, fluctuations de la métrique dans l'Univers primordial. D'où notre surprise : celle de voir
apparaître dans ces images qui ont fait le tour du
monde ce que nous avions seulement entrevu dans
nos équations.

*

Nous venons de terminer notre fascinante exploration du monde à la longueur de Planck. Ce que
nous avons appris, c'est que rien n'y est stable. Pas
même l'espace et le temps. Or, cette instabilité est
la condition de la transition entre un monde de pure
information (celui qui existe à l'échelle zéro en
temps imaginaire) et notre monde d'énergie (qui,
lui, vit dans le temps réel). La condition KMS
permet de réaliser cette transition entre l'échelle
zéro et l'échelle de Planck. Pourquoi ? Parce

qu'elle est la condition de l'existence du Big Bang froid. Le Big Bang KMS, au cours duquel s'effectue l'évolution de l'Univers en temps complexe. Du même coup, la condition KMS réalise l'unification entre l'état topologique de l'Univers (celui qui était le sien à l'instant zéro, lorsque tout n'était qu'information) et l'état physique. À l'instant de Planck, nous l'avons vu, cette symétrie KMS entre le monde en temps imaginaire et le monde en temps réel se brise, laissant émerger notre monde tel qu'il est. Avec son temps réel. Avec son évolution. Avec ses merveilles. Si le Big Bang a eu lieu, c'est à l'instant de Planck. Il n'a pas pu se produire après, et encore moins, comme nous allons le voir, derrière le Mur de Planck.

___ • ___ • ___

7

Derrière le Mur de Planck

LA TEMPÊTE QUANTIQUE

Notre voyage extraordinaire vers les origines entre maintenant dans sa phase la plus tourmentée. Peut-être même la plus risquée. Devant nous, énigmatique, indéchiffrable, se tient le monde d'avant le Big Bang. Dans quelques instants, nous allons franchir ce mur sombre – ce Mur de Planck dont nous avons déjà tant parlé – et nous jeter dans l'inconnu. Avec l'espoir de trouver enfin l'instant zéro au bout de notre traversée.

Mais faisons une dernière fois le point. Le monde quantique est un peu comme ces terres de légende : on en suppose l'existence à voix murmurée, mais on ne les a jamais vues. Certains – ils sont peu nombreux – y croient farouchement, tandis que d'autres – la plupart – repoussent avec force l'idée qu'il puisse exister *quoi que ce soit* au-delà du Mur ultime. Pour en avoir le cœur net, nous allons donc

235

tenter d'explorer ce monde où nul ne s'est encore aventuré.

Franchir l'horizon

Nous voici donc très exactement à la hauteur du Mur de Planck, presque à la pointe du cône de lumière. Nous mesurons maintenant 10^{-33} cm. A cette échelle, le « fond » du cône de lumière, qui ressemble à l'extrémité d'un entonnoir, est exactement à notre taille. Or ce fond, nous ne le voyons pas nettement : il se déforme, s'évapore en partie, devient rapidement flou, indistinct, presque invisible. Car en dessous commence le monde de la gravité quantique : une sorte d'océan démesuré, colossal, recouvert pas une épaisse brume noire qui bouche l'horizon de toutes parts. Première découverte : le Mur lui-même est invisible et n'a rien de « solide ». Il est totalement impalpable. En fait, ce mur − que nous pourrions également appeler « l'horizon de Planck » − sépare le monde d'avant le Big Bang de tout le reste de l'Univers. Et en traversant cet horizon, nous « sentirions » que nous quittons la réalité physique. D'abord, nous commencerions à percevoir nettement les fluctuations de plus en plus fortes du tissu de l'espace-temps. En particulier, nous subirions des effets de marée répulsifs. Pourquoi ? La meilleure explication, c'est

que la Singularité Initiale est ce qu'o
mathématique un « point répulsif », chassa...
de lui non seulement l'énergie, mais aussi la structure même de l'espace.

Ecoutons ici John Wheeler : « L'espace paraît
lisse à l'échelle de la vie de tous les jours, lisse à
l'échelle de l'atome et lisse encore à l'échelle des
structures nucléaires. Mais lorsqu'on atteint
l'échelle de Planck, 10 puissance vingt fois au-
dessous du noyau atomique, alors l'espace se dissout en une sorte d'écume quantique[1]. » Jusqu'à
présent, on avait du mal à comprendre de quoi était
faite cette écume quantique. Or nos découvertes
sur la fluctuation du temps commencent à nous
dire aujourd'hui ce que contient ce vide : quelque
chose que nous pourrions comparer à une sorte
d'océan déchaîné. A cette échelle, en effet, la profondeur de cet océan quantique est colossale : son
« fond » (c'est-à-dire l'échelle 0) se trouve à une
distance qui, même si elle est finie, paraît quasi
infinie : des milliers de milliards d'années-
lumière. Ici, il nous faut comprendre que l'expansion qui permet de passer de l'échelle zéro à
l'échelle de Planck est de type « logarithmique ».
Autrement dit, la croissance de l'Univers avant le
Big Bang suit une spirale logarithmique. Or, les
mathématiciens ont démontré que même si l'on
tourne un nombre infini de fois autour du point

---

1. Journal of the American scientific affiliation http://www.asa3.org

zéro, la distance franchie reste finie ! C'est ce qui explique que même si le point zéro paraît à une distance infinie du Mur de Planck, il peut toutefois être atteint.

A présent, ne l'oublions pas, nous sommes toujours *dans* la surface effroyablement courbée de la sphère à trois dimensions marquant le bord du pré-espace-temps. L'océan quantique n'est donc pas étalé à plat devant nous (comme il le serait sur terre) : il s'incurve, bascule à la verticale et finit par passer immensément loin au-dessus de nos têtes, nous surplombant de toutes parts avant de disparaî-tre en vrille lente dans notre dos. Nous sommes postés sur les derniers pouces d'espace encore « normal », soumis à notre métrique ordinaire. A cette échelle, nous pouvons d'ailleurs la « voir » : notre métrique nous apparaît sous une configuration que les physiciens connaissent depuis déjà quelques années : celle des monopôles lorentziens. De quoi s'agit-il ?

L'idée de « monopôle » a été proposée en 1931 par Dirac, l'un des plus imaginatifs parmi les fondateurs de la mécanique quantique. Une idée souvent discutée avec notre directeur de recherche, Moshé Flato. Elle est simple : un aimant possède deux pôles. Or, si on le coupe en deux, les deux morceaux d'aimant n'auront pas un seul pôle mais, à nouveau, deux chacun ! D'où l'idée de Dirac : des charges magnétiques qui auraient non pas deux mais *un seul* pôle ! Et c'est la même idée qu'on va retrouver avec la force de gravitation lorsqu'on parle de « monopôles gravitationnels ».

Regardons à présent vers l'océan quantique. Contrairement aux milieux auxquels nous sommes habitués dans notre monde, milieux qui sont définis par trois dimensions d'espace et une dimension de temps, l'océan quantique, lui, est un milieu instable à *cinq* dimensions : cette dimension supplémentaire vient accueillir les fluctuations de la quatrième coordonnée qui se transforme alternativement en coordonnée genre espace et/ou genre temps. Dès lors, notre océan à cinq dimensions dont les vagues se creusent et déferlent en ressacs infernaux n'est, évidemment, fait d'aucune matière ni d'aucune énergie connue mais de cette substance primordiale qui dominait à l'âge de Planck : des métriques libres, ultimes supports de l'espace et du temps. Que sont ces métriques ? En fait, il faut les voir comme des « atomes ». Mais au lieu de porter de minuscules charges d'énergie, les métriques sont des atomes d'espace ou de temps. Comme nous l'avons découvert dans la dernière phase de nos travaux, il n'en existe que deux classes : d'abord les « monopôles » qu'on trouve dans l'espace-temps et dont la signature est (+++ −), mais aussi les fameux « instantons [1]» découverts dans les

---

1. Alors que les monopôles sont des « atomes d'espace », les instantons sont des « atomes de temps ». Chacun d'eux est une boule à 4 dimensions dont le bord est une sphère à 3 dimensions (la même que celle du monopôle, à ceci près que son rayon est fixe).

années soixante-dix par le Prix Nobel de physique Gérard t'Hooft. Leur signature est euclidienne (++++). Contrairement aux monopôles qui sont dotés d'une énergie, les instantons, eux, ne portent que de l'information. Ils sont « compacts » (fermés), dotés d'une haute symétrie et totalement statiques. L'information qu'ils transportent est contenue dans ce qu'on appelle, en physique-mathématique, leur « charge topologique. » On les rencontre seulement dans l'Ailleurs (c'est-à-dire de l'autre côté du cône de lumière). Dans nos articles, nous avons montré qu'il existe, à 4 dimensions, une relation de « dualité » entre monopôles et instantons. Au voisinage du Mur de Planck, c'est l'action (c'est-à-dire l'énergie) des monopôles qui domine. Le temps s'écoule et est réel. Au contraire, autour du point zéro, c'est l'action euclidienne des instantons qui l'emporte : le temps cesse de s'écouler et est devenu imaginaire. A présent, commençons notre traversée : le cône de lumière, même s'il se met à fluctuer dangereusement, est encore assez bien défini. Résultat : il ne laisse pas encore « passer » les instantons à l'intérieur du cône, dans notre espace-temps. Mais à mesure que l'on s'enfonce dans les profondeurs de l'océan quantique, l'espace des métriques devient de plus en plus agité. En raison des fluctuations de la courbure de l'espace primitif, les monopôles se transforment en instantons avant de redevenir des monopôles : la métrique commence à fluctuer entre les deux configurations.

Puis, à mesure que l'on progresse vers les profondeurs, les remous quantiques deviennent de plus en plus importants : à mi-chemin entre la « surface » (l'échelle de Planck) et le « fond » (l'échelle zéro), des fluctuations gravitationnelles d'une violence inouïe creusent l'océan d'immenses siphons dans lesquels monopôles et instantons s'engouffrent en tourbillonnant entre les courants d'énergie et d'information. Au cœur de cette effroyable tempête primordiale, des vagues de métriques dégénérées se creusent dans le vide pour brasser monopôles et instantons en une écume quantique où l'information devient énergie. Ce formidable transfert entre l'information primordiale et l'énergie est, en profondeur, lié à la transformation du temps imaginaire en temps réel. Tout ceci se passait à l'époque lointaine où l'Univers primitif était soumis, dans sa totalité, à la supersymétrie de la très étrange condition KMS.

Là, au cœur de l'océan quantique, monopôles et instantons étaient en nombre égal, les métriques lorentziennes et euclidiennes étaient totalement superposées, et il ne semblait exister aucune raison pour que cet hallucinant équilibre se brise. Cet espace de superposition était un espace complexe à cinq dimensions dont la quatrième coordonnée (selon les fluctuations de la courbure) se transformait alternativement en temps réel (lorentzien) et/ou en temps imaginaire pur (euclidien).

Ainsi, il fut un temps où les éclairs d'énergie n'étaient encore que des nuages d'information.

*

Et puis, à mesure que l'on s'enfonce vers le zéro, vers le fond ultime de notre océan, les fluctuations perdent progressivement de leur intensité. Peu à peu, les instantons deviennent plus stables, ils cessent de se transformer en monopôles et, au moment où nous approchons enfin du fond, il ne subsiste plus que de très rares monopôles : les instantons euclidiens dominent entièrement le paysage. Et ici, alors que nous sommes enfin en vue de l'échelle zéro, nous découvrons quelque chose d'extraordinaire : tous les instantons convergent en une spirale hallucinante vers le point zéro où ils se superposent, se confondent et se fondent en un seul instanton à quatre dimensions : *l'instanton gravitationnel singulier de taille zéro.* Ce que les physiciens théoriciens appellent la « densité de charge topologique » de cet instanton de taille nulle est infinie. A elle seule, cette configuration primordiale, à la fois infiniment simple et infiniment complexe, contient, du zéro à l'infini, toute l'information du grand Univers. Il s'agit d'un objet purement topologique, qui vit hors du temps réel et qui renferme toute l'évolution de l'Univers en temps imaginaire. Si l'on pouvait voir ce qu'il contient, on découvrirait un fantastique diagramme de l'Univers dont chaque image serait le reflet superposé en temps imaginaire d'une autre image légèrement différente, le tout formant une succession de scènes d'une complexité inouïe. Mais pour y voir plus clair, il est temps, à présent, de considérer ce mystérieux objet d'un point de vue un peu plus mathématique.

L'instanton gravitationnel de taille zéro

On l'a vu plus haut : cet objet, euclidien par construction, n'appartient à aucune famille de particules réelles. Même si, comme l'affirme le physicien théoricien Anthony Zee, de l'université de Californie, « les instantons sont un lien de plus dans "la grande chaîne de ce qui est" : solitons-vortex-monopôles-instantons[1] ». Si l'on veut être conforme à la définition habituelle que l'on donne des objets physiques (définis dans l'espace-temps lorentzien) l'instanton *n'est pas* un objet physique mais une configuration « pseudo-physique » (d'où le nom de « pseudo-particules » que les physiciens leur ont d'abord donné au moment de leur découverte)[2]. Nous l'avons déjà dit, l'instanton ne vit pas dans le temps réel. Pour prendre un exemple

1. *Quantum Field Theory*, Princeton University Press, 2003.
2. En particulier dans le premier article qui leur a été consacré, en 1975, pour A. M. Polyakov, A. S. Schwartz et Y. S. Tyupkin : « Pseudoparticle solutions of the Yang-Mills Equations », *Physic Letters B*, 59 (1975).

purement intuitif, un tel objet ne serait, en quelque sorte, « visible » – comme son nom l'indique – que durant un « instant nul », un intervalle de temps réduit à zéro. Autrement dit, un instanton n'est pas observable.

Mais alors, à quoi peut-il ressembler ? La réponse dépend de la topologie adoptée. Dans notre approche, nous suggérons pour modèle topologique celle d'une boule à quatre dimensions (que nous appelons B4) bornée par la sphère S3. Qu'est-ce qu'une boule du point de vue mathématique ? Tout simplement une sphère *pleine* (c'est-à-dire munie de son intérieur). On comprend alors qu'une boule peut avoir un bord ou, au contraire, pas de bord. A la différence des instantons considérés par Stephen Hawking (qui sont des sphères à quatre dimensions S4 sans bords), les instantons que nous avons adoptés dans notre approche de l'Univers à l'échelle quantique ont quatre dimensions et possèdent également la topologie d'une sphère mais à trois dimensions. Cela signifie que nos instantons ont la forme d'une boule à quatre dimensions (qui, naturellement, échappe à toute tentative de visualisation) dont le bord consiste en une sphère à trois dimensions (également non visualisable). Puis, plus récemment, sous l'impulsion notamment de Stephen Hawking, a été développé le modèle des « instantons gravitationnels », où le champ de force considéré est la supergravité (ou gravité en supersymétrie). C'est le type d'instanton que nous considérons dans notre recherche, à savoir les instantons qui ont pu être impliqués au voisinage de la Singularité Initiale de l'espace-temps, lorsque la gravitation était d'une intensité équivalant aux trois autres grandes forces de l'Univers.

Ainsi, tout comme des configurations physiques, qui sont caractérisées par ce que l'on appelle *l'action* (concept que l'on peut, grossièrement, relier à l'énergie), les instantons gravitationnels peuvent, eux aussi, être définis par leur action. A ceci près que l'on va retenir, dans les calculs, la valeur *minimale* de cette action qui, en outre, est toujours *finie*. Celle-ci se présente sous la forme d'une somme entre, d'une part, l'intégrale (calculée dans un espace à quatre dimensions) du carré de la courbure du pré-espace-temps et, d'autre part, ce que l'on appelle la « charge topologique » de la configuration (qui est, par définition, un invariant). Le premier terme, par construction fini, mesure alors l'intensité de « l'effet tunnel » caractérisant l'instanton. Cet effet tunnel est certainement la propriété effective la plus curieuse que l'on puisse concevoir. En effet, selon la théorie, la solution instanton peut être comprise comme une « trajectoire tunnel » entre deux états d'énergie nulle séparés par une barrière. Dans ce sens, un instanton gravitationnel peut relier instantanément deux points de l'espace-temps très éloignés l'un de l'autre, quelle que soit la distance. Cet effet tunnel est très grand (en fait maximal) au voisinage de la Singularité Initiale, là où la barrière entre deux points est la plus élevée en raison de la phénoménale intensité de la courbure. Puis il diminue à mesure que l'on considère des échelles de plus en plus grandes de l'espace-temps (et donc des courbures de plus en plus faibles), jusqu'à devenir pratiquement nul aux échelles ordinaires caractérisant l'Univers aujourd'hui (c'est-à-dire en espace-temps plat).

Voilà pour l'effet tunnel. Or, comme nous l'avons annoncé plus haut, cet effet ne contient pas toute l'action de l'instanton. Car il existe un deuxième terme dans l'action qui, à la différence du premier, est *indépendant* de l'échelle de l'espace-temps. C'est ce que l'on appelle la « charge topologique » de l'instanton. De quoi s'agit-il ? d'un invariant, c'est-à-dire d'un nombre entier[1] caractérisant la solution instanton. D'un point de vue intuitif, on peut alors dire que la charge topologique de l'instanton (qui est en relation avec le produit de la courbure de l'espace-temps par son dual) représente une propriété *globale* de la configuration, totalement indépendante de l'échelle (c'est-à-dire de la taille de l'instanton). Cela veut dire que la charge topologique est partout conservée, *même lorsque l'instanton atteint une taille nulle*. Nous voici face à une propriété qui ouvre des perspectives vertigineuses. En effet, le physicien américain Ed Witten (entre autres) a étudié ces solutions limites que sont

---

1. En anglais *winding number*.

les instantons de taille nulle. Ce qui est frappant, c'est que même lorsque l'instanton proprement dit a disparu (c'est-à-dire lorsqu'il atteint un rayon nul et n'est plus qu'un simple point mathématique), la charge topologique de l'objet subsiste, absolument intacte. Pourquoi ? Quelles conclusions devons-nous en tirer ?

Répondre à cette question, c'est peut-être aussi se demander quelle est, véritablement, la nature de la tempête quantique que nous avons traversée. S'agit-il, au sens le plus simple, d'une image du chaos ? ou bien, à l'opposé, doit-on y voir celle d'un ordre beaucoup plus profond qui nous aurait échappé ?

8

L'instant zéro

L'ÉCHELLE 0

Après avoir traversé l'océan quantique, nous voici parvenus au terme de notre traversée de cet univers à la fois si petit, si lointain et si *autre* qu'est le monde d'avant le Big Bang. Nous sommes maintenant en vue de la Singularité Initiale, à la dernière extrémité de ce qui reste du cône de lumière, à presque rien du fond absolu. Tout près de ce point impossible dont parle Hawking, et qui se trouve à « un kilomètre au nord du pôle Nord ». Ce point qui effarait Einstein et qu'il a combattu avec tant d'énergie. Ce point qui a hanté Friedmann dans les années vingt et le même Hawking un demi-siècle plus tard, au moment où il construisait, avec Penrose, les grands théorèmes de Singularité. Ici encore, comme dans le chapitre précédent, seules quelques images simples, faites d'intuitions et de raccourcis, vont nous permettre d'avoir une idée de cette chose si difficile à décrire et qui, à présent, est là, devant nous. Cet objet si étrange que nous avons découvert dans le chapitre précédent sous le nom d'instanton gravitationnel singulier est bel et bien un point : sa dimension est bien zéro, il n'occupe aucun volume dans l'espace ni aucun instant dans le temps. Une bonne façon de se représenter cette Singularité Originelle c'est donc, tout simplement, de tracer un simple point sur une feuille de papier. Dans la mesure où un point possède zéro dimension, il peut être tracé n'importe où : sur une ligne, sur un plan ou – telle une poussière qui dérive dans un rayon de soleil – dans l'espace.

Mais réfléchissons : en quoi pouvons-nous être *certains* que la Singularité Initiale, ce point originel, existe ? Bien sûr, nous avons déjà vu que la solution des équations d'Einstein, calculée de façon spectaculaire en 1922 par le grand Friedmann, conduisait inéluctablement à l'existence de cette singularité qui horrifiait tant le père de la relativité. Mais est-ce toujours vrai si l'on tient compte des contraintes de fluctuations qui sévissent à l'échelle de Planck (et détruisent donc la plupart des prédictions physiques) ? En fait, vers 1994, à notre grande surprise (et à celle de notre directeur de thèse), nous avons obtenu un résultat contraire à ce que l'on pouvait alors redouter : les fluctuations de la direction temporelle induisent *obligatoirement* l'existence d'un point singulier à l'origine. Comment comprendre ce phénomène ? Souvenez-vous : l'objet mathématique qui permet de décrire la fluctuation du temps à l'échelle de Planck n'est autre que le produit des deux groupes de symétries correspondant aux *deux* signatures possibles de la métrique : le groupe de Lorentz (groupe de symétrie de l'espace-temps qui s'écrit SO(3, 1)) et le groupe euclidien (groupe correspondant à un espace de dimension 4 évoluant en temps imaginaire et qui est SO(4)). L'étape suivante consiste à construire l'*unification* de ces deux groupes au sein d'un espace homogène symétrique, lequel décrit complètement la fluctuation de signature entre temps réel et temps imaginaire. Et ici vient le « miracle de l'algèbre » : en tant qu'espace topologique, l'espace à cinq dimensions qui permet la fluctuation du temps a la topologie d'un cône convexe. Et vous le savez : un cône comporte un sommet (la « pointe ») qui représente une origine *singulière*, un point zéro. D'où ce résultat très surprenant : les fluctuations de la signature de la métrique renvoient *inévitablement* à l'existence d'un point zéro – la Singularité Initiale – à l'origine de l'espace-temps.

Or, ce qui est encore plus étonnant, c'est que nous avons pu retrouver ce résultat purement mathématique dans le domaine physique en appliquant la fameuse « condition KMS » à l'espace-temps à l'échelle de Planck. Faisons à nouveau appel à ce que nous avons appris au fil des pages : cette condition prévoit que l'Univers est en état d'équilibre thermique à cette échelle – échelle où la direction temporelle n'est donc plus fixe mais « flottante ». Entre 2000 et 2002, nous avions discuté de cette idée avec nombre de physiciens parmi lesquels le théoricien allemand Detlev Buchholz, de l'université de Göttingen, l'un des meilleurs experts actuels de la théorie KMS. Or, après nous avoir écrit en novembre 2001 qu'il estimait que notre idée d'appliquer la condition KMS à l'espace-temps à l'échelle de Planck était « correcte », il est allé plus loin sur le même chemin à partir de 2002 et, en substance, a retrouvé les mêmes résultats que nous (en particulier ceux de 1999 concernant le lien entre fluctuation du temps et existence de la Singularité Initiale). Pour preuve, voici ce qu'il écrit en 2003 dans *Communications in Mathematical Physics*, l'une des revues scientifiques les plus prestigieuses du domaine : « Il a été récemment proposé une méthode pour caractériser les états d'équilibre locaux en théorie quantique relativiste des champs. Nous suggérons ici un modèle simple qui permet d'identifier des états qui sont localement (et non pas globalement) en équilibre thermique. Les régions de l'espace-temps au sein desquelles ces états d'équilibre peuvent exister sont des cônes du genre temps. Par conséquent, de tels états fixent d'une manière naturelle une direction temporelle. En outre, ils déterminent génériquement un point de l'espace-temps où une singularité (un « Big Bang chaud ! ») doit avoir eu lieu puisque l'équilibre local a prévalu plus tard[1]. »

---

1. Detlev Buchholz, « On hot bangs and the arrow of time in relativistic quantum field theory », *Communications in Mathematical Physics*, n° 237, 2003, pp. 271-288.

Il est ici très intéressant de constater que si notre méthode et nos résultats ont été adoptés par Buchholz, s'il postule comme nous l'existence de la Singularité Initiale, c'est en partant de l'état d'équilibre de l'espace-temps à l'échelle de Planck. Et comme nous l'avons déjà mentionné, cet état a été depuis confirmé expérimentalement par les observations du satellite WMAP.

Mais à présent, allons plus loin : que peut-on dire du contenu de cette singularité ? de ce qu'elle est ?

Dans tous les cas s'impose la même conclusion : la Singularité à l'origine, en tant que point mathématique, n'a aucune substance (et donc aucune existence) physique. Hors de l'espace, du temps et de l'énergie, ce point est une pure abstraction géométrique. En somme, comme nous y invitent les mathématiques, nous pouvons concevoir ce point comme une pure image du zéro : il en a la simplicité idéale. Mais en même temps, il en a aussi toute la complexité et toute la richesse.

Treize milliards et sept cents millions d'années dans le passé : telle est donc la « date » ultime que nous avons atteinte. Après avoir touché le fond de l'océan quantique, nous ne pourrons pas aller plus loin : au-delà de l'instanton gravitationnel singulier, il n'y a plus rien. Ni matière, ni espace, ni temps. Seule reste, solitaire, silencieuse, *immobile*, la Singularité Initiale, le point zéro. Un être entièrement mathématique, lisible et uniquement *visible* par les mathématiques.

Dans le monde de la Singularité Initiale

Comme des voyageurs qui tiennent un carnet de route, posons-nous une nouvelle fois cette question : que voyons-nous sur le point zéro ? Dans quel « paysage » sommes-nous tombés ? Nous venons de sortir de l'effroyable tempête qui tourmente sans fin le monde de la gravité quantique, cette tempête primordiale qui existe entre l'échelle de Planck et le zéro. Quelle « taille » avons-nous maintenant ? Si nous étions encore des êtres physiques, nous ne pourrions être plus petits que 10^{-33} centimètre. Mais à présent, nous sommes dans un nouveau royaume : celui des êtres mathématiques. Là, tout change ; nous avons la possibilité de devenir aussi petits que nous le voulons (c'est d'ailleurs une obligation si nous voulons atteindre le point zéro). Nous sommes donc plus petits que 10^{-1000} ou 10^{-10000}. En fait, nous chutons sans fin vers puissance moins l'infini, c'est-à-dire vers le zéro. Au passage, voici encore quelque chose de bouleversant pour l'esprit : le nombre le plus grand ayant, dans l'Univers, un sens physique, c'est 10^{80}, le nombre d'Eddington, qui « compte » toutes les particules dans tout l'Univers. Cela paraît bien peu, mais c'est tout de même un nombre vertigineux, qui contient une centaine de chiffres. Or nous sommes là sur une limite. Car selon les mathématiciens, il n'existe *aucune* quantité physique comprenant, par exemple, un millier de chiffres. A cet égard, les théoriciens des nombres nous disent qu'il n'existera jamais aucun nombre d'un million de chiffres qui pourrait représenter la moindre utilité en physique. Et pourtant, en mathématiques, on va beaucoup plus loin. Un exemple ? la suite calculée des nombres premiers frise les trois millions de chiffres : quant aux décimales de pi, on en connaît maintenant plus de cent milliards. Et les grands théoriciens des nombres, les experts de cette folle discipline (qui a fait perdre la raison au mathématicien Cantor) en sont convaincus : au cœur de ces suites interminables, dans ces milliards de chiffres qui tournent dans l'infini, il y a un secret. Une clef qui, en ouvrant les portes sur l'infini, nous fait retomber sur zéro. Et donc sur la création de l'Univers.

*

Maintenant que nous sommes à peine plus grands que zéro, revenons à notre paysage. La longueur de Planck est à l'infini au-dessus de nous, dans un monde incroyablement grand, immensément loin. Un calme impressionnant règne à présent. Mais pourquoi ce calme alors qu'« au-dessus », dans l'océan quantique, le monde est tellement agité ? *Que se passe-t-il* donc dans ce monde-là ? Rien. Car justement, ici, au point zéro, le temps n'existe pas sous la forme habituelle que nous lui connaissons. Dans notre monde, celui des voitures, des écoles, des arbres, de la *Star Academy* et des baguettes de pain, le temps *passe* tous les jours : à chaque instant il transforme la réalité. En termes d'algèbres (celles du grand von Neumann) on dira que « l'évolution du système est paramétrée par le temps ». C'est ce paramètre « t » (le temps) qui fait, tout simplement, que le soleil n'est pas toujours à la même place, que les trains glissent sur leurs rails et que les saisons changent les paysages des campagnes. Or, sur le point zéro, il ne se passe rien. Le temps est bien là, mais il n'existe pas sous sa forme réelle : comme nous l'avons déjà dit souvent, il est *imaginaire*. Qu'est-ce que ça veut dire ? Tout simplement que l'évolution du système ne sera plus réelle, comme dans notre monde, mais imaginaire, comme dans le monde de l'information.

Mais revenons au paysage de la singularité. Lorsque nous avons exploré le monde quantique, nous étions *dans* la surface de la sphère. Maintenant, nous sommes toujours dans cette surface mais la sphère a connu trois changements spectaculaires. Le premier, c'est qu'elle a cessé d'être déformée en permanence par la tempête quantique. Deuxième changement : son intérieur n'est plus le même. Car la direction du temps qu'elle contenait (et qui la faisait changer d'échelle) a cessé d'être « complexe » pour devenir une droite de temps imaginaire pur. Qu'est-ce qu'une droite de temps imaginaire ? tout simplement, une nouvelle droite réelle : une quatrième dimension d'espace. Tout à coup, devant nous, s'est donc ouvert *l'intérieur* de notre sphère à trois dimensions : il devient maintenant possible d'y entrer. Et cela nous entraîne vers la troisième découverte : en disparaissant, la droite du temps n'a pas seulement rendu notre sphère entièrement « statique », elle en a supprimé l'échelle. Désormais, puisque nous pouvons nous promener à l'intérieur de ce qui était autrefois son volume, ce n'est plus une sphère, mais (comme on dit en mathématiques) une « boule ». Plus exactement, une boule fermée, munie d'un bord. Ce bord, c'est tout simplement la sphère S3 de tout à l'heure. Mais cette fois, son intérieur est plein : c'est la *quatrième dimension* de la boule. Celle-ci a beau avoir quatre dimensions (une dimension de plus qu'une boule de billard, donc vous ne pouvez toujours pas vous la représenter), cette boule n'a pas de taille définie : impossible de dire combien elle mesure. Vue de chez nous, cette boule est bel et bien un point : celui que Friedmann, Hawking et tous les autres ont tant cherché. Mais vu de « là-bas » ce point devient une boule dont le rayon est indéterminé (ce qui mathématiquement se comprend puisque l'on dit qu'une boule est « effondrable » – peut donc se réduire – sur un point). Au passage, ce qui – une fois de plus – est ici extraordinaire, c'est que la boule est la même chose qu'un point qui aurait grandi. Inversement, lorsque la boule s'effondre sur un point, elle donne naissance à un point à quatre dimensions. Mais qu'il soit doté de quatre ou de

257

n dimensions, un point reste toujours un point : celui que vous tracez sur votre feuille de papier.

La projection holographique

Grâce à ce que nous venons d'évoquer, nous pouvons maintenant dire ce que nous voyons à l'intérieur de la boule singulière. En fait, nous nous trouvons à l'intérieur d'un « bouquet de sphères », une suite illimitée qui part de zéro et va jusqu'à l'infini. Or, sur chaque bord de chaque boule, c'est-à-dire dans chaque sphère, il y a une information, un certain état, une image de l'Univers. Tout se passe comme si nous étions à l'intérieur d'une bulle de savon, les pieds posés sur le pôle sud de la bulle. Nous verrions alors en transparence une infinité de bulles avec des images à la surface de chaque bulle. D'une bulle à l'autre, l'image est légèrement différente, jusqu'à l'infini. Dans nos travaux, nous avons utilisé un outil mathématique fondamental qu'on appelle une « fonction de partition ». Or, à l'échelle zéro, cette fonction « tombe » sur un invariant topologique qui n'est autre que 1. Or, ce chiffre (qui est ce qu'on appelle un « indice topologique ») nous dit qu'à l'instant zéro, l'univers est *nécessairement* réduit à un point. Mais comme ce point est topologiquement la même chose qu'une boule, cela signifie que notre invariant « déroule » toutes les sphères possibles *du zéro à l'infini*. C'est ce qu'on appelle, en mécanique statistique, « l'excitation de tous les états possibles du système ». Or ici, tous les états de la boule singulière sont portés sur son bord, c'est-à-dire sur la suite infinie de sphères. Il existe, en effet, une théorie nouvelle proposée par Gérard t'Hooft : la « théorie Holographique ». Celle-ci nous dit que l'information concernant les évènements physiques de l'Univers est « codée » sur le bord à trois dimensions de cet Univers. Et c'est comme cela que, depuis notre point zéro, nous voyons quelque chose d'indescriptible, d'inouï : nous voyons tout l'Univers. Chaque sphère contient une image immobile. Et pourtant, si nous « passons » d'une sphère à l'autre, d'une image à une autre, alors voilà que tout se met à bouger, à *évoluer* : une évolution en temps imaginaire. On comprend alors, puisque toutes les boules, jusqu'à l'infini, sont équivalentes à zéro, que *tout* est codé dans le zéro. En fait, de même qu'en mathématiques le groupe de symétrie lorentzien (celui qui décrit notre espace-temps) est la forme déployée du groupe de symétrie compact, euclidien, qui gouverne les transformations de la sphère, de même, l'espace-temps, dans sa dynamique, n'est autre que la forme *déployée* de la boule à l'origine.

*

Une pause. Pour atteindre notre point zéro, il nous a donc fallu traverser trois mondes très différents les uns des autres : de notre monde habituel, celui dans lequel nous vivons, nous sommes descendus vers l'échelle de Planck pour découvrir un univers très différent, un milieu chaotique, déchiré par la tempête quantique, où la notion de « distance entre les points », c'est-à-dire la métrique, est devenue complexe. Puis, enfin, à l'échelle 0, nous sommes entrés dans un univers entièrement euclidien : la tempête quantique a cessé, ce monde-là est idéalement calme. Comme une photo immobile à jamais, un film projeté image par image à l'infini, sur une infinité d'écrans de plus en plus grands. Un film qui contient *toutes* les images en même temps.

Encore une fois, revenons à l'exemple suggéré au début de ce livre : celui d'un DVD qui contient un film que vous n'avez jamais vu. Réfléchissons un instant : lorsque vous tenez le disque entre vos mains, que contient-il *vraiment* ? Une histoire, celle de votre film, avec ses héros, son action, ses décors ? Ou bien des impulsions binaires, gravées, dans un certain ordre, sur la surface du disque ? Autrement dit, est-ce que le véritable contenu de ce disque ne se réduit pas, *in fine*, à de l'information ? Si la réponse est oui, alors nous admettrons, du même coup, que cette information ne deviendra lisible, interprétable, qu'au moment où elle sera décodée, *dans le temps* et dans l'ordre, par le lecteur (et par vous). En d'autres mots, « l'histoire » du film ne vous deviendra compréhensible que si *vous prenez le temps* de regarder le film du début à la fin.

Mais que devient cette « histoire » au moment où, après avoir vu le film, vous retirez le disque du lecteur ? Curieusement, elle est toujours « là », gravée dans le disque, avec ses décors, ses héros, ses situations. Mais ce n'est plus qu'une information pure, globale, hors de la durée, hors du temps : toute l'histoire est bien là, du début à la fin, dans sa totalité, mais son évolution (ses transformations) ne peut se faire qu'en temps imaginaire pur. C'est exactement la raison pour laquelle, lorsque, de mémoire, je « saute » une séquence du film pour me remémorer la suivante (ou celle qui précède), je considère bel et bien une évolution du film, de ses situations, de ses personnages, mais cette évolution se fera en temps imaginaire pur. C'est exactement ce qui fait dire au physicien John Wheeler – sans doute tenait-il cette pensée d'Einstein lui-même – : « Le temps, c'est ce qui empêche tous les évènements de l'Univers de se produire en une seule fois. » Car l'information, en tant que telle, ne dépend ni du temps, ni de l'espace. Elle est magnifiquement « en dehors » de notre réalité physique. Pas plus qu'elle n'occupe « un certain volume » dans l'espace, elle n'occupe « une certaine durée » dans le temps. Or, il y a déjà plusieurs dizaines d'années, on a commencé à comprendre la relation qui semblait exister entre l'entropie (le degré d'ordre d'un système) et l'information de ce système. Et l'on a constaté que l'un était fonction inverse de l'autre : plus l'entropie (le désordre) d'un système est faible, plus l'information que contient ce système est élevée. Apportons ici une précision qui peut nous aider à comprendre. Le mot « entropie » a été introduit dans notre vocabulaire en 1865 par un savant allemand, Rudolf Clausius. La première syllabe – *en* – était pour lui synonyme à la fois d'*énergie* et de *contenu*, tandis que la seconde – *trope* – signifiait *transformation*. C'était donc cela, l'entropie : une « énergie (ou un contenu) qui se transforme ».

Pour revenir à notre DVD, les techniciens qui ont gravé le film ont tout fait pour limiter l'entropie, le désordre, au minimum : si les informations étaient stockées dans le désordre, il serait impossible de comprendre, et même, simplement, de voir le film. Celui-ci n'est visible et cohérent qu'en fonction du degré d'ordre de l'information sous-jacente gravée sur le disque.

Et ce qui est remarquable, c'est qu'il existe une relation étroite entre les lois de l'information, celles de l'entropie et celles de la thermodynamique. Cette relation est simple à comprendre : dans la vie de tous les jours, à chaque instant, nous transformons de l'énergie en information. Autrement dit, nous transformons du temps réel (l'énergie) en temps imaginaire (l'information). Par exemple, lorsque vous avalez une tasse de café en lisant votre journal, *vous vous informez* en consommant de l'énergie : vous transformez l'énergie de la caféine (qui se décrit en temps réel) en information (qui se décrit en temps imaginaire). Mais précisons un peu tout cela.

Temps imaginaire et information

Nous parvenons ici à l'une des idées les plus importantes de ce livre. En gros, celle-ci se résume ainsi : ce qu'on appelle une « information » ne peut, au sens strict, exister qu'en temps imaginaire. Plus exactement : de même que, selon les lois de la thermodynamique, l'entropie d'un système existe en temps réel, *l'information caractérisant ce système existe en temps imaginaire.*

Prenons d'abord une image simple, qui va nous permettre de saisir intuitivement cette étonnante affirmation. Supposons qu'un nombre à trois chiffres soit en train de défiler sur l'écran d'un ordinateur. En fait, aucun des trois chiffres n'est fixe : tous, de zéro à neuf, permutent à toute vitesse de manière aléatoire sur l'écran. Ce qui, bien entendu, veut dire que le nombre à trois chiffres qui tente de s'inscrire sur l'écran change à chaque instant. Pour peu que la vitesse de défilement sur chaque colonne soit grande, il devient absolument impossible de distinguer (ou même de voir) quoi que ce soit qui ressemble à un nombre. En revanche, aussitôt que cesse le frénétique défilé numérique, le nombre se stabilise et il devient enfin possible de le lire. Nous avons alors accès à un invariant, autrement dit : à une *information*. On le voit, la condition de cet accès, c'est l'interruption du phénomène dynamique de défilement. C'est-à-dire la transition du temps réel à un temps imaginaire. Résultat : alors que le temps réel porte, avec l'énergie et l'entropie, les *transformations* d'un système, le temps imaginaire, quant à lui, porte – avec une entropie nulle – , l'*information* propre à ce système. Ici, faisons encore une pause. Pourquoi affirmons-nous que l'information « vit » en temps imaginaire ? Tout simplement parce que (à la différence de l'énergie) elle n'évolue pas en temps réel. Elle est « instantanée ». Nous sentons bien, d'intuition, que l'information n'existe pas, localement, sous une forme physique : ce n'est pas parce que je « donne » l'heure à quelqu'un que, tout à coup, je ne l'ai plus. Autrement dit, on peut détenir une information, on peut la transmettre, la multiplier à l'infini, celle-ci n'évoluera pas : elle est, par essence, *invariante* (c'est-à-dire hors du temps réel). Prenons l'exemple du fameux théorème de Pythagore : inventé il y a plus de 2 500 ans, il n'a absolument pas varié depuis sa découverte par le grand mathématicien grec : c'est la *même* information qui traverse le temps réel mais qui, en réalité, existe dans un temps imaginaire pur. En mathématiques, on dira que l'information est un *invariant topologique.*

Mais comment se passe donc ce fascinant transfert entre information et énergie ? Schématiquement, ce qu'on appelle « énergie imaginaire » (par définition statique puisque existant en temps imaginaire) peut être considéré comme équivalant à de l'information. Notre enquête nous apporte ici un dernier élément, indispensable pour comprendre.

Information, énergie et entropie complexe

Nous voici au début de l'année 1944. Encore sous le choc de la récente découverte de l'expansion de l'Univers, les laboratoires du monde entier s'interrogent : d'où vient l'Univers ? Dans quel état était-il lorsqu'il a commencé ? Comment finira-t-il ? Et, plus profondément : quel est le sens de tout cela ? C'est à cette époque qu'Einstein, alors à Princeton et enlisé dans sa recherche du « champ unifié », dit et répète à qui veut l'entendre : « *Je veux savoir comment Dieu a créé ce monde. Je ne m'intéresse pas à tel ou tel phénomène. Je veux connaître ses pensées, le reste n'est que détails.* » Or, à peu près en même temps, à 10 000 kilomètres de là, l'un de ses anciens compagnons de pensée, quelqu'un avec qui il a eu d'interminables discussions au sujet de Dieu et de la création du monde, vient de faire paraître un petit

livre portant cette question unique dans son titre :
Qu'est-ce que la vie ? Son auteur, un physicien autrichien, est loin d'être n'importe qui : il s'agit du légendaire Erwin Schrödinger, prix Nobel en 1933, l'un
des fondateurs de la mécanique quantique, le père de
la fameuse « équation de Schrödinger ». En la décou-
vrant, Einstein s'était exclamé : « L'idée de cette
équation a jailli tout droit d'un génie ! » Elle est
aujourd'hui gravée quelque part sur une pierre, dans
les montagnes du Tyrol, là où vivait le grand théoricien. Quant à son livre, magnifiquement clair et profond, il pose pour la première fois en termes
compréhensibles par tous la question de l'évolution
des choses : d'où vient l'Univers ? comment
comprendre la vie ? Pour répondre, le grand physicien s'appuie sur un principe absolument fondamental, sur lequel repose toute notre interprétation de la
nature à l'échelle classique : le célèbre « second principe de la thermodynamique ». Que nous dit-il ? Que
dans un système fermé (ce qui est le cas de l'Univers)
ce que l'on appelle l'entropie ne peut que croître.
Nous avons tous entendu prononcer ce mot mystérieux. Mais de quoi s'agit-il ? A première vue, d'une
mesure du « désordre » propre à un système. Mais
nous allons tenter, quant à nous, d'être plus précis,
en adoptant l'idée plus récente selon laquelle l'entropie ne mesure pas la quantité de désordre mais, en
réalité, la quantité d'*incertitude* caractérisant un système. Plus cette incertitude est élevée, plus l'entropie
est grande, tout simplement.

Et pourtant, en utilisant cette définition de l'entropie, Schrödinger n'est pas parvenu à résoudre ce
paradoxe : si l'on dit que dans l'Univers l'entropie
(le désordre) va croissant, alors cela signifie que
celle-ci devait être nulle à l'instant zéro. Mais pourquoi ? Comment expliquer cela ? Et comment
comprendre la fin de l'Univers lorsque, comme le
prévoient les équations, l'entropie sera devenue infinie ? A la suite de Schrödinger, d'autres physiciens
de premier plan ont tenté de fournir des réponses, en
particulier le célèbre auteur des théorèmes de Singularité, Roger Penrose. Mais en vain : les solutions
proposées, même si elles sont satisfaisantes, restent
toujours locales (autrement dit, partielles). En fait,
Schrödinger nous explique avec des mots simples et
convaincants en quoi les êtres vivants convertissent
de l'entropie en information. Mais cette explication ne
peut pas s'appliquer à l'Univers dans son ensemble.
Pourquoi ? On peut facilement remarquer que
jusqu'ici, aucune des approches proposées ne remet
en cause l'application du second principe de la thermodynamique à l'échelle de Planck. Or, à notre avis,
c'est là que se situe l'origine des difficultés. En effet,
comment accepter que ce grand principe classique
puisse encore fonctionner à l'échelle quantique, alors
que, justement, la physique classique s'effondre sur
cette frontière ? Le second principe repose sur le
temps réel. Or, nous l'avons vu, à l'échelle de Planck
et en dessous, le temps change de nature et devient
complexe. Cela veut donc dire que, pour comprendre

pourquoi l'entropie tombe à zéro à l'instant zéro, il faut « étendre » le second principe de la thermo-dynamique en temps complexe. Curieusement, Schrödinger était l'un des seuls physiciens au monde qui aurait pu, dès les années trente, réaliser cet exploit et, donc, trouver la solution. Pas seulement parce que ses idées étaient merveilleusement claires et innovantes. Mais surtout parce que la fameuse « équation d'onde » dont il est le père (et qui lui a valu le prix Nobel) est *strictement la même* qu'une autre équation inventée un siècle plus tôt (en 1822) par Joseph Fourier, et qui porte ce nom fascinant : *l'équation de la chaleur*. Celle-ci décrit la diffusion de la chaleur dans un espace tandis que celle de Schrödinger (qui lui ressemble trait pour trait) donne l'évolution de ce qu'il appelle la « fonction d'onde » d'un phénomène quantique. Comparons ces deux équations : que remarquons-nous ? Quelque chose de stupéfiant : l'équation de la chaleur n'est autre que l'équation d'évolution de Schrödinger, mais écrite en temps imaginaire (et non plus en temps réel). Et c'est à ce point que nous retrouvons nos travaux : sur la base de leurs points communs, nous avons réalisé une sorte de synthèse de ces deux équations. Ce faisant, il nous a été possible de reformuler le problème de l'évolution de l'espace-temps à l'échelle de Planck. Et dans ce nouveau cadre, notre découverte la plus importante touche à la nullité de l'entropie à l'instant zéro.

Entropie nulle à l'instant zéro

Tout part donc de là : le temps en deçà de l'échelle de Planck n'est plus réel mais complexe (ce qui veut dire qu'au temps réel on doit ajouter un temps imaginaire). Qu'en est-il alors de la seconde loi ? Elle doit tout simplement être reformulée *en temps complexe*. Depuis longtemps, on sait que dans le temps réel l'entropie de l'Univers (croissante avec le temps) est égale à ce qu'on appelle le « logarithme du temps ». Le mot ne doit pas nous effrayer : cela veut simplement dire que l'entropie (on dira le « désordre » de l'Univers) augmente bien avec le temps, mais de *moins en moins vite* à mesure que le temps s'écoule. Soit. Mais appliquée telle quelle, l'équation de l'entropie signifie aussi que dans l'avenir lointain, le désordre aura inéluctablement triomphé de l'ordre et broyé un Univers devenu poussière. Or, nous pensons tout le contraire. Et voici pourquoi.

Commençons par regarder la nouvelle forme de l'entropie lorsqu'elle est écrite en temps complexe. Que voyons-nous ? Pour l'essentiel, deux choses : l'une touche à l'origine de l'Univers, l'autre à sa fin dans l'avenir lointain. Concernant l'origine, nous avons vu plus haut qu'à l'échelle zéro le temps réel disparaît et ne subsiste que le temps imaginaire pur : un invariant (c'est-à-dire un nombre entier) que nous pouvons poser comme égal à l'unité, c'est-à-dire à 1. L'équation de l'entropie se réduit donc à la forme simple du logarithme de 1, qui est tout bonnement égal à zéro. Comment interpréter ce résultat ? Naturellement comme ceci : à l'instant zéro, *l'entropie de l'espace-temps est nulle.* Et par conséquent, l'information caractérisant le pré-espace-temps est alors infinie, puisque l'information doit être comprise comme l'inverse – plus exactement le *dual* – de l'entropie). Ce merveilleux résultat nous rappelle – pour le confirmer sans la moindre ombre – le point de vue intuitif déjà proposé par les théoriciens avant nous. Notons au passage que l'on peut retrouver la même chose en raisonnant à l'envers : que se passe-t-il lorsque l'entropie devient nulle ? L'équation étendue donne immédiatement la solution : le temps réel doit être remplacé par un invariant, c'est-à-dire par le temps imaginaire pur.

*

Que pouvons-nous conclure de tout cela ? Simplement qu'à l'instant zéro l'espace-temps naissant, idéalement ordonné, n'était qu'une information pure, existant en temps imaginaire. Et pour l'avenir lointain ? L'équation peut-elle nous mettre sur la voie et nous suggérer ce qui pourrait bien se passer lorsque, dans un futur insondable, les derniers soleils de l'Univers auront épuisé leurs ultimes réserves de lumière et de chaleur ? La cosmologie, récemment mise au fait de l'accélération éternelle de l'expansion, nous propose un tableau très sombre : celui d'un cosmos mourant à petit feu dans les ténèbres glacées, sa matière se désintégrant lentement avant d'être engloutie par des trous noirs errants, les derniers de l'espace-temps avant la fin. Quelle fin ?

Nos équations indiquent, tout au fond de cet avenir lugubre, quelque chose d'autre. Certes, l'Univers n'échappera pas à cette inexorable dégradation. Mais ce qui n'a pas été dit jusqu'ici (parce que les équations existantes ne le permettaient pas) c'est que l'entropie ne sera pas infinie à cette époque inimaginable. Pourquoi ? Parce qu'une fois le dernier atome de matière évaporé, dans 10 puissance un milliard d'années, l'évolution s'achèvera, parvenue à son terme. Cela veut dire, très étrangement, que le temps réel s'éteindra avec ce dernier atome. Que se passera-t-il alors ? Un phénomène unique, éblouissant pour l'esprit : au moment où s'évanouira dans l'éternité ce dernier instant, cet ultime atome de temps perdu dans l'infini, alors l'entropie redeviendra nulle. Et au même moment réapparaîtra, dans toute sa plénitude, le temps imaginaire ! Car dès qu'une observable se fige pour devenir un état pur, un invariant topologique, alors cet état qui cesse d'évoluer ne peut être décrit qu'en temps imaginaire : il devient une *pure information*. Une autre façon de comprendre ce renversement inouï consiste à passer par le cône de lumière. Nous nous souvenons qu'à l'intérieur du cône se trouve l'espace-temps et au-dehors le mystérieux « Ailleurs », cet Ailleurs qui se déploie dans le temps imaginaire. Or, la fin des temps ne peut être comprise que comme une disparition complète, une évaporation du cône de lumière. En effet, dans cet avenir où la matière et l'énergie sont mortes, il n'y a plus de lumière et, par conséquent, plus de cône. Seul l'Ailleurs subsiste, traversé du zéro à l'infini par le courant fantôme, le flot topologique du temps imaginaire.

Tel est le destin de notre univers, merveilleux destin : parti sous la forme d'une information lisible, à l'autre bout du temps imaginaire, dans une équation (notre indice de singularité), voilà que toute l'évolution l'aura conduit à retrouver, à la fin des temps, au bout d'un cycle insondable, ce même invariant. Cette information pure, cette douce lumière qui donne une existence et un sens à l'Etre au-dessus du néant.

*

Parvenus à ce bord extrême de notre enquête, surgit à nouveau un doute : tout cela peut-il être vrai ? Le temps imaginaire est-il – paradoxe – une réalité ? En signe de réponse, prenons seulement un exemple purement physique. Tournons-nous un instant vers ce qu'Einstein appelait le « quadrivecteur ». Le mot peut surprendre : de quoi s'agit-il ? Cet objet permet en fait de décrire la différence entre l'énergie d'un système (qui dépend du temps) et son « moment relativiste » (qui dépend des coordonnées d'espace). Or, lorsque la vitesse du système dépasse la vitesse de la lumière (ce qui est le cas à l'échelle de Planck), alors l'énergie change de signe et devient imaginaire (et nous entrons dans la métrique euclidienne). Dans ce cas, le quadrivecteur d'Einstein n'est plus un objet physique, c'est un objet topologique : une pure quantité d'informations. Il vit en temps imaginaire et son énergie est imaginaire. C'est dans ce sens que l'information réelle doit être comprise comme une énergie imaginaire.

Quel rapport entre tout ce qui précède et la Singularité ? Simplement ceci : à l'échelle zéro, c'est-à-dire sur le point, l'entropie est nulle. Dans un système isolé, on sait depuis longtemps (c'est la fameuse deuxième loi de la thermodynamique) que l'entropie ne peut que croître. Comme l'Univers, dans son ensemble, est par définition un système isolé (c'est d'ailleurs pour cette raison que la condition KMS s'applique), alors son entropie, comme l'admettent aujourd'hui tous les physiciens, va nécessairement en croissant. Et cela a une conséquence capitale : par construction, l'entropie, au voisinage de la Singularité, est nécessairement nulle. Que signifie une entropie nulle ? Il y a deux manières de répondre. La première possibilité consiste à dire que le système en question ne peut revêtir aucun état physique (puisque lorsque l'entropie est égale à 1, cela signifie que le système ne peut avoir qu'un seul état possible). Mais il existe une deuxième façon de voir cette limite d'entropie 0 : le système peut revêtir, simultanément, tous les états possibles. Et c'est précisément ce point de vue que nous avons adopté. L'entropie nulle correspondant, dans notre approche, à une échelle de distance nulle pour le système, c'est-à-dire à l'entropie du point. Et celle-ci correspond bien à ce que l'on pourrait appeler « l'excitation topologique de tous les états possibles du point ». En d'autres termes, une entropie nulle est équivalente à une information infinie. Nous sommes ici en plein accord avec la manière dont les spécialistes de la thermodynamique entrevoient cette fascinante limite d'entropie 0 d'un système. Voici ce qu'en disent les professeurs Elias Gyftopoulos et G. P. Bereth, dans leur monumental ouvrage : « L'entropie zéro décrit tous les états possibles qui peuvent être définis pour un système, mais indépendamment des lois de la thermodynamique[1]. » En d'autres termes, cela signifie que l'entropie zéro ne peut pas être une propriété d'un système réel. En revanche, il s'agit d'une propriété extraordinairement puissante, applicable à ce que les auteurs appellent des « systèmes idéaux », c'est-à-dire des systèmes dont l'évolution ne se fera pas en temps réel, mais en temps imaginaire pur.

---

1. *Thermondynamics : Foundations and Applications*, Macmillan, New York, 1991.

*

Pour conclure, revenons donc sur cette idée que
dans son évolution même, l'Univers tout entier est
un immense système à transformer de l'énergie en
information. Ainsi, de même qu'un être humain
adulte est beaucoup plus complexe et « contient »
bien davantage d'informations qu'un nouveau-né,
de même, 13,7 milliards d'années après sa naissance, l'Univers contient-il beaucoup plus d'informations qu'au moment du Big Bang.

Cela signifie-t-il qu'avant le Big Bang, au point
zéro, l'Univers ne contenait pas d'informations ?
Bien au contraire. Comme nous l'avons déjà dit, à
l'échelle zéro, l'Univers n'est qu'information. Il
n'a pas de dimension, il n'occupe aucun espace et
(tout comme dans notre exemple du DVD) son
évolution ne se fait pas en temps réel, mais en
temps imaginaire. Pendant toute la « période » cosmologique située entre l'échelle zéro et l'échelle
de Planck (ou encore, si l'on préfère, entre le temps
zéro et le temps de Planck), le pré-Univers ne subit
aucune transformation réelle paramétrée par le
temps réel : il évolue, simplement, en temps
complexe. Ce n'est que bien au-delà de l'échelle
zéro, à l'échelle de Planck, que l'évolution cesse
d'être imaginaire, bascule dans le plan complexe,
et devient réelle : à cet instant-là, seulement, le Big
Bang « physique » commence. Et avec lui, le
temps réel. Dès lors, l'information « globale » qui

régnait au temps zéro, qui ne connaissait que le temps imaginaire, cette information qui contenait « toute l'histoire » de l'Univers, depuis sa naissance jusqu'à son avenir insondable, cette information-là entre dans le temps, devient locale, et devra se soumettre, dans le monde réel, au long scénario qui permettra à l'Univers physique de retrouver, peu à peu, au fil des milliards d'années, la complexité originelle du début.

Une théorie topologique

Dans notre article publié dans *Annals of Physics*, nous avons poursuivi un objectif prioritaire : établir que si l'espace-temps est bien en état KMS à l'échelle de Planck (ce qui est nécessairement vrai s'il est globalement en état d'équilibre thermique à cette échelle), alors cet état KMS relie le contenu *physique* du système (c'est-à-dire son évolution pour toute échelle supérieure à l'échelle de Planck) à son contenu *topologique* (c'est-à-dire son état d'équilibre unique, au voisinage de l'échelle zéro associée à la Singularité Initiale).

Réfléchissons quelques instants. Lorsqu'un système est en équilibre, ses propriétés caractéristiques peuvent être décrites comme « invariantes ». De manière toute naturelle, il est donc possible d'aborder l'état d'équilibre du (pré-) espace-temps dans le cadre d'une théorie mathématique nouvelle et très féconde : celle des invariants. C'est ce que nous avons fait dans la dernière partie de nos travaux de thèse. Parmi les différentes approches des invariants, nous avons choisi celle qui nous a paru, dans notre situation, dotée des propriétés les plus intéressantes : la « théorie topologique des champs ». De quoi s'agit-il ? Encore une fois, d'une théorie nouvelle, à mi-chemin entre physique et mathématique. Pour en saisir toute l'importance, il nous faut remonter jusqu'au début de l'année 1987.

Cette année-là, en effet, le physicien-mathématicien Edward Witten, grand spécialiste de la théorie des cordes, achève dans son laboratoire de l'Institut des sciences avancées, à Princeton, la rédaction d'un article auquel il donne ce titre énigmatique : « Topological Quantum Field Theory », ce qui veut dire « Théorie topologique quantique des champs ». Comme souvent chez Witten, le style est émaillé de raccourcis sommaires et de développements mathématiques parfois très denses, ce qui en rend la lecture plutôt difficile. Aussi sa publication l'année suivante dans la très sélective revue *Communications in Mathematical Physics* passe-t-elle relativement inaperçue.

Pourtant, la révolution est déjà en marche. En quelques années, la nouvelle théorie de Witten s'impose dans toute son ampleur. A première vue, celle-ci ne concerne pas l'approche de la Singularité Initiale ; toutefois, en 1995, nous avons eu l'idée de l'appliquer à l'étude de l'échelle zéro de l'espace-temps. Progressivement, cette idée, dont nous avons plusieurs fois discuté avec Witten, à débouché sur une théorie – que nous proposons naturellement d'appeler « théorie de la Singularité Initiale » –, théorie publiée en 2001, 2002 et 2003 dans les revues de physique théorique *Annals of Physics, Classical and Quantum Gravity* et *Chinese Annals of Mathematics.*

Comment résumer tout cela ?

En gros, la théorie topologique des champs, d'essence mathématique, remplace les grandeurs physiques (variables) liées à l'énergie par des grandeurs invariantes dites « topologiques » (et représentées simplement par des nombres entiers). A l'évidence, comme tous les champs physiques (courbure, température, densité d'énergie) du pré-espace-temps tendent vers l'infini à l'échelle de Planck, nous suggérons donc d'appréhender la structure de la Singularité Initiale en termes d'invariants topologiques. C'est ce point de vue que valorise Roman Jackiw, du MIT, dans son rapport sur la thèse d'Igor : « L'auteur propose une solution nouvelle et spéculative au problème de la Singularité Initiale située avant le Big Bang, laquelle ne peut être analysée dans le cadre de la théorie des champs conventionnelle. Sa suggestion est que cette époque inaccessible est gouvernée par un champ thermique topologique. » A quoi le mathématicien Jack Morava, de l'Université Johns Hopkins, ajoute, dans le même esprit : « Je suis tout à fait favorable à l'idée que la limite d'une théorie physique exprimée par bêta tend vers zéro devrait être sérieusement considérée comme candidate pour une théorie topologique des champs et je pense que tenter de comprendre la théorie de Floer-Donaldson dans ce contexte est une très bonne idée[1]. »

Ainsi orientée, notre recherche nous a alors permis de mettre en évidence, à l'origine du pré-espace-temps, l'existence d'un « indice topologique » (c'est-à-dire d'un invariant) que nous proposons d'appeler « invariant de Singularité ». C'est lui, cet invariant, qui détient donc la clef de ce mystérieux « codage » sur lequel repose l'espace-temps. Un code finalement simple (parce que, par construction, d'une grande généralité), et que l'on va retrouver au point zéro. Sa forme, dans un langage idéalisé, peut s'écrire de différentes manières, qui toutes reviennent au même. Voici celle que nous avons utilisée dans nos travaux et qui a fait l'objet de nos publications. C'est une sorte de formule (assez proche de celle utilisée dans d'autres contextes par les experts de la théorie topologique) qui « code » les trois symétries fondamentales sur lesquelles repose notre univers lorsqu'il n'est encore qu'un point mathématique. Cette formule

---

1. Index 5.

peut se lire : « *trace (−1) s =1* ». Qu'est-ce que cela veut dire ? En fait, « s » est ici en exposant et représente le « nombre métrique », c'est-à-dire les différents états possibles de la métrique de l'espace-temps, tandis que la trace représente la somme (alternée) sur toutes les métriques. Alors que voyons-nous ? Que sur la limite topologique, la somme sur tous les états possibles de la métrique se réduit au nombre 1.

Or, ce nombre ici n'est autre que ce que l'on appelle un indice topologique, qui nous renseigne sur la « forme » de l'Univers à l'instant zéro. Cet indice, les mathématiciens l'appellent la « caractéristique d'Euler ». Et voici le précieux résultat : le nombre 1 est la caractéristique du point et, plus généralement, d'une boule. Par conséquent, à l'instant zéro, la boule représentant le pré-espace-temps à 4 dimensions a un rayon nul. Mais il y a plus encore : ce point est la source d'un « courant topologique » tel que la boule de rayon nul est nécessairement soumise à une expansion qui la conduit de zéro vers l'infini. C'est la toute première phase, non physique, de l'expansion de notre univers avant le Big Bang. Enfin, cet invariant topologique est essentiel, en ce qu'il décrit les trois symétries existant sur le point zéro : la symétrie entre le temps et l'espace, la symétrie entre le réel et l'imaginaire et, enfin, celle entre zéro et l'infini. C'est pourquoi cet invariant de Singularité permet d'apporter des réponses inédites à plusieurs questions jusqu'ici insolubles soulevées par la Singularité Initiale.

A ce stade, il est intéressant de noter que, le 13 décembre 2000 (c'est-à-dire bien avant nos premières publications), le physicien théoricien américain Michio Kaku, de l'université de New York, spécialiste réputé de la théorie des cordes et de la théorie topologique des champs (également auteur des meilleurs ouvrages d'introduction à ce domaine existant à ce jour), nous a adressé le courrier qui suit à propos de nos travaux : « Personnellement, je pense que votre idée d'introduire la théorie topologique des champs dans un contexte prégéométrique est absolument correcte. Toutefois, je m'interroge sur l'application de cette théorie à l'instant du Big Bang, dans la mesure où l'on doit alors introduire une brisure de symétrie de façon à obtenir le modèle standard et la théorie de la gravitation d'Einstein. Et pour le moment, personne, pas même Witten, n'a été capable de réussir cela. Ainsi, on peut rêver à l'état topologique qui a dominé avant la phase lorentzienne, mais ces rêves ne seront pas accessibles avant que l'on ait résolu le problème de la brisure de symétrie (qui devra probablement être une brisure de symétrie dynamique, non perturbative, et de ce fait encore plus complexe que la brisure de symétrie perturbative usuelle). »

Conscients du problème, nous étions justement à cette époque en train de travailler sur une approche non-standard – et donc radicalement nouvelle – de cette épineuse question de la « première » brisure de symétrie. Le résultat de cette recherche a été publié en 2001 dans notre article de *Classical and Quantum Gravity*, au paragraphe intitulé « Transition TP, brisure de supersymmétrie et découplage des flots ». C'est d'ailleurs justement à ce paragraphe que fait allusion Jack Morava dans son rapport sur la thèse d'Igor : « Dans cette perspective, la section quatre de l'article de l'auteur, "Théorie topologique de la Singularité Initiale", semble très importante. » Notre idée directrice est en effet la suivante : ce que nous appelons la « transition TP » (c'est-à-dire la transition entre état topologique et état physique) peut être expliqué en termes de « découplage » au-delà de l'échelle de Planck, entre le « courant topologique » (représentant une « pseudo-évolution » du pré-Univers en temps imaginaire pur) et le flot physique (décrivant l'évolution en temps réel). Sans entrer ici dans les détails, contentons-nous d'indiquer qu'il s'agit d'une évolution « non-unitaire » (c'est-à-dire, en gros, une évolution qui, dans un espace, ne préserve pas les « normes » – ou encore les « longueurs », ou l'échelle – propres à cet espace. Nous avons ainsi suggéré, dans l'une des propositions de nos thèses, que l'espace correspondant à une métrique euclidienne est nécessairement soumis à une « dilatation » de sa norme, autrement dit obéit à une transformation « non-unitaire », correspondant à une évolution en temps imaginaire (que nous appelons encore « évolution euclidienne »). Mais que penser d'une telle idée ? La notion d'évolution non-unitaire a-t-elle seulement un sens ? Aux yeux de Jadczyk, c'est incontestablement le cas : « Avec Philippe Blanchard, nous avons construit des modèles mathématiques d'évolution non-unitaire depuis 1993. » Après eux (mais, comme le note Jadczyk, sans les citer) le physicien américain Jim Hartle, de l'université de Santa Barbara (qui s'est rendu célèbre pour avoir cosigné avec Stephen Hawking le fameux modèle euclidien de « Hartle-Hawking »), a également travaillé sur la notion d'évolution non-unitaire, de type non causal, au sein des trous noirs. Et à ce stade, retenons qu'une évolution non-unitaire – qui viole les notions de conservation des « normes » (c'est-à-dire des longueurs) et d'énergie – peut être comprise comme une évolution en temps euclidien.

En prenant appui sur cette idée, nous avons alors suggéré, à partir des résultats récents de deux physiciens théoriciens, Jean-Pierre Deredinger et Carlo Lucchesi, que la « brisure de l'état KMS » du (pré-) espace-temps au-delà de l'échelle de Planck induit la brisure de la supersymétrie à la même échelle. Il s'agit bien là d'une approche essentiellement « dynamique » de la brisure de supersymétrie, au sens où, comme le fait observer Alain Connes, les algèbres de von Neumann (qui fournissent les bases algébriques de l'état KMS) sont des objets fondamentalement « dynamiques ». Dans un article publié en 1994 avec Carlo Rovelli dans *Classical and Quantum Gravity*, Alain Connes frôle d'ailleurs cette même idée. Toutefois, pour franchir le pas décisif, il fallait adopter une interprétation non-standard de la théorie KMS. C'est ce que nous avons entrepris en montrant, à partir d'un calcul relativement simple, que l'équation mathématique représentant l'état d'équilibre d'un système était en fait rigoureusement équivalente à une nouvelle équation, donnant l'*évolution de ce même système en temps imaginaire*. Et finalement, si, comme le souligne Kaku, le problème de la première brisure de supersymétrie n'a pas été résolu, c'est que, dans le cadre habituel imposé par la théorie des cordes – très éloigné de la théorie KMS –, cela reste difficilement réalisable. A contrario, il n'est somme toute pas si surprenant que nous ayons pu suggérer une première solution dans un contexte théorique radicalement nouveau (mais il n'est pas non plus étonnant que notre approche puisse être difficile à adopter).

*

Résumons-nous : à la différence des autres approches, notre solution « topologique » de la Singularité Initiale implique qu'à l'échelle zéro, le pré-espace-temps *entier* est donc effondré sur un « point » portant une métrique euclidienne. Sur ce point, accessible uniquement par la théorie topologique des champs, nous l'avons vu, la signature de la métrique est définie positive, ce qui veut dire que la direction genre temps est imaginaire pure. En d'autres termes, cette direction du temps imaginaire se comporte exactement comme une quatrième direction d'espace. Mais à quoi, au juste, pourrait donc être comparé un tel point ? Quelle est sa nature profonde ? Nous allons voir dans le dernier chapitre que cet objet sans dimension a des propriétés très énigmatiques. Elles vont enfin nous permettre d'expliquer *pourquoi* l'on passe de rien à « quelque chose » et, ce faisant, de lever, peut-être, un coin du voile épais qui recouvre le mystère de l'origine.

réponse. Jdans passion chacun côté de la philosophie. Curieusement, seules les mathématiques sont
susceptibles d'apporter pour cette a débat de solution à cette énigme.

9

La création du monde

LE ZÉRO ET L'INFINI

Nous voici parvenus à la dernière question. De
loin la plus difficile : pour quelle raison le monde
d'avant le Big Bang, cette information invariante,
normalement figée pour l'éternité, a-t-il donné lieu
à une évolution qui a conduit jusqu'à l'univers
que nous connaissons ? Comment passe-t-on de
0 seconde à 1 seconde ? Pourquoi le temps
démarre-t-il ? Comme le demande Hawking :
« *Quel est le souffle qui a mis le feu aux équations ?*
Pourquoi l'Univers s'est-il lancé dans cette énigme
représentée par sa propre existence ? » En 1991,
dans *Dieu et la Science*, nous posions la même
question avec d'autres mots : « Pourquoi y a-t-il
quelque chose plutôt que rien ? » Pourquoi y a-t-il
de l'être face au néant ? Pourquoi y a-t-il des choses ? Encore une fois, ce n'est pas du côté de la physique pure que l'on peut espérer trouver une

réponse. Mais pas non plus du côté de la philosophie. Curieusement, seules les mathématiques sont
susceptibles d'apporter, peut-être, un début de solution à cette énigme.

Pourquoi passe-t-on de zéro à autre chose ?

La réponse, lointaine, infiniment mystérieuse,
nous viendra ici de la théorie des nombres et de ses
liens inattendus, insoupçonnés, avec la physique.
Ce sont eux, les nombres (réels et imaginaires) qui
détiennent le secret. Peut-être le mathématicien
allemand Karl Weierstrass (l'un des plus grands
mathématiciens du XIXᵉ siècle, père des nombres
irrationnels) en avait-il l'intuition lorsqu'il répétait : « Dieu a fait les nombres. Le reste des mathématiques a été fait par l'homme. » En un certain
sens, nous frôlons tous les jours l'ombre de la Singularité Initiale, presque à chaque instant, sans
nous en rendre compte. Cette trace du commencement qui flotte dans notre monde, cette silhouette
originelle faussement familière, c'est celle du *zéro*.
Tous les jours nous griffonnons ce chiffre sur des
bouts de papier. Nous comptons des pièces de
monnaie. Nous composons des appels sur nos téléphones. Et à chacune de ces opérations, sans le
savoir, nous faisons revenir dans notre vie quotidienne le mystérieux symbole de l'origine du

monde. La trace de quelque chose qui existait bien avant le Big Bang.

*

L'infini dans zéro

Le zéro ! Un nombre ? Oui, mais pas n'importe lequel : c'est le premier, le plus mystérieux, le moins compréhensible de tous. Le plus dangereux, aussi. Longtemps, il a été considéré comme un sortilège. Aristote a même renié son existence. La première de ses étrangetés touche à la manière dont il est représenté : depuis des siècles, sans que l'on sache exactement quand, les deux images que l'on retrouve partout pour le visualiser sont le *point* et le *cercle* (ce dernier étant l'image également utilisée pour représenter l'Univers) En fait, lorsque nous ajoutons une troisième dimension, alors l'image du zéro n'est autre que la boule (que nous retrouvons une fois de plus sous la forme d'un point qui aurait été « dilaté »). Et que dire de l'origine du mot lui-même ? Le mot « zéro » vient en effet de l'arabe *sifr*, qui veut dire à la fois *vide* et *infini* et qui a engendré, via le latin, le mot « chiffre ». Ainsi le mot zéro est-il un proche cousin du terme chiffre, servant à désigner toutes les quantités possibles et imaginables.

En réalité, dans l'infinité des nombres, le zéro révèle des propriétés absolument uniques, que lui seul possède. Et voici la première, qui n'a cessé de nous fasciner depuis que nous l'avons découverte : *le zéro contient l'infini tout comme la Singularité Initiale contient l'Univers entier.* Chacun a pu remarquer que le zéro et l'infini sont liés par une très étrange parenté. Si vous divisez un nombre par l'infini, alors cela donnera zéro. De la même façon, si vous multipliez *n'importe quel nombre* par zéro, vous n'obtiendrez jamais rien d'autre que zéro. Même chose pour l'infini : prenez un nombre au hasard (même très petit), multipliez-le par l'infini, et vous obtiendrez l'infini. En somme, ce que l'on peut voir ici, avec clarté, c'est que le zéro est en quelque sorte *dual* de l'infini. Cette relation profonde, dont on peut tirer un sens jusque sur le plan physique, peut être vue de différentes manières, tout aussi étonnantes les unes que les autres. Que dire, par exemple, de cette loi étonnante : les nombres complexes relient le zéro à l'infini.

Cette relation a été découverte par le plus brillant élève de Gauss : Bernhard Riemann. D'un naturel très méditatif et ignorant presque tout des mathématiques à son entrée à l'université, il avait d'abord entamé des études en théologie avant de devenir l'un des plus brillants fleurons parmi les jeunes mathématiciens de l'université de Göttingen. Il n'est pas certain que Gauss (lui-même calculateur prodige et qui, à l'âge de huit ans, avait médusé son maître d'école en calculant de tête la somme des nombres de 1 à 100) ait tout de suite réalisé qu'il avait affaire à un génie. Pourtant c'est lui, Riemann, qui a fondé ce monument : la géométrie riemannienne. Sans elle, Einstein n'aurait jamais pu construire la relativité générale. Dès sa première conférence à Göttingen, en 1854, Riemann pose des questions qui sidèrent les mathématiciens de l'époque : combien y a-t-il de dimensions dans l'espace réel ? Quelle est la géométrie de cet espace ? En fait, cette « leçon » inaugurale était tellement en avance sur son temps que, à l'exception de Gauss, presque aucun des mathématiciens présents n'en comprit vraiment la portée (ni même le contenu). Pourtant, c'est là que le grand savant avait présenté son idée maîtresse, celle qui allait ouvrir à Einstein, soixante ans plus tard, les routes de l'espace-temps : la *métrique*. Or, la particularité qui, dès 1991, nous a amenés à plonger à notre tour dans cette géométrie fascinante, c'est qu'elle permet de décrire l'espace-temps en utilisant les propriétés de la métrique *euclidienne* (munie de la fameuse signature $+ + + +$, celle que nous utilisons pour comprendre l'évolution en temps imaginaire). Et c'est ici qu'apparaît le deuxième « objet merveilleux » inventé par Riemann : la sphère qui porte son nom. De quoi s'agit-il ? Pour résumer, Riemann a montré qu'en ajoutant un point à l'infini « au-dessus du plan complexe », on transforme presque miraculeusement ce plan en une sphère. L'origine (le zéro) correspond alors au pôle sud de la sphère de Riemann ; et – chose prodigieuse – le pôle nord de cette sphère représente, tout simplement, l'infini.

Or, en étudiant de plus près cette sphère étrange, on débouche rapidement sur une observation pour le moins paradoxale : non seulement le zéro entretient une relation avec l'infini mais, en un certain sens, il semble « engendrer » cet infini. Etrangement, dès la fin du XIe siècle, un codex fabriqué par les moines de l'abbaye de Salem portait cette inscription : « Chaque nombre, jusqu'à l'infini, a jailli de 1 et, par conséquent, de 0. En ceci réside un profond mystère. » Deux exemples frappants vont nous permettre de frôler cet infini caché dans le zéro. Le premier est issu de la nature si particulière de ces nombres « sans épaisseur » que sont les nombres rationnels. Curieusement, ils s'étalent, de zéro à l'infini, sur la droite réelle. Notre première intuition consiste donc à imaginer que la taille des nombres rationnels est infinie. En fait c'est exactement le contraire : la taille des rationnels est nulle. Ils n'occupent aucune place sur la droite réelle. Pourquoi ? Simplement parce que l'on peut toujours trouver, à côté d'un nombre si petit soit-il, un autre nombre encore plus petit. Et quand on additionne tous ces nombres, la suite ainsi formée nous donne zéro. Quelle est la limite d'une suite de nombres qui, sans fin, deviennent de plus en plus petits ? C'est le zéro. En langage mathématique, on dira que les nombres rationnels (fractionnaires) forment ce qu'on appelle un « ensemble dense » : même si toute la droite des nombres est saturée par des rationnels, étrangement, ils n'occupent « aucun espace » (ou plutôt, ils n'occupent que le zéro). Tout se passe comme si les rationnels « fondaient » dans le zéro, comme neige au soleil. Le mathématicien Charles Seife exprime la même idée à travers cette belle image : « Si on lançait une fléchette sur la ligne des nombres, elle ne frapperait jamais un nombre rationnel. Jamais[1]. »

Existe-t-il une meilleure façon de nous amener à comprendre mathématiquement l'idée selon laquelle le zéro contient l'infini ? Nous allons voir maintenant en quoi ce « pouvoir » du zéro peut également nous aider à saisir, en profondeur, les raisons pour lesquelles « quelque chose » a jailli de la Singularité Initiale plutôt que rien.

*

Nous savons maintenant qu'à l'échelle zéro l'Univers n'a plus aucun contenu physique. Penser le contraire serait absurde. Mais s'il n'a plus de contenu physique, que reste-t-il ? Nous l'avons dit : un contenu purement mathématique. Il est donc impossible de « voir » quoi que ce soit des phénomènes entourant l'origine en tentant d'appliquer – de plaquer – sur le point zéro une approche physique. Au contraire, comme le point zéro est un objet mathématique, son « évolution » (en fait sa « pseudo-dynamique ») est, elle aussi, mathématique et non pas physique. La seule

---

1. Charles Seife, *Zéro*, Lattès, 2002.

voie possible pour décrire cette « dynamique du point zéro » consiste donc à utiliser des méthodes exclusivement mathématiques elles aussi. De quoi partons-nous ? De ce constat qui pourrait nous décourager : l'état singulier (représenté par le point à l'origine) n'a *aucune raison d'évoluer* par lui-même. Il n'existe « là-bas » aucun moteur physique. En revanche, il existe *nécessairement* un moteur mathématique (sinon, nous ne serions pas là pour évoquer son existence). Et une fois de plus, le secret de cette première évolution possible, le secret de ce « Big Bang » *froid* qui va faire exploser le zéro jusqu'au Mur de Planck et au-delà, ce code à la fois primordial et ultime, nous allons le trouver dans le zéro. Une fois encore.

Du zéro à un

Réfléchissons à ce qu'est le plus mystérieux – paradoxalement le plus *présent* – des nombres réels : le zéro. Si ce « non-nombre » – cette ombre de nombre – nous intrigue tant, c'est qu'il n'est pas seulement en relation de dualité avec l'infini : il a l'étrange pouvoir d'*engendrer* l'infini. Comment est-ce possible ? Comment « quelque chose » – en fait un infini – peut-il sortir de *rien* ? Question folle, qui avait halluciné Cantor, le plus grand savant de l'infini au XIXe siècle, jusqu'à ce que sa raison perde pied à tout jamais. Il était persuadé qu'au bout de la chaîne de tous les infinis se tenait un infini encore plus grand, qui les dominait tous : Dieu lui-même. Mais, comme il l'avait confié à Hilbert, il sentait obscurément que ces infinis, formés de tous les nombres possibles et imaginables, provenaient de cette source unique, d'un néant numérique concentrant tous les mystères : le zéro.

Ici, nous allons traverser deux de ces mystères. Le premier recouvre ce qui pourrait passer pour une simple curiosité mais qui, en réalité, est d'une extrême profondeur (c'est en tous cas ce qu'estiment généralement les théoriciens des nombres, et plus encore ceux du zéro) : le zéro a le pouvoir *d'engendrer* le chiffre 1. Comment est-ce possible ? Puisque nous ne disposons que du zéro et de rien d'autre, nous allons effectuer l'une des seules opérations naturelles qui soit réalisable (c'est peut-être même la plus naturelle qui soit) : élever zéro à la seule puissance possible (compte tenu des chiffres dont nous disposons). Cette puissance, c'est nécessairement zéro ! Or, la théorie nous l'a montré : zéro à la puissance zéro n'est pas égal à zéro mais à un ! Fantastique résultat, magie incroyable du zéro qui « crée du nombre » à partir de lui-même, c'est-à-dire de rien. On peut d'ailleurs retrouver le même résultat en calculant ce que les mathématiciens appellent la « factorielle » de zéro. La factorielle d'un nombre entier n'est autre que le produit des nombres entiers positifs inférieurs ou égaux à ce nombre. Comme le cas de zéro débouche sur un « produit vide », par construction, la factorielle de zéro (notée 0 !) est égale à 1. Et là encore, on matérialise 1 à partir de 0. Mais ce n'est pas tout.

Car nous allons montrer que le zéro peut engendrer tous les nombres, qu'ils soient réels ou imaginaires purs. La recette ? Elle existe en fait depuis le XIXe siècle et a été reformulée par John von Neumann lui-même. Chose étonnante : c'est en utilisant cette formule que von Neumann a pu construire, dans les années quarante, le tout premier ordinateur du monde. Alors, comment faire pour la « voir » à notre tour ?

Une fois de plus, nous allons « faire avec ce qui existe », c'est-à-dire juste zéro. Prenons simplement le symbole le plus pur de zéro, qui en théorie des ensembles n'est pas le zéro lui-même mais l'ensemble vide. A quoi est égal cet ensemble vide ? A zéro, par construction. Nous appelons « ensemble originel » cet ensemble vide. En termes mathématiques, on dira que le « cardinal » (c'est-à-dire le total) de l'ensemble vide originel est nul. Soyons bien attentifs, car nous allons maintenant découvrir le fabuleux secret qui, à partir de zéro, va nous permettre de « créer » tous les nombres. Et, par là, va nous donner la plus saisissante image qui soit du Big Bang froid, un Big Bang étrange, silencieux, noir, sans énergie, mais bourré d'information, un Big Bang froid qui a eu lieu bien avant le Big Bang chaud.

Nous avons donc l'ensemble vide et le zéro auquel est égal l'ensemble vide. Que faire maintenant ? Tout simplement la seule chose qui soit possible : placer le zéro *à l'intérieur* de l'ensemble vide ! Or là, tout change, car désormais notre ensemble n'est plus vide : il contient le zéro, c'est-à-dire *un élément*. Le bond en avant est immense car maintenant, le cardinal de l'ensemble considéré n'est plus zéro *mais un* ! Nous avons déjà réussi un exploit : engendrer un à partir de zéro. Et à partir de là, plus rien ne pourra nous arrêter. En effet, nous allons prendre ce chiffre 1 créé par miracle et nous allons le placer à son tour à côté du zéro, dans ce qui était au départ l'ensemble vide. Mais cela veut dire que dans cet ensemble, désormais, il y a deux éléments : le cardinal est donc 2. Nous avons ainsi fabriqué le chiffre 2. Et pour le chiffre 3 ? La procédure est la même : nous rangeons 3 à côté de ses prédécesseurs dans l'ensemble d'origine. Même chose pour 4, pour 5 et ainsi de suite, jusqu'à l'infini.

*

Nous venons, à partir de zéro, donc de rien, de recréer l'ensemble de tous les entiers naturels. Et ce qui est vrai pour les entiers peut l'être aussi (en introduisant quelques « lois » supplémentaires très simples) pour toutes les autres familles de nombres : rationnels, irrationnels, imaginaires purs, tous, sans exception, peuvent être engendrés à partir du zéro. Jusqu'à l'infini. Ici une remarque : le zéro est un nombre *réel* (et non pas imaginaire). En fait, s'il existe les chiffres 0, 1, 2 etc., en revanche, il n'existe pas un nombre imaginaire qui s'écrirait Oi. Cela confirme bien que les nombres imaginaires représentent une *extension* des nombres réels[1]. Mais surtout, cela nous permet de bien comprendre qu'à l'échelle zéro de l'espace-temps il n'existe pas encore cinq mais seulement *quatre* dimensions : les quatre dimensions spatiales correspondant aux quatre ensembles de nombres réels (les entiers, les rationnels, les irrationnels et les réels complets). En réalité, la cinquième dimension (qui porte le temps) apparaît « après ». Mais après quoi ? Décrivons aussi simplement que possible un dernier mécanisme : il ne nous dira pas *exactement* ce qui s'est passé à l'origine, mais il va nous fournir une image : celle-ci peut nous aider à mieux « voir » le secret de la naissance du temps.

La boule des nombres

Nous voici de nouveau avec notre boule à quatre dimensions. Lorsque son rayon est nul, ce n'est encore que le point zéro. Pour bien nous représenter

---

1. Imaginaires, certes, mais comme ils sont les piliers sur lesquels repose la mécanique quantique, sans eux il n'y aurait pas de télévision, pas d'ordinateurs, pas de téléphones portables, en bref, rien de ce qui a transformé notre vie quotidienne.

les choses, comprenons que cette boule nous donne l'image géométrique des quatre familles de nombres réels. Pour cette raison, nous allons l'appeler la *boule des nombres*. Une fois de plus, elle ressemble à une boule de billard, mais avec quatre dimensions au lieu de trois. Comment voir ces dimensions ? Très simplement : les trois premiers ensembles de nombres (les trois premières « directions ») composent le bord à trois dimensions de la boule des nombres (ce bord, on s'en souvient, c'est la sphère à trois dimensions). Quant à la quatrième famille de nombres, c'est-à-dire les nombres réels complets, ils forment la fameuse « droite réelle » qui n'est autre que le rayon de la boule des nombres. Souvenons-nous ici de notre exploration du monde avant l'échelle de Planck : nous vivons à la surface de la sphère à trois dimensions. Pour cette raison, nous sommes parfaitement conscients de l'existence de ces trois dimensions. En revanche, la quatrième dimension « nous échappe ». Pourquoi ? Justement parce qu'elle se trouve à l'intérieur de la sphère : c'est son rayon, sur lequel nous ne pouvons pas nous déplacer et qui, par conséquent, échappe à toute visualisation.

Mais revenons à notre exemple. A présent que nous avons « en face de nous » la magnifique boule des nombres, nous pouvons nous poser une nouvelle fois cette question : pourquoi le point représentant la singularité « passe-t-il » de zéro à l'échelle de Planck ? Pourquoi « grandit »-il ? La réponse se cache dans la boule des nombres. C'est elle qui, en passant de la taille zéro à une taille non nulle, nous montre comment voir la toute première expansion de l'ancêtre lointain de notre univers, le Big Bang froid bien avant le Big Bang chaud.

En effet, en raison de leur étrange nature « dynamique », les nombres bougent. Le zéro ne reste pas « sur place » mais engendre tout ce qui peut être compté, jusqu'à l'infini. Mais ce phénomène va plus loin qu'une simple propriété arithmétique. Car cette « dynamique des nombres » a une fascinante traduction sur le plan géométrique : elle peut être vue comme un « gonflement » de la boule des nombres.

Reprenons donc les choses à partir du commencement. La boule des nombres a alors un rayon nul et est réduite à un simple point. C'est la situation à l'origine, où n'existe encore que le zéro. Que se passe-t-il à partir de là ? Quelque chose qui, justement, est codé dans le zéro. Ce fascinant phénomène que nous avons vu plus haut[1] et qui engendre, de manière naturelle, tous les nombres réels. Mais où donc se déplacent nos nombres ? Dans les quatre directions de la boule, bien entendu. Ce qui engendre quatre droites à partir de l'origine notée zéro. L'expansion du zéro et la croissance des quatre familles de nombres réels dans les quatre

---

1. Un phénomène que nous proposons d'appeler « automorphismes de zéro », c'est-à-dire les applications de zéro dans lui-même.

dimensions pourraient donc se comparer à un
« changement d'échelle » de la boule originelle,
que l'on voit ainsi se gonfler à mesure que les nombres grandissent. Ce changement d'échelle est en
effet facile à voir, il s'agit, tout bonnement, de
l'agrandissement du rayon de la boule à quatre
dimensions.

*

La dynamique des algèbres

Mais pourquoi les nombres « bougent »-ils ?
Pourquoi le point va-t-il changer d'échelle et grandir ? Ici, c'est encore André Lichnerowicz qui, à la
fin de 1985, nous mettra sur la voie d'une solution.
Cette année-là, en effet, nous avions commencé
avec lui nos longues conversations sur l'Univers et
son origine. Un beau jour, il nous avait fait découvrir un être mathématique très insolite, une fonction connue sous le nom de « fonction delta de
Dirac ». Une fonction si étrange que notre examinateur Roman Jackiw a écrit, le 4 décembre 2002,
dans un article consacré aux monopôles de Dirac :
« Sa fonction delta a stimulé le développement
d'un champ complet des mathématiques couvrant
la théorie des distributions et des fonctions géné-
ralisées. » Et l'impact est si important que Jackiw

poursuit en prenant la peine de citer la réaction de Laurent Schwartz, l'un des pères de la théorie des distributions : « J'ai entendu parler pour la première fois de la fonction delta de Dirac en seconde année à l'Ecole normale supérieure. Du point de vue mathématique, ces formules étaient si folles qu'il n'était tout simplement pas question de les accepter. »

Elles ont fini par être acceptées. Mais comme l'a écrit sur son site un mathématicien américain, il s'agit d'un « animal incroyable ». Rappelons simplement que cette fonction extraordinaire a la particularité d'être nulle partout, sauf sur un seul point où elle devient infinie ! En somme, le zéro à l'infini et l'infini en un point. Mais il y a plus encore : la « surface » couverte par le graphe de cette fonction est un invariant topologique dont la valeur est 1. Souvenons-nous des conditions qui règnent au voisinage de la Singularité Initiale : il s'agit d'un point (qui occupe donc un espace nul) caractérisé, on l'a vu au chapitre précédent, par une « trace », plus précisément par un invariant topologique de valeur 1. Intrigués, nous nous sommes alors demandé si, après tout, la singularité à l'origine de l'Univers ne pouvait pas être simplement décrite par une fonction delta. Et vers 1997, nos calculs nous ont permis de vérifier que c'était bien le cas. En fait, cette mystérieuse fonction (qui, en réalité, n'est pas une fonction mais une « distribution ») a un support nul, autrement dit elle est nulle partout *sauf sur le point singulier* où elle devient infinie durant un instant nul. Cela nous amène donc à comprendre la Singularité Initiale comme un « choc à l'origine », c'est-à-dire un « signal » dont l'amplitude est infinie. Ponctuelle par construction, celle-ci se propage à l'infini en un intervalle de temps réel égal à zéro. Ou encore, ce qui revient au même : le point originel se propage à l'infini en temps imaginaire.

Faisons une première pause : il existe donc, à l'origine, un « moteur mathématique » concentré sur un point. Mais quelle est la nature d'un tel moteur ? Comment « marche »-t-il ? Voici une première réponse qui va sans doute surprendre. Comme nous l'avions vu, le point zéro n'est plus un objet physique mais un « être mathématique ». Une *information* qui peut être entièrement décrite par ce qu'on appelle une algèbre. Plus justement encore, la Singularité Initiale est *en elle-même* une algèbre. Comme celle-ci implique les notions les plus fondamentales de mesure et d'échelle, il s'agit d'une « algèbre de von Neumann » et c'est là le secret : les algèbres découvertes par le grand mathématicien sont des objets essentiellement *dynamiques*. Elles évoluent par elles-mêmes, dans leur propre espace. Cette mystérieuse propriété a été mise en évidence par l'un des meilleurs experts de ces algèbres hors du commun, le mathématicien Alain Connes, médaille Fields : « Ainsi, la seule donnée de l'algèbre de von Neumann détermine uniquement une dynamique, un groupe à

un paramètre d'automorphisme[1]. » Et c'est cette
dynamique-là qui fait de l'algèbre originelle le premier moteur du « Big Bang froid », cette première
phase d'expansion de l'Univers qui a eu lieu à l'instant zéro, bien avant le Big Bang.

Voyons maintenant plus en détail comment ces
événements inouïs ont pu se produire. Revenons au
zéro : l'image du plus mystérieux des êtres numériques est un simple point.

Par définition, ce point (qui, a priori, n'a aucune
raison de « changer ») est donc dans un état que nous
nommerons de manière naturelle « état d'équilibre ».
Mathématiquement, l'état d'équilibre d'un objet est
décrit par une expression algébrique, calculée depuis
longtemps (au XIXe siècle) par le physicien mathématicien Josiah W. Gibbs, détenteur de la chaire de physique mathématique à l'université Yale (où son père
avait enseigné la littérature sacrée quelques années
auparavant). Et ici vient le plus inattendu : nous
avons démontré dans nos travaux (ce fut l'un des
coups de tonnerre lors de la soutenance de 1999 à
l'Ecole polytechnique) que *l'état d'équilibre* d'un
système est exactement équivalent (d'un point de vue
mathématique) à *l'évolution de ce même système en
temps imaginaire pur*. Autrement dit : l'état d'équilibre du point zéro (représentant ici la Singularité Initiale) peut être compris de manière équivalente
comme l'évolution de ce point zéro en temps imagi-

---

1. Alain Connes, *Géométrie non commutative*, InterEditions.

naire (nous appelons cette évolution « courant en temps imaginaire » ou encore « flot topologique »). Cette découverte pour le moins insolite avait rendu très perplexe le physicien Marinus Winnink, l'un des trois fondateurs de la théorie KMS, avec lequel nous avions alors des discussions fructueuses. Mais un jour de l'automne 1998, il avait fini par conclure laconiquement au téléphone : « Aussi étrange que ça paraisse, c'est bien comme ça que les choses marchent ! » Et quelque temps plus tard, il avait été rejoint dans son opinion par Detlev Buchholz, un autre expert de la théorie. Réagissant avant tout en mathématicien, les calculs l'emportaient à ses yeux sur ce qu'il pouvait penser au préalable. Après avoir vérifié à plusieurs reprises nos équations, il nous a simplement écrit que notre idée de formuler le point zéro par une algèbre munie d'une trace (qu'à la suite de von Neumann – toujours lui – on appelle une algèbre de type II) « était correcte ». Ce qui, on l'a vu au chapitre précédent, a amené Buchholz (contre ses intuitions du départ) vers cette retentissante conclusion : à l'échelle zéro, l'espace-temps devait nécessairement être « dans un état topologique. Avec une dynamique euclidienne ». En somme, une autre façon de dire que « là-bas », sur le zéro, il existe une évolution gouvernée par la fonction delta. Mais son étrangeté, ce qui fait qu'elle ne peut être comparée à aucune autre forme de changement possible, c'est que cette « évolution zéro » n'a eu lieu que dans le temps imaginaire.

Algèbre de l'état zéro

Ici, faisons une nouvelle pause. Dans le temps réel, l'évolution de n'importe quel système est décrite par une algèbre qu'on appelle en mécanique quantique *algèbre des observables* (ou encore « algèbre de Heisenberg »). On doit surtout retenir ici que son principal outil n'est autre que l'opérateur d'évolution (en temps réel) du système en question.

Or, nous avons montré dans nos travaux qu'il existait une *autre algèbre* possible, que nous avons appelée « algèbre des états » : celle-ci correspond, de manière toute naturelle, à l'algèbre des observables *mais calculée en temps imaginaire* (nous dirons, plus exactement, que l'algèbre des états résulte du « prolongement analytique » de l'algèbre des observables). Que pouvons-nous alors en déduire ? Que l'algèbre des états décrit, tout bonnement, l'évolution de notre système en temps imaginaire. Cela veut dire qu'au lieu d'évoluer dans le temps réel, notre point représentant la Singularité Initiale est soumis à un « changement d'échelle » de zéro à l'infini en temps imaginaire. Puisque notre point zéro peut être représenté comme une boule de dimension 4 et de rayon nul, son évolution en temps imaginaire nous est naturellement donnée par l'expansion du rayon depuis la valeur zéro jusqu'à l'infini. Du point de vue algébrique, nous avons également montré que, partant de l'algèbre initiale des états du point zéro, une telle évolution est gouvernée, en profondeur, par ce que les mathématiciens appellent le « flot des poids » de l'algèbre en question. Cette notion abstraite de flot des poids a été inventée au début des années soixante-dix par le mathématicien François Combes. Ce flot décrit une sorte de « dynamique » propre à l'algèbre. Mais comment le comprendre ? Ici, une nouvelle découverte frappante : nous avons pu calculer que ce mystérieux flot des poids (qui représente, pourtant, un courant purement algébrique) est, en réalité, équivalent au flot d'évolution du système *en temps imaginaire*. Mais ce n'est pas tout : du point de vue de la physique mathématique, cette inévitable évolution en temps imaginaire peut aussi se concevoir comme ce que les experts appellent « l'expansion du noyau de la chaleur[1] ». A l'échelle zéro, sur le point initial, la valeur de ce noyau est maximale : elle est de 1. Or, (un peu comme un feu qui se refroidit) ce « noyau de la chaleur » tend, tout naturellement, vers zéro. Ici nous voyons presque « à l'œil nu » comment marche le moteur algébrique dont nous parlions plus haut : la chute des valeurs du noyau de la chaleur implique nécessairement la dilatation de l'espace sur lequel il est calculé ; on l'aura donc compris : en « refroidissant » vers zéro, le noyau de la chaleur provoque la

---

1. Le noyau de la chaleur, c'est tout simplement un outil rattaché aux solutions de la fameuse « équation de la chaleur », équation qui est équivalente, en temps imaginaire, à la fameuse équation de Schrödinger qui donne l'évolution des états quantiques d'un système. Ici, une fois de plus, on voit apparaître en pleine lumière cette fascinante transition entre le temps réel et le temps imaginaire, entre l'énergie et l'information.

dilatation (et donc le changement d'échelle) de la boule initiale de rayon nul (que nous avons appelée plus haut « boule des nombres »).

L'instanton zéro

Mais apportons à ce stade une nouvelle précision : ce point singulier (qui correspond au sommet du cône de lumière) est un objet que les physiciens mathématiciens appellent un « instanton » de taille nulle. Ici, bien sûr, il n'est plus question d'énergie « réelle » : celle de l'instanton est imaginaire. Pour prendre un exemple, le livre que vous tenez entre vos mains ne contient pas une énergie réelle : au fil des pages, celle-ci se déploie sous sa forme imaginaire qu'on appelle l'information. Quel rapport avec notre instanton de taille nulle ? Nous l'avons vu, cette extraordinaire « pseudo-particule » est caractérisée par une sorte de « charge » abstraite que les experts ont appelée « charge topologique » et qui est invariante. On pourrait comparer cette « charge » à une quantité invariante d'information : celle que contient un livre ou un disque DVD, pour reprendre notre exemple déjà cité[1]. Que devons-nous en déduire ?

---

1. Sous sa forme mathématique, il s'agit d'une intégrale qui donne une sorte de code permettant de décrire ce qu'on appelle en physique la « spirale de nombres » (*winding number*) qui parcourt tout l'ensemble des entiers relatifs.

Une nouvelle fois, qu'il existe au point zéro un « potentiel topologique » (décrit par la fonction delta). Celui-ci propage vers l'infini la charge topologique de l'instanton initial de taille nulle. Le point zéro peut ainsi être vu comme une infinité d'instantons de taille nulle rassemblés sur un seul point (un peu comme, aujourd'hui, des bibliothèques entières, comprenant des millions de livres, se trouvent compactifiées dans les sillons minuscules d'un disque DVD). De la même manière, une infinité d'instantons se trouvent superposés au point zéro, lui donnant une « richesse » infinie en termes d'informations. Plus précisément, la *densité* de la charge topologique qui augmente avec le nombre d'instantons devient ici infinie. D'où le secret de l'expansion topologique qui précède l'expansion physique de l'Univers : pour retrouver son état fondamental (correspondant à une densité de charge topologique nulle), le rayon de l'instanton doit devenir infini. Nous retrouvons donc ici, une nouvelle fois – mais par un chemin différent – cette « loi algébrique » qui *force le passage* du zéro vers l'infini.

Au terme de ce petit développement mathématique nous apparaissent donc, pour la première fois, l'existence et la nature (même générale) de ce premier « moteur algébrique » à l'origine du Big Bang froid, celui qui a conduit l'Univers de la Singularité Initiale jusqu'à l'échelle de Planck.

*

Ce qui précède nous permet de franchir la dernière étape : comment comprendre la naissance du temps ? Là encore, notre image de la boule des nombres va nous aider. Replaçons-nous dans la situation décrite jusqu'ici. A mesure que la spirale des instantons se déroule, de nouveaux nombres apparaissent à partir de 0, puis de 1, de 2 etc., jusqu'à l'infini : la boule change alors de rayon, elle grandit et se lance dans une formidable expansion. Et à l'infini, ce rayon est infiniment grand. Représentons-nous bien la situation : telles des bulles de savon de toutes les tailles, les sphères se propagent vers l'infini, uniquement poussées par la dynamique des nombres réels. Il n'existe évidemment pas de « moment privilégié » – c'est-à-dire aucune échelle spéciale – dans cette évolution en temps imaginaire. Grosses ou petites, les boules sont là, toutes en même temps, toutes équivalentes. Et pourtant, il va justement se passer « quelque chose » à l'infini. Un extraordinaire phénomène qui permet de comprendre pourquoi le temps naît à partir du Big Bang froid.

Visualisons bien ce qui se passe : lorsque la boule grandit et que son rayon devient infini, cela veut dire que son bord s'est infiniment éloigné du centre (le point représentant l'origine). En somme, « vu » depuis le bord, le centre est à présent tellement loin qu'il a disparu : c'est comme si nous avions perdu l'origine de la boule. Or, c'est là tout le secret de la naissance du temps. En effet, réfléchissons : en enlevant le centre, voilà que nous avons supprimé du même coup *tout l'intérieur* de la boule ! Pourquoi ? Parce qu'une boule est ce qu'on appelle en topologie un « espace connexe » et qu'un point quelconque pris à l'intérieur n'a donc aucune échelle : il peut être aussi « gros » que la boule entière. Par conséquent, une fois ôté le centre de la boule, il ne reste que son bord, c'est-à-dire la sphère à trois dimensions que nous appelons S3. Attention : ce n'est pas comme si nous avions « vidé » S3 : en réalité, l'intérieur de la sphère *n'existe plus* ! En somme, il est devenu *imaginaire*. Mais souvenons-nous : de même que pour la sphère ordinaire S2 (le ballon de football) l'intérieur c'était la *troisième* dimension de l'espace, dans le cas de S3, cet intérieur que nous avons enlevé n'est autre que la *quatrième* dimension spatiale. Cela veut donc dire que c'est cette quatrième dimension spatiale de la boule qui est devenue imaginaire. Or, qu'est-ce qu'une dimension d'espace imaginaire ? Tout simplement ceci : la dimension du temps réel !

La nouvelle situation est donc la suivante : à l'intérieur de la boule à quatre dimensions, la quatrième dimension d'espace a été remplacée par la seule direction qui puisse être « dans la boule » sans pour autant occuper aucun espace : la dimension du *temps réel*. Si nous voulons visualiser ce qui s'est passé, il nous suffit de voir qu'en enlevant notre fameux point sur le rayon de la boule, celui-ci a alors pivoté sur lui-même de 90 degrés à l'intérieur et est devenu une *droite imaginaire* (c'est-à-dire le temps qui, on le sait, est mesuré avec des nombres imaginaires). C'est un peu comme si, à l'intérieur de la boule, on avait enlevé un grain de sable, un seul sur le sablier du temps, jusque-là couché à l'horizontale et qui mesurait le temps imaginaire. Brusquement, l'équilibre est rompu et le sablier bascule de 90 degrés : le sable commence alors à tomber et le temps réel à s'écouler. Dès lors, les instantons (qui sont des objets « compacts », c'est-à-dire fermés sur eux-mêmes) disparaissent. De même, le groupe de symétrie qui les gouvernait (le fameux SO (4) qui, lui aussi, est un groupe dit « compact ») éclate, perd sa symétrie fondamentale et s'ouvre soudain sur SO (3,1) : le célèbre groupe de Lorentz, non compact, le groupe de l'espace-temps, celui qui nous permet, à chaque instant, de mesurer les transformations dans le temps réel. C'est donc de l'« éclatement » de la métrique euclidienne que naît la métrique lorentzienne : celle dans laquelle vous avez le souvenir des choses passées et aussi le désir de l'avenir.

Pour finir, pourquoi donc en est-il ainsi ? Notre idée est simple : enlever à la boule des nombres un point, c'est l'ouvrir dans la direction du temps. Ou encore : c'est l'amener à ne plus être *statique* (fermée dans la direction du temps imaginaire) mais *dynamique* (ouverte dans la direction du temps réel). Ici une image : c'est comme si nous avions pris un ballon et que nous l'ayons percé à l'aide d'une aiguille. Aussitôt, notre ballon se serait dégonflé, aurait changé d'échelle. De même, notre boule à laquelle nous enlevons un point « change d'échelle » : le temps réel commence à faire son œuvre. Les nombres vont alors s'ajouter les uns aux autres sans plus jamais s'arrêter. Résultat : la boule des nombres grandit. Toutefois, à la différence de la situation précédente, à présent, *on la voit grandir*, changer d'échelle à chaque instant : le temps est bel et bien né.

*

Le phénomène très étonnant que nous venons de découvrir nous a donc montré comment, à l'infini du temps imaginaire, apparaît le temps réel. Et c'est lorsque le temps « s'ouvre » que commence cette fameuse « oscillation de la métrique » entre temps réel et temps imaginaire : c'est l'ère du temps « complexe » où l'espace-temps évolue dans 5 dimensions, à la fois dans le temps réel et dans le temps imaginaire. C'est ici, à l'infini par rapport à zéro, que le phénomène de décompactification du temps se produit : la physique appelle ce moment-là « l'instant de Planck ». A cet instant seulement commence la dernière étape : le temps imaginaire a disparu, l'énergie imaginaire se convertit en énergie réelle et le « Big Bang chaud » démarre. Avec lui commence l'expansion de l'Univers qui va se faire uniquement dans le temps réel[1].

Et finalement, c'est cela, le fantastique pouvoir du zéro, son mystère fascinant : déployer toute l'information numérique qu'il contient en potentiel. Et si nous supposons que le point marquant la Singularité Initiale n'est autre que l'image du zéro, alors, la représentation « géométrique » de ce que nous venons de voir nous a permis d'assister à l'expansion froide, silencieuse, de la sphère originelle depuis zéro jusqu'à l'infini. Une expansion qui, compte tenu de ce que nous venons de voir, n'est pas seulement naturelle : elle est inévitable, inscrite dans l'existence même du zéro. Tel est le secret du premier Big Bang, celui qui a permis la transition de zéro vers cet infini projeté sur le Mur de Planck. Un Big Bang froid et noir, grâce auquel il y a eu quelque chose à partir de rien. Par lequel l'infini a jailli du zéro. Et l'être du néant.

---

1. Et ici, ne perdons pas de vue cette chose essentielle : la sphère S3 est le bord de la boule originelle à quatre dimensions ; mais surtout, elle est aussi le bord de l'espace-temps à quatre dimensions. Ce bord à trois dimensions dans lequel nous vivons. Autrement dit, l'expansion de la boule *provoque l'expansion de l'espace ordinaire à trois dimensions dans lequel nous vivons.*

CONCLUSION

Annoncée il y a un peu plus d'un siècle, dans l'orage des équations qui, déjà, ne parlaient plus de la même chose, la déchirure entre les deux grandes théories du monde, la mécanique quantique et la relativité générale, a plongé la physique d'aujourd'hui dans une crise profonde dont elle n'est pas encore sortie. Dès lors, plus que jamais, la recherche de théories nouvelles devient l'une des conditions de la renaissance. Au milieu des années cinquante, Wolfgang Pauli, l'un des maîtres de la physique théorique de son temps, avait d'ailleurs l'habitude de dire à propos d'articles dont les pas de calculs étaient justes mais qui n'avaient pas le moindre contenu : « Ils ne sont même pas faux ! » Sans le vouloir, à la faveur du débat qui a suivi la publication de notre théorie, nous avons peut-être rappelé que la science progresse par une permanente confrontation d'idées, d'ébauches d'idées, de techniques nouvelles et de propositions dont l'audace peut susciter aussi bien un rejet pur et simple que d'autres interrogations plus fécondes.

La science est quelque chose de difficile. Bien loin de ce que l'on imagine, les chercheurs ne progressent pas avec des certitudes, mais grâce à des convictions. Et en puisant leur énergie, parfois leurs idées nouvelles, dans leurs incertitudes. Ils avancent à tâtons dans l'obscurité, sans savoir vraiment où ils vont aller, mais sans jamais perdre l'espoir qu'ils vont trouver *autre chose*. Et lorsqu'ils la trouvent, cette chose-là change la vie des hommes à jamais. Au fond, c'est bien parce que la science dérive presque en rêvant d'un enchantement du monde, frôlant en cela, mais sans jamais le dire, un ordre presque métaphysique, qu'elle affleure aussi la merveille et la découverte. « Dieu est un mathématicien de tout premier ordre, et il a utilisé des mathématiques très sophistiquées pour construire l'Univers ! » a déclaré le physicien Paul Dirac en réponse à ceux qui s'étonnaient de la complexité de son approche mathématique. La pluralité des approches, le refus des idées triviales, le risque des expériences difficiles, sont les conditions des ruptures et de la naissance de ces théories folles.

*

Tout au long de ce livre, nous avons défendu une idée autre de la naissance du temps, une conception différente de l'origine du monde. Elle s'inscrit bien dans la conviction d'un saint Augustin selon lequel « le monde n'a pas été fait dans le temps, mais avec le temps ». Notre idée, c'est que l'origine même de cet univers est d'ordre mathématique : *en dessous* du monde physique, ce monde tellement *solide* à notre échelle, il y a une autre réalité : une brume de nombres, une essence mathématique, une *information*. Cette information-là, nous sommes allés la chercher au commencement du monde. Or, selon le principe de singularité que nous avons pu construire grâce aux algèbres de von Neumann, « tout point de l'espace-temps est relié à la Singularité Initiale par un flot topologique ». Qu'est-ce que cela veut dire ? Très étrangement, que cette origine n'est pas seulement située dans un passé lointain, presque irréel : elle est également enfouie dans tous les objets qui nous entourent : c'est la longueur de Planck. Elle est là, sous nos pieds, dans un rayon de lumière, au creux de notre main. Elle est toute proche, on pourrait presque la frôler, la tenir entre les doigts, mais elle est si infime qu'elle reste aussi lointaine que les confins de notre univers, à des milliards d'années-lumière de nous.

Or, la nature de cette singularité sur laquelle repose *tout ce qui est* se résout, au niveau le plus profond, en information. Dans une lettre qu'il nous a adressée, Ken Ford, l'un des collaborateurs de John Wheeler, nous indique que malgré son âge, 92 ans, le grand savant consacre désormais tout son temps, toute son énergie à comprendre la nature de l'information sous-jacente au réel. S'agit-il de la même information que celle que nous avons cherchée dans ce livre ? Peut-être. C'est en tous cas dans ce sens que nous avons interprété le bref commentaire de Ken Ford : « John Wheeler applaudit votre effort en vue d'atteindre un monde qui se tient au-delà des limites habituelles, cela grâce à des idées qui pourraient bien avoir une relation profonde avec ses propres conceptions de la prégéométrie[1]. » Or cette prégéométrie, chez **W**heeler, c'est de l'information. Ce que porte cette information, c'est une symétrie, l'image d'un ordre, le plus élevé que l'on puisse concevoir. Comme nous l'indiquions au début de ce livre, la réalité sous-jacente à l'Univers tout entier, du zéro à l'infini, peut être comprise comme une sorte de mystérieux « DVD cosmique » non local, dans lequel le passé, le présent et l'avenir de tout l'Univers, avec tout ce qu'il contient, de la plus infime poussière à la galaxie la plus lointaine, existent simultanément. Peut-être alors que la réalité ultime de l'étrange Univers dans lequel nous vivons, cette « splendide formule » dont parle le physicien Neil Turok, peut s'écrire comme un invariant mathématique : les trois symétries fondamentales entre le temps et l'espace, le zéro et l'infini, l'énergie et l'information, sont alors mystérieusement rassemblées dans la trace d'une somme alternée à l'infini[2].

---

1. Lettre de Ken Ford adressée aux auteurs le 10 mars 2004.
2. Cet invariant mathématique (ou encore : indice topologique) s'écrit $\mathrm{Tr}^{(-S)} = 1$. Cet indice représente la somme alternée à l'infini de tous les états possibles de l'Univers.

C'est cet invariant-là, signe d'un Univers unique, hors du temps, qu'après avoir traversé théories et calculs nous avons fini par entrevoir, à l'origine du monde, en remontant peu à peu vers les mathématiques pures : fragments de signes infinis qui, dans notre langue, ne racontent rien, jamais, mais où passe, mystérieusement, « quelque chose d'inouï[1]. » Si l'Univers est une sorte d'énigme prodigieuse, de signe à déchiffrer, alors peut-être que nous avons devant nous, sans vraiment le comprendre, un fragment du grimoire divin sur lequel sont écrits les secrets du monde. Pouvons-nous deviner la pensée de Dieu en cherchant à pénétrer le code cosmique sur lequel repose l'Univers ? S'agit-il d'un message écrit, il y a très longtemps, dans une langue inconnue, en attendant qu'un jour lointain nous puissions en décrypter le sens ? Aux dernières pages de *Dieu et la Science*, nous posions cette question : « Qu'y a-t-il dans ce message ? Chaque atome, chaque fragment, chaque grain de poussière existe dans la mesure où il participe d'une signification universelle. Ainsi se décompose le code cosmique : d'abord de la matière, ensuite de l'énergie, et enfin de l'information. Y a-t-il encore quelque chose au-delà ? Si nous acceptons l'idée que l'Univers est un message secret, qui a composé ce message ? Si l'énigme de ce code cosmique nous

---

1. Pierre Loti cité par Roland Barthes, *Le Degré zéro de l'écriture*, Seuil, coll. « Points », 1972.

a été imposée par son auteur, nos entreprises de déchiffrement ne forment-elles pas une sorte de trame, de miroir de plus en plus net, dans lequel l'auteur du message renouvelle la connaissance qu'il a de lui-même ? »

ÉPILOGUE ET PERSPECTIVES

Nous l'avons vu tout au long de ce livre, les questions (parfois dérangeantes) suscitées par l'origine de l'Univers sont rarement posées. Et lorsqu'elles le sont, elles restent pour la plupart sans réponse. Alors que penser de notre approche du « point zéro » ? Permet-elle *vraiment* de dire si l'Univers a oui ou non une origine ? Et si oui, en quoi cette théorie peut-elle changer les connaissances que nous avons du commencement ?

La validation d'une idée nouvelle en science est un processus parfois tumultueux, toujours long, qui implique le jugement par les pairs et, si possible, une confirmation expérimentale. Nous allons voir que, dans les deux cas, ces voies de validation sont offertes à notre modèle d'Univers. Mais à coup sûr, cela prendra du temps. Beaucoup de temps, peut-être : plus une théorie est *nouvelle*, plus il lui est difficile de se frayer un chemin vers la reconnaissance générale. En moyenne, environ une dizaine d'années – parfois bien plus – après la publication des articles initiaux... Mais dans l'intervalle, comment estimer la validité de notre approche ? Comment juger de son utilité ?

Ce qui précède doit finalement paraître bien abstrait et même totalement arbitraire aux yeux du plus grand nombre. Après tout, comment être sûr que les idées de fluctuations de signature et de point zéro euclidien sont plus que de simples artifices mathématiques ?

321

Avant le Big Bang

Indications expérimentales

A quelle condition une théorie physique a-t-elle un sens ? Uniquement si elle franchit avec succès le « mur de la réalité ». Autrement dit, si elle rencontre une confirmation expérimentale. Cela semble bien difficile pour des idées et hypothèses aussi abstraites, aussi franchement « théoriques » – que les nôtres. Et pourtant : il existe aujourd'hui plusieurs observations expérimentales très étranges, qui divisent les spécialistes ou, à tout le moins, les laissent perplexes. Or, de manière inattendue, celles-ci paraissent bel et bien de nature à confirmer la validité de la solution que nous proposons pour expliquer l'origine de l'Univers. De quoi s'agit-il ? Pour le découvrir, nous avons retenu trois de ces observations énigmatiques. Le plus troublant (mais aussi, à nos yeux, le plus encourageant) c'est que chacune d'elles débouche sur un mystère encore non résolu. Autrement dit, ces expériences ou observations ont donné lieu à des résultats précis et incontestables, reproduits à la demande en laboratoire. Pourtant, elles restent très difficiles à interpréter – et même à comprendre –, de sorte qu'il n'existe à l'heure actuelle aucun consensus clair chez les experts pour leur donner un sens. Or, c'est à ce stade que notre théorie peut apporter un éclairage nouveau et, peut-être, une solution.

Commençons avec une première observation mystérieuse : l'accélération de l'expansion de l'Univers.

L'énergie sombre

Nous sommes à la fin de l'automne 1998. Cette année-là, les astronomes et les physiciens du monde entier entrent soudain en effervescence tandis que l'austère revue scientifique *Nature* titre en gros caractères à la une : « La révolution de l'année ».

322

Quelque chose va changer notre vie. Quoi donc ? Une découverte il est vrai stupéfiante, à laquelle personne ne s'attendait vraiment : l'expansion de l'Univers est en train de *s'accélérer* ! Est-ce possible ? Si oui, alors les étoiles et constellations qui brillent en silence dans la nuit vont progressivement s'écarter les unes des autres, de plus en plus loin, comme poussées par une main invisible. Jusqu'à ce qu'elles disparaissent une à une au-delà de l'horizon visible et que le ciel, un jour lointain, devienne entièrement noir.

Comment avait-on pu mettre en évidence un pareil phénomène ? Tout simplement en observant avec soin la lumière émise par des étoiles très lointaines et très brillantes qu'on appelle des « supernovae ». Pendant longtemps, cette étude n'avait rien donné de spécialement intéressant. Jusqu'à une belle nuit d'octobre 1998 où nous avons reçu un message intrigant de l'un de nos correspondants astrophysicien au Lawrence Radiation Laboratory de Berkeley : quelque chose n'allait pas avec l'éclat des supernovae observées. Quoi donc ? En fait, compte tenu de leur distance, leur éclat était beaucoup plus faible qu'il n'aurait dû l'être. Résultat : ces astres se trouvaient *plus loin* que prévu et l'expansion du cosmos se déroulait donc beaucoup plus vite qu'on ne le croyait. En fait à une vitesse qui ne cessait de s'*accélérer* ! Depuis ce message historique, d'autres satellites ont été lancés et de nouvelles mesures ont été effectuées. Les calculs ont été faits et refaits d'innombrables fois et, aujourd'hui, il n'y a plus le moindre doute : les constellations et galaxies s'éloignent les unes des autres vers l'infini, *de plus en plus vite* à mesure que le temps passe.

Comment expliquer un phénomène aussi étrange, aussi inattendu ? Selon le physicien théoricien Frank Wilszek du MIT (celui-là même qui avait déclaré en novembre 2002 que nos articles étaient « difficiles à juger ») cette étonnante accélération est « peut-être la chose la plus mystérieuse de toute la science ». Peut-être. Car si la fuite de l'Univers dans le vide s'accélère, cela ne peut se faire que sous l'action d'une force mystérieuse. Mais laquelle ? Malgré tous leurs efforts, les physiciens ne sont toujours pas parvenus à répondre. A défaut, certains lui ont donné un nom vaguement inquiétant, qui semble tout droit issu de *La Guerre des étoiles* : « l'énergie sombre ». D'autres, convaincus qu'il s'agit d'une chose qui ne peut se ramener à rien de connu, l'ont appelé « la quintessence ». D'autres encore, plus dramatiquement, la nomment « énergie fantôme ». Mais quel que soit son nom, à elle seule, cette force non identifiée qui remplit peut-être l'Univers représenterait plus des deux tiers de son contenu en matière-énergie (la matière visible ordinaire ne comptant que pour environ cinq pour cent). Alors de quoi s'agit-il ? En gros, d'une sorte de « pression négative », une « énergie fantôme » ressemblant un peu à la fameuse constante cosmologique introduite dans les années vingt par Einstein (avant d'être vigoureusement réfutée par lui). Mais quelle est la nature exacte de cette énergie invisible ? Pourquoi existe-t-elle ? Mystère. Or, bizarrement, c'est à ce stade que nous retrouvons nos travaux.

Revenons en 1998. Cet été-là, nous nous trouvions dans ce gigantesque laboratoire de physique nucléaire que représente le CERN, dans la division de la théorie. C'est là que se sont succédé les plus grands savants du monde. Et c'est là que nous devions retrouver une fois de plus Costas Kounnas, l'un de nos rapporteurs pour la partie physique de nos travaux, et Gabriele Veneziano. Or, par ce tranquille après-midi d'août, fenêtre grande ouverte sur la fraîcheur des arbres, nos discussions étaient particulièrement animées. Car les calculs que nous venions d'achever au tableau noir ne laissaient aucun doute : pour être cohérente, notre théorie de fluctuations de la signature impliquait *inévitablement* la présence dans les équations (et donc dans l'Univers à l'origine) d'une force nouvelle, différente de celles qu'on connaissait alors. Cette force (qui représente ce qu'on appelle en physique théorique un « champ scalaire ») devait, selon nous, nécessairement « dilater » l'espace-temps dès le début et, par la suite, accélérer son expansion. Or, il existe, dans l'arsenal de la physique théorique, un champ qui possède à peu près ces propriétés : le « dilaton » (un nom un peu cocasse, mais qui désigne bien ce qu'est ce champ scalaire). Prédit par plusieurs théories – dont celle des cordes –, le dilaton (qui, comme son nom l'indique, aurait pour effet de « distendre » la géométrie de l'espace-temps) serait apparu au début de l'histoire de l'Univers, c'est-à-dire dès le temps de Planck. Tout cela nous paraissait s'emboîter de manière naturelle et nous avons donc proposé à Kounnas et Veneziano d'identifier la force mystérieuse de notre modèle au fameux champ de dilaton. Ce qui leur avait paru cohérent mais, malgré tout, un peu osé. Il faut en effet se souvenir qu'à l'époque, l'accélération de l'Univers n'avait pas encore été observée et que l'on n'imaginait absolument pas l'existence d'une inutile (et invraisemblable) « force sombre ». Une force qui, pourtant, surgissait immanquablement de nos équations, comme nous l'avons soutenu à l'Ecole polytechnique en juin 1999, face à un jury passablement sceptique. Entre-temps, dès les derniers jours de 1998, l'équipe d'astrophysiciens du Lawrence Berkeley Laboratory avait annoncé au monde entier la nouvelle fracassante : l'expansion de l'Univers était en pleine accélération ! Enfin, un an plus tard, au printemps 2000, la dernière étape a été franchie lorsque les scientifiques, indépendamment de notre hypothèse de 1998, ont suggéré à leur tour que cette fameuse énergie sombre ne serait autre que le « dilaton ». L'un des exemples les plus clairs de cette identification de l'énergie sombre au dilaton est représenté par l'article signé par Veneziano et deux de ses collègues en 2002 dans *Physical Review*, intitulé « Quintessence as a runaway dilaton ».

Entrons un peu plus dans les détails. D'où provient ce champ surprenant qu'est le dilaton ? Selon la théorie des cordes, il pourrait être le résultat de ce qu'on appelle une « réduction dimensionnelle », c'est-à-dire la réduction à zéro de l'une des dimensions de l'espace-temps. Bien entendu, à l'origine (à l'instant t = 0), il nous a paru naturel (et même inévitable) de considérer que le temps était soumis à une réduction dimensionnelle. Par conséquent, comme nous l'a fait observer Costas Kounnas, il est tout à fait raisonnable de remplacer la dimension réduite du temps par un champ « scalaire » du type dilaton. Mais dans ce cas, ce champ joue le rôle de la quatrième coordonnée du pré-espace-temps nouveau-né (et cela entraîne, comme nous le montrons dans nos thèses, que cette quatrième coordonnée, représentée par le dilaton, *devient* nécessairement une dimension de temps imaginaire pur. Conclusion : à l'origine, la signature de la métrique à quatre dimensions serait inévitablement euclidienne (++++). Bien entendu (comme cela est également mis en évidence dans nos travaux) le dilaton n'existe pas à l'état isolé. En effet, à l'échelle de Planck, tous les champs sont en quelque sorte « symétriques », ce qui implique que dès que l'on s'éloigne de l'origine, le dilaton (s'il existe) est nécessairement couplé à un deuxième champ scalaire – de type non plus réel mais cette fois imaginaire pur – qui fait office de « partenaire » : le champ dit « axionique » (ne nous effrayons pas de ces mots barbares). Comme nous l'avons montré dans nos thèses, le dilaton et l'axion sont alors réunis au sein d'un même champ scalaire *complexe*. Or, l'existence de ce champ complexe à l'échelle de Planck explique parfaitement que la métrique puisse fluctuer entre temps réel et temps imaginaire à cette même échelle. Autrement dit, l'« oscillation aléatoire » entre le dilaton et l'axion dans le couplage avec la métrique spatiale ordinaire à trois dimensions *représente précisément la source de la possible fluctuation de la signature à l'échelle de Planck.*

Que pouvons-nous conclure de tout cela ? Tout simplement que l'accélération observée de l'espace-temps pourrait représenter un fort indice expérimental en faveur de l'existence d'une « fluctuation » de la signature de la métrique à l'échelle de Planck.

Voici pour le premier indice. Passons à présent au second.

Épilogue et perspectives

Paradoxe EPR, expérience d'Aspect
et temps imaginaire

Par un jour lointain de 1935, Albert Einstein et deux de ses élèves, Boris Podolski et Nathan Rosen, publièrent un article retentissant (et désormais célèbre) dans *Physical Review*. Leur objectif ? Mettre en évidence l'absurdité (selon eux) d'une propriété nouvelle de la théorie quantique, appelée la « non-séparabilité ». Que veut dire ce terme ? Etrangement, que deux particules (par exemple deux photons) issues d'une même source ne peuvent pas être séparées, quelle que soit leur distance apparente. Or, Einstein ne pouvait pas admettre cette conclusion, dans la mesure où elle signifiait la disparition pure et simple des dimensions de temps et d'espace en tant que « dimensions physiques ». Il pensait au contraire qu'il devait exister ce qu'il appelait des « variables cachées » : pour retrouver l'aspect déterministe de la nature il suffisait donc, selon lui, de connaître ces variables cachées. Ainsi, en formulant ce paradoxe aujourd'hui connu sous le nom de « paradoxe EPR » (du nom de ses trois auteurs), le grand savant espérait montrer d'une manière éclatante la fausseté de certains aspects de la physique quantique. Avait-il raison ?

Il faudra attendre près d'un demi-siècle pour avoir la réponse. Celle-ci viendra de France, plus exactement du laboratoire d'optique de l'université d'Orsay.

Nous voici donc au printemps 1981. Cette année-là, nous nous étions rendus au CERN pour y rencontrer le physicien théoricien John Bell. Nous avons déjà dit que Bell (hélas disparu en 1990) était proche de Roman Jackiw, avec qui il a découvert en 1969 la fameuse « anomalie de Bell-Jackiw » à la base du modèle standard des particules élémentaires. Or, cinq ans plus tôt, en 1964, il avait achevé la construction d'une série d'équations compliquées, connues aujourd'hui dans le monde entier sous le nom d'« inégalités de Bell ». Que veulent dire ces inégalités ? En fait, en vue de réfuter le point de vue

327

d'Einstein exposé dans le paradoxe EPR, Bell a adroitement montré que le seul fait de supposer l'existence de « variables cachées » conduit à faire des prévisions qui sont totalement contraires à la mécanique quantique. Or, cet étonnant « théorème de Bell » était censé être vérifiable expérimentalement par son auteur. Et c'est ce qui a poussé un physicien français, Alain Aspect (aujourd'hui à l'Académie des sciences) à mener une série d'expériences qui sont devenues célèbres sous le nom d'« expérience d'Aspect ». Au cours de l'été 1981, quelques semaines après avoir mené nos discussions préparatoires avec John Bell, nous nous sommes donc rendus au laboratoire d'Aspect. Au long des semaines, en compagnie du physicien théoricien Bernard d'Espagnat nous avons alors assisté à d'innombrables « tirs de photons » (en fait, la « machine » d'Aspect pouvait se comparer à une sorte de canon photonique qui avait la propriété d'émettre des photons – c'est-à-dire des « grains de lumière » – par paires). Or, au fil de ces tirs, Alain Aspect a réussi a montrer que deux photons, apparemment séparés par une distance de seize mètres dans l'appareillage d'origine (deux tubes de huit mètres chacun), en réalité ne le sont pas et continuent d'interagir malgré la distance. Autrement dit, la nature se comporte conformément aux prédictions de la mécanique quantique : elle viole les inégalités de Bell et invalide toute théorie à variables cachées. Quelle conclusion en tirer ? En somme, que l'inséparabilité quantique existe bel et bien puisque des phénomènes élémentaires que l'on croit séparés dans l'espace ne le sont jamais. Mais pour quelle raison ? Comment comprendre cette surprenante conclusion imposée par l'expérience d'Aspect (ainsi que par toutes celles qui ont suivi) ? C'est là que les choses se compliquent. Car les physiciens ne sont pas encore parvenus à expliquer de manière convaincante cette mystérieuse propriété de non-localité. Dans son célèbre cours de physique, le Prix Nobel Richard Feynman résume d'une formule sarcastique l'esprit des physiciens depuis des dizaines d'années : « En attendant une explication satisfaisante, il nous faut marcher sur cette corde raide[1]. »

Jusqu'à récemment, la seule façon de comprendre le phénomène consistait à évoquer le principe de non-localité que nous avons déjà présenté. Comme l'ont souligné dès 1978 Clauser et Shimoni, tous deux physiciens théoriciens, « on peut maintenant affirmer avec une confiance raisonnable que soit la thèse du réalisme soit l'idée de localité doivent être abandonnées. Quel que soit le choix, il va changer radicalement nos conceptions sur la réalité et sur l'espace-temps[2]. »

Or, c'est à ce stade, que, d'une façon inattendue, nos travaux peuvent peut-être contribuer à apporter une explication nouvelle.

En effet, s'il est exact (comme le pensait Einstein) que l'inséparabilité quantique viole les contraintes habituelles de l'espace-temps en régime « lorentzien » (c'est-à-dire lorsque agit la métrique de Lorentz +++−), ce n'est plus vrai en régime euclidien (lorsque domine la signature euclidienne ++++). En effet, n'oublions pas que dans ce cas, le temps réel est remplacé par le temps imaginaire pur. Or, en temps imaginaire, il n'existe plus aucune distance mesurable et donc plus aucune séparation entre les points. Une explication possible de l'expérience d'Aspect (et par conséquent une solution plausible du paradoxe EPR) est donc que les photons (ou toutes autres particules élémentaires) apparemment séparés dans le temps réel en fait ne le sont plus – ne peuvent pas l'être – dans le temps imaginaire pur. Dans ce cas, ce que l'on appelle le « pont EPR » reliant les phénomènes élémentaires à l'échelle quantique ne serait autre qu'une sorte d'« effet tunnel » en métrique euclidienne imposant une relation non locale entre deux phénomènes élémentaires localisés dans l'espace-temps.

---

1. Richard Feynman, *Lectures on physics,* vol. III, Addison-Wesley, 1970.
2. http://www.complete-review.com

Avant le Big Bang

Terminons par le dernier indice expérimental possible : les trous noirs. De manière surprenante, nous allons voir que si ces « astres » mystérieux existent, alors ils pourraient bien constituer un site naturel confirmant notre approche de la Singularité Initiale.

Trous noirs euclidiens à quatre dimensions

S'ils existent vraiment (et nous allons voir que c'est probablement le cas), il s'agit des objets cosmiques les plus fascinants et les plus mystérieux qui puissent être. Unifiant derrière l'horizon des évènements le zéro et l'infini, il se pourrait bien qu'ils contiennent à la fois le secret de la fin de l'Univers et – ce qui est bien plus surprenant – celui de son commencement.

Un trou noir n'est autre qu'une étoile massive qui, au bout de sa longue vie (plusieurs milliards d'années), finit par s'effondrer en quelques minutes seulement sur elle-même. Au terme de cette catastrophe cosmique à peine imaginable, la matière de l'étoile a été entièrement engloutie par un tourbillon gravitationnel : seule subsiste alors la masse du soleil noir et son colossal champ de courbure. On le sait, cette houle gravitationnelle autour du trou noir est si intense que rien, pas même la lumière, ne peut s'en échapper. Et ce jusqu'à la Singularité Finale, tapie au fond de l'immense puits de gravitation.

C'est là que commencent les problèmes. Car si rien ne s'échappe d'un trou noir, comment parvenir à le détecter ? Comment même être sûr qu'ils existent ?

En fait, il n'y a qu'un seul moyen : observer les multiples effets de leur champ gravitationnel sur la matière proche. En effet, un trou noir est en principe immergé dans un « milieu naturel » ultra-riche en gaz, en poussières et en étoiles (notamment dans le cas des étoiles binaires, lorsque le système solaire comporte deux étoiles). Ces gaz s'accumulent alors en tournoyant de plus en plus vite dans un disque d'accrétion avant de disparaître au cœur du trou noir. Or, la matière engloutie par ce fantastique « ogre gravitationnel » signale sa disparition par un flash électromagnétique très intense – notamment des rayons X – qu'il est possible de détecter. C'est pourquoi la plupart des astrophysiciens pensent aujourd'hui que les phénomènes les plus lumineux de l'Univers sont en réalité causés par les trous noirs, aussi bien au niveau des étoiles qu'à l'échelle, gigantesque, des galaxies.

Aujourd'hui, les satellites d'observation ont repéré dans notre galaxie et dans le nuage de Magellan (galaxie voisine faisant partie de l'amas local) plus d'une dizaine de systèmes binaires sources de violentes décharges de rayons X. Une observation frappante a ainsi été publiée le 13 septembre 2001 dans *Nature* : des astrophysiciens du CEA, du National Radio Astronomy Observatory (NRAO) et de l'Observatoire européen austral (ESO) sont, semble-t-il, parvenus à reconstituer, pour la première fois, la trajectoire d'un trou noir engloutissant son compagnon stellaire, sur une orbite traversant les parages de notre système solaire. Il s'agit là, selon les astrophysiciens, d'un indice très probable de la découverte de trous noirs stellaires.

Les trous noirs géants

Hormis les trous noirs stellaires, les spécialistes pensent depuis quelques années qu'il existerait une deuxième famille encore plus stupéfiante : les trous noirs géants. On suppose aujourd'hui que l'accrétion de matière par un trou noir géant est la clef de la prodigieuse activité des galaxies. En effet, lorsqu'une étoile franchit l'horizon d'un trou noir géant, elle est progressivement écrasée puis réduite en poussière par les colossales forces de marée. Les débris stellaires déchiquetés, auréoles de gaz incandescents, tombent alors inexorablement dans le trou noir. Avant de disparaître à jamais, ils émettent un immense et ultime rayonnement.

A-t-on observé des trous noirs géants ? Un cas trouble particulièrement les astronomes : celui du quasar 3 C 273, situé à trois milliards d'années-lumière. De son centre s'échappent des éruptions gazeuses à des vitesses proches de celle de la lumière. Il est aussi brillant que mille galaxies comme la nôtre ; toutefois, il mesure moins d'une année-lumière, ce qui fait de lui un candidat idéal pour un trou noir géant.

Faisons le point : aujourd'hui, la plupart des astrophysiciens, selon les résultats de leurs observations, sont persuadés de l'existence effective des trous noirs. Mais à présent, en quoi ces trous noirs, s'ils existent bel et bien, sont-ils en mesure de renforcer notre approche de l'instant zéro ?

Trous noirs et point zéro de l'espace-temps

Le lien entre la Singularité Initiale et les trous noirs est d'abord intuitif : dans les deux cas, il existe une singularité. Simplement, il s'agit d'une « Singularité Finale » (et non pas initiale) dans le cas des trous noirs. Cela nous a amenés à proposer dès 1995 dans nos travaux que, de même que pour la Singularité Initiale, les singularités de type trous noirs engendrent une configuration de champ « ponctuelle », dont la solution ne relève pas de la théorie physique mais de la théorie topologique des champs. Les étapes – et donc les réponses –, même si elles suivent un chemin inverse, sont en réalité, du point de vue du contenu, rigoureusement identiques.

En effet, plongeons sous l'horizon et laissons-nous aspirer par le siphon gravitationnel vers la Singularité Finale. A un certain moment (en fait, en temps propre, très rapidement) nous allons atteindre le Mur de Planck. Que se passe-t-il alors ? En fait, un phénomène entièrement nouveau, qui n'avait encore jamais été entrevu jusqu'ici : la métrique d'espace-temps ordinaire (la métrique de Lorentz) est, en quelque sorte, « brisée » par le trou noir et, désormais soumise au principe quantique d'incertitude, se met à fluctuer. Tout comme elle fluctuait à l'origine, lorsque l'Univers tout entier n'était pas « plus grand » que la longueur de Planck. Alors, nous retrouvons au cœur du trou noir la fameuse fluctuation de signature évoquée tout au long de cet ouvrage : dans le trou noir à l'échelle de Planck, le temps devient « flou » et se met à osciller entre temps réel et temps imaginaire. Autre façon de décrire le phénomène : lorsque à l'intérieur du trou noir le diamètre du disque d'accrétion atteint l'échelle de Planck, la température au fond du puits gravitationnel atteint un seuil d'équilibre et la métrique résiduelle du trou noir est soumise à la condition KMS. Cela veut dire, comme nous l'avons montré dans nos travaux, que la direction temporelle devient alors complexe (autrement dit, encore une fois, qu'elle oscille entre temps réel et temps imaginaire pur).

Reste enfin la dernière étape, la Singularité Finale, tapie au fond du trou noir. Jusqu'ici, elle apparaissait nimbée d'un mystère opaque et aucune solution n'avait été proposée pour la décrire. Or, de manière naturelle, c'est encore la même solution qu'à l'origine qui s'applique pour les singularités finales. En effet, les calculs que nous avons effectués ont montré sans ambiguïté que les singularités finales sont effondrées sur un point, lequel est entièrement décrit par une métrique euclidienne. Autrement dit, le temps propre caractérisant ce point singulier n'est plus réel mais est devenu purement imaginaire. En termes techniques, cette situation unique se traduit par le fait que la signature de la métrique sur le point représentant la singularité finale est euclidienne.

Les conséquences de cette possible avancée sont importantes. Signalons-en simplement deux. Tout d'abord, contrairement à ce que l'on pensait jusqu'ici, nos résultats signifient qu'il existe bel et bien une solution au problème des singularités du type trou noir (mais dans le cadre nouveau de la théorie topologique des champs et seulement dans ce cadre-là). Et ensuite, bien entendu, la notion nouvelle de « trou noir euclidien » constitue une autre confirmation – par l'observation indirecte des trous noirs – de l'existence possible d'une signature euclidienne sur la Singularité Initiale de l'espace-temps.

Mais il y a plus. Notre idée de « trous noirs euclidiens » (plus exactement de solution euclidienne au problème des singularités finales) a été progressivement adoptée par plusieurs spécialistes des trous noirs depuis nos soutenances de travaux à l'Ecole polytechnique en juin 1999. Le premier acte de cette avancée est dû à Charles Hellaby, Ariel Sumeruk et George Ellis, trois chercheurs spécialisés depuis le début des années quatre-vingt-dix dans l'étude du changement classique (c'est-à-dire dans le cadre de la relativité générale) de la signature de la métrique de l'espace-temps. George Ellis travaille avec ses collègues au département de mathématiques appliquées de l'université de Cape Town. C'est un relativiste de tout premier plan, coauteur avec Stephen Hawking d'un remarquable ouvrage sur l'espace-temps à grande échelle. Plus décisif ici, il est également l'un des meilleurs experts – depuis le début des années quatre-vingt-dix – de la délicate question du changement *classique* de la signature de l'espace-temps. De sorte qu'en 1992, avec ses deux collègues, il a publié dans *Classical and Quantum Gravity* un article clef sur le sujet en montrant que le changement de signature de la métrique est parfaitement en accord avec les contraintes imposées par la relativité générale. Au cours de cette décennie quatre-vingt-dix, nous avons eu ainsi plusieurs discussions avec lui, toujours stimulantes, au cours desquelles ont été abordées sous divers angles les possibilités de transformation euclidienne de la signature au cœur des trous noirs. En juillet 1999 paraît le premier article appliquant rigoureusement l'idée de changement classique de signature de la métrique à l'intérieur des trous noirs, préprint intitulé : « Changement classique de signature dans la topologie des trous noirs ».

Ellis et ses deux collègues sont partis d'un point de vue très général (qui d'ailleurs recoupe le nôtre) : « L'objectif a été ici d'éviter l'inéluctable singularité des modèles d'espace-temps munis d'une signature purement lorentzienne en remplaçant, dans le cadre d'un changement de signature, le voisinage du Big Bang par un domaine originel de signature euclidienne libre de singularité. »

Puis, allant plus loin, les trois physiciens montrent enfin que ce qui est vrai dans l'espace-temps en général doit l'être nécessairement à l'intérieur des trous noirs : « Nous montrons alors ici que le changement de signature peut également permettre d'éviter la singularité de l'effondrement gravitationnel du type trou noir. »

Une nouvelle et importante étape est franchie en 2002 : les spécialistes des trous noirs ont en effet entrepris d'étendre à l'échelle quantique les résultats sur le changement de signature acquis par Ellis et d'autres dans le domaine des trous noirs classiques. Dans ce nouveau cadre, il est naturellement nécessaire d'envisager une « superposition quantique » de la signature à l'échelle quantique. Cette évolution des idées nous paraît bien entendu décisive en ce qu'elle coïncide avec nos propres résultats, acquis dans le cadre général de l'espace-temps à l'échelle de Planck mais également appliqués en 1996 dans le domaine des trous noirs quantiques. Un bon résumé de ce nouveau point de vue nous est fourni par le physicien Jorma Louko, de l'école mathématique de l'université de Nottingham : « Pour la plupart des types de trous noirs, la théorie quantique des champs sur les trous noirs munis d'une signature lorentzienne et les méthodes impliquant des instantons euclidiens (ou plus généralement complexes) ont donné des résultats compatibles propres à la thermodynamique des trous noirs. »

Ce qui est important ici, bien entendu, c'est le mot « complexe » : il implique la superposition quantique du temps réel et du temps imaginaire à l'intérieur du trou noir. Fort de cette idée que la signature peut fluctuer dans le cœur quantique du trou noir, c'est donc tout naturellement que Louko conclut : « La transition de la thermodynamique lorentzienne vers les conditions au bord représentant le domaine euclidien est motivée par des principes généraux (et convaincants). »

Il ne restait alors plus qu'à admettre que, sur la Singularité Finale elle-même, la signature ne fluctuait plus et devait donc être purement euclidienne. Cela a été acquis en mars 2003, lorsque deux autres spécialistes des trous noirs quantiques, Takato Hirayama et Bob Holdom, physiciens à l'université de Toronto, ont exprimé la question qui suit dans le titre de leur article : « Les trous noirs peuvent-ils posséder un noyau euclidien ? »

Et leur réponse est alors :

« La recherche de solutions régulières pour les trous noirs en relativité classique nous a conduits à considérer un noyau de signature euclidienne à l'intérieur des trous noirs. […] Pour qu'un centre régulier puisse exister, au moins une des composantes de la métrique doit changer de signe à l'intérieur du trou noir. Dans le cadre de cette transition, l'espace-temps peut-être muni des deux formes de signatures lorentzienne et euclidienne. »

Ce qui signifie que d'une part le principe de la superposition quantique de la signature à l'échelle de Planck dans le trou noir est implicitement accepté et que, d'autre part, la signature de la métrique du trou noir est posée comme euclidienne sur le noyau (c'est-à-dire sur la Singularité Finale).

Épilogue et perspectives

*

Avec cette avancée s'achève notre revue (d'ailleurs sommaire) des possibles confirmations observationnelles de nos idées à partir d'autres travaux, des résultats différents fondés sur des points de vue parfois éloignés. Nous avons bien conscience du caractère encore balbutiant, provisoire, fragile de l'approche euclidienne de l'espace-temps à l'origine. Mais, conformément à la belle prédiction d'André Lichnerowicz : « L'heure paraît venue où des chercheurs jusqu'alors séparés vont pouvoir unir leurs efforts en vue d'une tâche commune [...]. Ensemble, ils auront bien davantage de chances de résoudre le mystère de l'Univers. » Une nouvelle physique, celle du XXIe siècle, est lentement en train d'émerger. Nous pensons que la déformation de la signature à l'échelle de Planck fait partie de cette nouvelle approche. C'est pourquoi, comme nous l'écrivions en juin 1999 en conclusion de notre thèse, nous sommes plus que jamais attentifs à ces avancées espérées de l'observation ou de l'expérience. Car celles-ci, un jour proche ou lointain, « pourraient correspondre à une confirmation de la théorie de la déformation de la métrique à l'échelle de Planck ainsi que de la nature euclidienne de la signature à l'échelle singulière zéro ».

C'est là toute la distance qui sépare une théorie d'une découverte.

ANNEXES

Nous avons choisi de rassembler en annexe quelques éléments issus de notre recherche et destinés à en éclairer le contenu. Un travail de thèse est long, difficile, souvent obscur à lui-même. Pour en saisir le sens, pour en comprendre l'évolution, un tel travail s'accompagne de nombreux rapports qui permettent, au fil des années, d'évaluer ses développements et ses orientations. Pour ce qui nous concerne, vingt et un rapports ont été émis par divers experts avant et après les soutenances de nos thèses. Plutôt que de faire figurer ici l'ensemble – au reste très technique – de ces documents, il nous a paru utile de retenir seulement deux des rapports les plus significatifs : le premier, de Shahn Majid, en mathématiques, le second, de Roman Jackiw, en physique théorique. Ces deux textes nous semblent bien résumer, d'un point de vue scientifique, le contenu de nos travaux. Comme par ailleurs – qui l'ignore encore ? – une discussion mondiale a suivi la publication de nos recherches, il nous a également semblé nécessaire de faire figurer ici l'une des interventions, publiée le 11 novembre 2002 par le physicien théoricien Urs Schreiber dans le forum de discussion Science Physics Research. Ce texte résume clairement notre travail en théorie topologique des champs. Enfin,

341

Avant le Big Bang

*à titre d'exemple, on trouvera ici le principal théorème mathé-
matique qui établit formellement, dans le cadre de la théorie
des groupes quantiques, notre idée de fluctuations de la signature de la métrique. Ce théorème fait partie de l'article
« Construction of Cocycle bicrossproduct by Twisting »,
publié en 2002 sur l'arXiv de l'Université Cornell. Mais voici,
pour commencer, un bref extrait d'un texte publié, en forme
de mise au point, par Daniel Sternheimer, notre second directeur de thèse.*

*Mathématicien, spécialiste de la théorie
des groupes et algèbres de Lie, expert reconnu
des théories de déformations d'algèbres,
Daniel Sternheimer a été, depuis 1965,
le plus proche collaborateur du mathématicien
Moshé Flato, personnalité hors du commun,
l'un des meilleurs spécialistes au monde
de la théorie des produits étoile et déformations
d'algèbres. Ensemble, ils ont publié plusieurs articles
fondamentaux qui ont été à l'origine de la théorie des
groupes quantiques. En dehors de ses activités de
chercheur, Daniel Sternheimer est également responsable
du journal* Letters of Mathematical Physics,
*l'une des revues de physique mathématique
les plus réputées dans le monde. Après la disparition
de Flato, notre premier directeur de thèse entre 1994
et 1998, Daniel Sternheimer a pris la relève.
Voici un court extrait d'un texte qui a servi de base
à un document publié, en 2003, sur le site
de la Société française de physique.*

NOTE DU DIRECTEUR DE THÈSE

La diversité est une bonne chose en science. Le « pape » de la physique théorique du milieu du siècle dernier, Wolfgang Pauli, avait d'ailleurs coutume de dire d'articles corrects mais sans âme qu'ils n'étaient « même pas faux », tant il est vrai qu'une erreur inspirée peut être féconde. Il est même admissible, en physique, de prendre des libertés avec la rigueur mathématique s'il s'agit de promouvoir une direction de recherche, non d'en interdire une.

Au-delà des commentaires extrêmes suscités par les Bogdanov, ils ont, en matière scientifique, un point de vue qui interpelle et mérite intérêt. Pour ce qui est de la recherche, celle-ci concerne la question complexe et hautement spéculative de la Singularité Initiale de l'espace-temps au voisinage du « Big Bang » ainsi que les outils mathématiques utilisables pour la traiter. Selon leur approche, à l'échelle de Planck – avant le Big Bang –, l'Univers était en équilibre thermique (« état KMS »). Alors le temps, complexe, oscille entre temps réel et temps imaginaire ; la métrique (distance d'espace-temps) *fluctue* entre la forme minkowskienne de la relativité restreinte (notre Univers) et la forme euclidienne (la Singularité Initiale). Dans ce cadre, les idées conventionnelles sur le début de l'Univers sont considérablement modifiées, particulièrement la notion de Singularité Initiale. L'approche des Bodganov, selon les rapporteurs, présente des idées nouvelles qui ont des implications plausibles en cosmologie et dans d'autres phénomènes gravitationnels. La partie mathématique de la thèse de Grichka (dont un résultat sous forme de théorème) est motivée par ces idées. Certes, leur style est non-standard dans les publications scientifiques. Mais ceux qui (comme les rapporteurs et d'autres) veulent s'en donner la peine peuvent alors découvrir un point de vue original et, le cas échéant, s'en inspirer.

La recherche ne procède pas autrement.

Prof Daniel Sternheimer
Mathématicien
Directeur de Recherches au CNRS

Shahn Majid est chercheur en mathématiques, professeur à l'université de Cambridge et à l'université Queen Mary. Elève en thèse de Clifford Taubes (lui-même élève du grand Jaffe et, avant lui, de John Wheeler), c'est l'un des pionniers et aussi l'un des meilleurs experts de la théorie des groupes quantiques ; il est, en particulier, l'inventeur de ce qu'on appelle les « groupes tressés ». On lui doit le fameux Quantum Groups, *aujourd'hui le meilleur ouvrage existant sur la théorie des groupes quantiques. Convaincu que cette théorie représente un outil fondamental qui permettra de résoudre les nombreux problèmes que doit affronter la physique à l'échelle de Planck, Majid écrit en 1995 dans son livre : « Les algèbres de Hopf fournissent un cadre unique pour l'unification de la mécanique quantique et de la gravité. » Dans son rapport sur la thèse de Grichka Bogdanov, il insiste tout particulièrement sur l'importance des groupes quantiques en cosmologie primordiale.*

RAPPORT DE THÈSE
(partie algébrique)
par le professeur Shahn MAJID
Département de mathématique appliquées
et de physique théorique de l'université de Cambridge
9 mars 1999

Voici mon rapport sur la thèse de Mr Grichka Bogdanov, intitulée *Fluctuations quantiques de la signature de la métrique à l'échelle de Planck.*

Il s'agit d'une thèse impressionnante, qui démontre une grande originalité et une solide détermination de la part de son auteur. Ce travail montre également une connaissance très vaste de nombreux domaines de la physique-mathématique. Ces qualités sont à la base de tout travail de thèse vraiment important.

La physique à l'échelle de Planck implique nécessairement des hypothèses spéculatives. Cependant, les idées de Bogdanov concernant les fluctuations de signature figurent, selon moi, parmi les plus originales et les plus intéressantes qu'il m'ait été donné de découvrir. Bogdanov développe l'idée selon laquelle les deux signatures (+++ −) et (++++) coexistent à la courbure de l'échelle de Planck, avant de subir, selon l'expansion de l'Univers, une transition vers la signature lorentzienne.

En dehors de considérations plus physiques, une part importante de son approche de ces idées consiste à faire appel, dans le chapitre 3, à la géométrie non commutative qui apparaît

349

comme le guide de ce que l'on doit s'attendre à trouver à l'échelle de Planck. Cette approche a conduit Bogdanov à entrer en profondeur dans la théorie des groupes quantiques, comprise ici comme une classe naturelle de modèles issus de la géométrie non commutative. Je pense qu'il s'agit là d'une approche très appropriée et intéressante qui devra être développée. Dans cette perspective, Bogdanov a dû absorber un important formalisme mathématique qui n'est pas familier à la plupart des physiciens. Sur cette base, Bogdanov parvient, de manière que je crois très convaincante, à la conclusion selon laquelle, dans le contexte de modèles d'espace-temps déformables, il existe deux signatures naturelles pour la métrique (le cas ++−− étant naturellement exclu). En outre, les structures algébriques sous-jacentes au groupe q-euclidien $U_q(su_2) \otimes U_q(su_2^{*op})$ et au groupe q-lorentzien $U_q(su_2) \! >\! \! <\! U_q(su_2^{*op})$, qui apparaissent à première vue tout à fait différentes, peuvent en réalité être construites sur la même algèbre avec deux coproduits possibles correspondant à ces deux signatures. Celles-ci sont reliées par un cocycle de déformation de Drinfeld, ou « équivalence de jauge ». Par là, ainsi que par d'autres arguments, Bogdanov établit, je pense, à nouveau de manière convaincante, un lien entre quantification et changement entre ces deux signatures. Bien que la plupart des considérations de Bogdanov en q-géométrie renvoient à un espace plat, elles devraient pouvoir s'appliquer à la structure locale de la gravité quantique globale à l'échelle de Planck.

En même temps qu'il développe ces idées, Bogdanov a produit un certain nombre de résultats plus mathématiques motivés par ses considérations physiques. Parmi les plus intéressants d'entre eux, je ferai figurer la première construction d'un double produit croisé cocyclique ainsi que d'un produit bicroisé d'algèbres de Hopf, notamment :

$$U_q(so_{3,1}) \!>\!\!<\! \chi \, SO_q(4) \qquad\qquad U_q(so_4) \blacktriangleright\!\!\triangleleft \chi \, U_q(so_{3,1})$$

qui mélange les deux signatures dans un « double quantique cocyclique », ces deux signatures étant reliées par une dualisation partielle. Ce résultat ainsi que plusieurs autres hypothèses m'apparaissent bien fondés et, à la suite de la thèse, pourront former la base d'articles scientifiques publiables. Bogdanov propose une forme quotient de son double produit croisé cocyclique comme le q-analogue de l'espace symétrique

$$SO(3,1) \times SO(4) \, / \, SO(3)$$

Ce travail contient également plusieurs idées intéressantes à propos des anomalies et des extensions cocycliques. Il serait certainement intéressant, comme le pense Bogdanov, de reformuler le problème connu du dilaton (le caractère inévitable du générateur du dilaton) dans le contexte de l'algèbre q-déformée de Poincaré, en le considérant comme une anomalie physique. Un pas intéressant dans cette direction est la construction algébrique proposée par Bogdanov :

$$\mathbb{R}^{3,1} q \blacktriangleright\!\!\triangleleft \chi \, U_q(so_{3,1})$$

construction qui combine certains éléments de la q-algèbre bien connue de Poincaré (à dilaton) avec le produit bicroisé formant l'algèbre de κ-Poincaré (sans dilaton). Un cocycle de déformation devrait également relier les représentations euclidienne et lorentzienne de cette dernière forme. Bien que ces résultats soient encore des conjectures, je pense qu'ils sont stimulants et représentent une contribution de valeur susceptible de donner lieu à des publications.

En résumé, cette recherche représente une thèse hautement originale et stimulante qui est la première à explorer certaines idées intéressantes pour la physique à l'échelle de Planck. La principale conclusion, selon laquelle la signature est à la fois

Avant le Big Bang

modifiable et contrainte par la géométrie non commutative, est importante. Les instruments techniques et mathématiques utilisés sont très avancés et l'auteur manifeste, à l'évidence, une intuition remarquable. En conséquence, je recommande que M. Grichka Bogdanov se voie attribuer le grade de *Docteur en Mathématique.*

Professeur Shahn Majid
Département de mathématiques appliquées
et de physique théorique
Université de Cambridge

Après le rapport de Majid concernant les fondements mathématiques de la thèse, nous avons donc choisi de publier ici celui de Roman Jackiw qui concerne les hypothèses physiques de nos recherches. Roman Jackiw est l'un des physiciens théoriciens les plus éminents de ces dernières années. Il a soutenu sa thèse sous la direction de deux Prix Nobel de physique : Kenneth G. Wilson, de l'Université de l'Ohio, Prix Nobel en 1982, et Hans Albrecht Bethe, de l'Université Cornell, Prix Nobel en 1967. Il est aujourd'hui professeur de physique au célèbre Massachusetts Institute of Technology (MIT). Médaille Dirac 1998 (l'une des plus prestigieuses distinctions en physique), Jackiw a cosigné des articles-clefs avec la plupart des physiciens théoriciens de notre époque
– par exemple avec Gérard t'Hooft en 1984 (Prix Nobel), Edward Witten en 1985 (médaille Fields), Steven Weinberg en 1985 (Prix Nobel) ou encore Hans Bethe (également Prix Nobel) dès 1964. Tout comme Steven Weinberg – auteur dans les années soixante-dix du fameux ouvrage sur les trois premières minutes de l'Univers – Jackiw s'est spécialisé, dès les années soixante, dans l'étude des hautes températures

caractérisant l'Univers primordial. Il est l'auteur des fameuses anomalies de Bell-Jackiw et le père d'une application inattendue du terme de Chern-Simons en théorie de jauge à trois dimensions. Pendant de nombreuses années, Jackiw a également dirigé la célèbre revue Annals of Physics, *ce qui l'a amené à nous écrire, le 30 octobre 2001, après avoir lu la dernière version de nos travaux : « Bon travail. Je pense que vous idées sont suffisamment importantes pour ne pas être réservées à des journaux de second plan. Je vous conjure donc d'envoyer vos articles à des journaux importants* (Physical Review, Nuclear Physics, Annals of Physics, *etc.*). » *Ce que nous avons fait. Et cela a donné lieu à la publication de l'un de nos articles dans* Annals of Physics.

III

RAPPORT DE THÈSE
par le professeur Roman JACKIW
Département de physique théorique
Massachusetts Institute of Technology (MIT)
11 avril 2002

L'auteur propose une solution nouvelle et spéculative au problème de la Singularité Initiale qui précède le Big Bang, problème qu'il est impossible d'analyser dans le cadre conventionnel de la théorie des champs. Igor Bogdanov fait donc l'hypothèse selon laquelle cette (inaccessible) époque est gouvernée par la théorie topologique des champs thermiques qui satisfait à la condition de périodicité KMS. Dans le but de rendre ses idées plus concrètes, l'auteur fait plusieurs propositions inattendues mais toujours techniques qui reflètent avec vigueur l'originalité de sa pensée. Le champ considéré ici est celui de la théorie de supergravité $N = 2$. Avant le temps de Planck, l'espace-temps est soumis à un état de superposition quantique entre la composante lorentzienne et la composante minkowskienne. Un instanton euclidien singulier gouverne la singularité initiale tandis que la composante lorentzienne devient dominante à l'échelle de Planck et au-delà.

Cette thèse établit le phénomène fascinant qui suit. En effet, selon les approches conventionnelles appliquées à un système dynamique à haute température (e.g. la théorie des champs), il est admis qu'une direction genre temps est perdue ; et dans un tel contexte, il nous est alors demandé d'analyser la dynamique du système qui se trouve réduit à 3 dimensions d'espace. Par exemple, la théorie physique de Yang et Mills devient une théorie euclidienne de jauge à 3 dimensions tandis que le terme de Chern-Simons (introduit en physique par moi-même et mes collaborateurs) entre alors en application.

Or ici, l'idée non conventionelle introduite par Bogdanov est qu'à haute température, le système Yang-Mills *fluctue* dans la quatrième dimension supprimée, prenant alternativement une valeur genre temps et/ou genre espace. En d'autres termes, la surface spatiale à 3 dimensions a donc deux extensions possibles à l'intérieur desquelles on observe une fluctuation : l'espace-temps physique lorentzien usuel à (3 + 1) dimensions fluctue avec un espace euclidien à 4 dimensions.

Ce travail requiert encore d'autres développements avant qu'il puisse représenter une solution complète au problème qu'il pose. Cependant, la thèse et les publications scientifiques représentent d'ores et déjà une excellente introduction à ces idées et peuvent donner un essor très utile aux futures recherches qui se feront, dans ce domaine, à la suite de Igor Bogdanov.

En conséquence, je recommande que Igor Bogdanov soit élevé au grade de *Docteur en Physique Théorique.*

Professeur Roman Jackiw
Département de physique théorique
Massachusetts Institute of Technology (MIT)

Théorème 3.3.2
Extrait de l'article : « Construction
of Cocycle bicrossproduct by Twisting »

*Voici le théorème mathématique sur lequel repose
toute notre idée de fluctuations de la signature
de la métrique. Comme nous l'avons déjà rappelé
à plusieurs reprises, la théorie des groupes quantiques
est une théorie récente, très difficile, qui a pour but
de déformer les algèbres classiques (un peu comme
une loupe déforme la réalité en faisant apparaître
des détails invisibles à l'œil nu). Cette déformation
permet alors de décrire des phénomènes eux-mêmes
déformés par certaines conditions physiques extrêmes.
Il nous a fallu plus de six mois de travail sur ce seul
théorème avant de parvenir enfin à le démontrer.
Le théorème suivant prend place dans un article
de 11 pages publié et accessible sur l'arXiv de
l'université Cornell. Il démontre l'unification
des algèbres lorentzienne et euclidienne
au sein d'un même objet algébrique
que l'on appelle produit bicroisé cocyclique.
Cette unification d'algèbres démontre la possibilité
de la fluctuation de la signature de la métrique
entre les formes lorentzienne et euclidienne
à l'échelle de Planck.*

IV

CONSTRUCTION DE PRODUITS BICROISÉS COCYCLIQUES
PAR TWISTING
par Grichka Bogdanov
26 juin 1999

Théorème 3.3.2

Soit $\chi \in H \otimes H$ un 2-cocycle et H_χ l'algèbre de Hopf twistée de Drinfeld associée à l'algèbre de Hopf H. Alors il existe un produit bicroisé cocyclique de la forme :

$$M\chi(H) = H^{op} \;^{\psi}\!\!\rhd\!\!\blacktriangleleft H\chi$$

où $a \lhd h = h_{(1)} \, a \, Sh_{(2)}$

$\beta(h) = h_{(1)} \, Sh_{(3)} \otimes h_{(2)}$

comme précédemment mais à présent avec le cocycle

$$\psi(h) = h_{(1)} \, \chi^{(1)} \, Sh_{(4)} \, \chi^{-(1)} \otimes h_{(2)} \, \chi^{(2)} \, Sh_{(3)} \, \chi^{-(2)}$$

et donnant une extension des algèbres de Hopf

$H_\chi \to M_\chi(H) \to H^{op}$

En outre, $M_\chi(H) \cong H^{op} \otimes H_\chi$ en tant qu'algèbre de Hopf par $h_{(1)} \otimes h_{(2)} \, a \leftarrow h \otimes a$

Démonstration. Nous vérifions les conditions pour le produit bicroisé cocyclique $H^{op} \;^{\psi}\!\!\rhd\!\!\blacktriangleleft H\chi$ avec ψ tel qu'énoncé ci-dessus. Notons que H^{op} joue le rôle de H dans la théorie générale et $H\chi$ le rôle de A. Ici, H est une algèbre de Hopf quelconque. Donc, $H\chi$ a la même algèbre que H et reste un H^{op}-module algébrique, comme la forme usuelle

$M(H) = H^{op} \rhd\!\!\blacktriangleleft H.$

Ensuite, l'on a :

$$(id \otimes \beta) \circ \beta(h_{(1)}) \, \psi_{12}(h_{(2)}) = (h_{(1)(1)}Sh_{(1)(3)}$$
$$\otimes h_{(1)(2)(1)}Sh_{(1)(2)(3)} \otimes h_{(1)(2)(2)}) \, \psi_{12}(h_{(2)})$$
$$= h_{(1)(1)}Sh_{(1)(3)}h_{(2)}\chi^{(1)}Sh_{(5)}\chi^{-(1)}$$
$$\otimes h_{(1)(2)(1)}Sh_{(1)(2)(3)}h_{(3)}\chi^{(2)}Sh_{(4)}\chi^{-(2)} \otimes h_{(1)(2)(2)}$$
$$= h_{(1)}Sh_{(5)}h_{(6)}\chi^{(1)}Sh_{(9)}\chi^{-(1)}$$
$$\otimes h_{(2)}Sh_{(4)}h_{(7)}\chi^{(2)}Sh_{(8)}\chi^{-(2)} \otimes h_{(3)}$$
$$= h_{(1)}\chi^{(1)}Sh_{(5)}\chi^{-(1)}$$
$$\otimes h_{(2)}\chi^{(2)}Sh_{(4)}\chi^{-(2)} \otimes h_{(3)}$$

tandis que

$$\psi_{12}(h_{(1)})(\Delta_\chi \otimes id)\beta(h_{(2)}) = \psi_{12}(h_{(1)})(\chi^{(1)}h_{(2)(1)(1)}Sh_{(2)(3)(2)}\chi^{-(1)}$$
$$\otimes \chi^{(2)}h_{(2)(1)(2)}Sh_{(2)(3)(1)}\chi^{-(2)}h_{(2)(2)})$$
$$= h_{(1)(1)}\chi^{(1)}Sh_{(1)(4)}h_{(2)(1)(1)}Sh_{(2)(3)(2)}\chi^{-(1)}$$
$$\otimes h_{(1)(2)}\chi^{(2)}Sh_{(1)(3)}h_{(2)(1)(2)}Sh_{(2)(3)(1)}\chi^{-(2)}h_{(2)(2)}$$
$$= h_{(1)}\chi^{(1)}Sh_{(4)}h_{(5)}Sh_{(9)}\chi^{-(1)}$$
$$\otimes h_{(2)}\chi^{(2)}Sh_{(3)}h_{(6)}Sh_{(8)}\chi^{-(2)} \otimes h_{(7)}$$
$$= h_{(1)}\chi^{(1)}Sh_{(5)}\chi^{-(1)} \otimes h_{(2)}\chi^{(2)}Sh_{(4)}\chi^{-(2)} \otimes h_{(3)}$$

comme requis. Nous avons utilisé ici les propriétés élémentaires des algèbres de Hopf et les notations de Sweedler pour les coproduits. Aussi, en utilisant la propriété de cocycle de χ, il est possible d'observer que ψ est un cocycle dans le sens requis, de sorte que H^{op} devient un $H\chi$-comodule cocycle. Il est immédiatement clair que la coaction cocyclique résultante respecte le coproduit de H^{op} dans la mesure où ces applications sont les mêmes que pour $M(H) = H^{op} \rhd\!\!\blacktriangleleft H$.

Ainsi :

$$(id \otimes \psi) \circ \beta(h_{(1)})((id \otimes \Delta\chi)\psi(h_{(2)})$$
$$= (h_{(1)(1)}Sh_{(1)(3)} \otimes \psi(h_{(1)(2)}))\chi_{23}((id \otimes \Delta)\psi(h_{(2)})\chi_{23}^{-1}$$
$$= h_{(1)(1)}Sh_{(1)(3)}h_{(2)(1)}\chi^{(1)}Sh_{(2)(4)}\chi^{-(1)}$$
$$\quad \otimes h_{(1)(2)(1)}\chi^{(1)}Sh_{(1)(2)(4)}(h_{(2)(2)}\chi^{(2)}Sh_{(2)(3)}\chi^{-(2)})_{(1)}\chi^{-(1)}$$
$$\quad \otimes h_{(1)(2)(2)}\chi^{(2)}Sh_{(1)(2)(3)}(h_{(2)(2)}\chi^{(2)}Sh_{(2)(3)}\chi^{-(2)})_{(2)}\chi^{-(2)}$$
$$= h_{(1)}Sh_{(6)}\chi^{(1)'}Sh_{(12)}\chi^{-(1)'}$$
$$\quad \otimes h_{(2)}\chi^{(1)}Sh_{(5)}h_{(8)}\chi^{(2)'}_{(1)}Sh_{(11)}\chi^{-(2)'}_{(1)}\chi^{-(1)}$$
$$\quad \otimes h_{(3)}\chi^{(2)}Sh_{(4)}h_{(9)}\chi^{(2)'}_{(2)} \otimes Sh_{(10)}\chi^{-(2)'}_{(2)}\chi^{-(2)}$$
$$= h_{(1)}\chi^{(1)'}Sh_{(6)}\chi^{-(1)'} \otimes h_{(2)}\chi^{(1)}\chi^{(2)'}_{(1)}Sh_{(5)}\chi^{-(2)'}_{(1)}\chi^{-(1)}$$
$$\quad \otimes h_{(3)}\chi^{(2)}\chi^{(2)'}_{(2)}Sh_{(4)}\chi^{-(2)}_{(2)}\chi^{-(2)}$$

où χ' est une autre copie de χ, tandis que

$$\psi_{12}(h_{(1)})(\Delta\chi \otimes id)\psi(h_{(2)}) = \psi_{12}(h_{(1)})\chi_{12}(\Delta \otimes id)\psi(h_{(2)})\chi_{12}^{-1}$$
$$= h_{(1)(1)}\chi^{(1)}Sh_{(1)(4)}(h_{(2)(1)}\chi^{-(1)'}Sh_{(1)(4)}\chi^{-(1)'})_{(1)}\chi^{-(1)}$$
$$\quad \otimes h_{(1)(2)}\chi^{(2)}Sh_{(1)(3)}(h_{(2)(1)}\chi^{(1)'}Sh_{(2)(4)}\chi^{-(1)'})_{(2)}\chi^{-(2)}$$
$$\quad \otimes h_{(2)(2)}\chi^{(2)'}Sh_{(2)(3)}\chi^{-(2)'}$$
$$= h_{(1)}\chi^{(1)}Sh_{(4)}h_{(5)}\chi^{(1)'}_{(1)}Sh_{(10)}\chi^{-(1)'}_{(1)}\chi^{-(1)}$$
$$\quad \otimes h_{(2)}\chi^{(2)}Sh_{(3)}h_{(6)}\chi^{(1)'}Sh_{(9)}\chi^{-(1)'}_{(2)}\chi^{-(2)}$$
$$\quad \otimes h_{(7)}\chi^{(2)'}Sh_{(8)}\chi^{-(2)'}$$
$$= h_{(1)}\chi^{(1)}\chi^{(1)'}_{(1)}Sh_{(6)}\chi^{-(1)'}_{(1)}\chi^{-(1)}$$
$$\quad \otimes h_{(2)}\chi^{(2)}\chi^{(1)'}_{(2)}Sh_{(5)}\chi^{-(1)'}_{(2)}\chi^{-(2)}$$
$$\quad \otimes h_{(3)}\chi^{(2)'}Sh_{(4)}\chi^{-(2)'}$$

ce qui est égal à l'expression ci-dessus, à cause de l'axiome de cocycle pour χ et de sa version correspondante pour χ^{-1}. Nous obtenons donc un coproduit croisé cogébrique cocyclique de la forme $H^{op\ \psi} \!>\!\blacktriangleleft H\chi$ et un produit croisé $H^{op} \rhd\!< H\chi$. On peut alors vérifier les conditions de compatibilité (A) – (D) pour voir que l'une admet une algèbre de Hopf.

Alternativement, on note que l'on a un isomorphisme d'algèbre

$$\theta : H^{op} \otimes H\chi \to H^{op} \rhd\!\blacktriangleleft H\chi, \ \theta(h \otimes a) = h_{(1)} \otimes h_{(2)}a$$
$$(3.\,20)$$

parce que l'algèbre est la même que pour

$$M(H) = H^{op} \rhd\!\blacktriangleleft H.$$

L'on vérifie que θ est aussi un isomorphisme des cogèbres prouvant donc que $H^{op\ \psi} \rhd\!\blacktriangleleft H\chi$ est une algèbre de Hopf. Ici, son coproduit croisé est explicitement :

$$\Delta(h \otimes a) = h_{(1)} \otimes h_{(2)(1)}Sh_{(2)(3)}h_{(3)(1)}\chi^{(1)}Sh_{(3)(4)}a_{(1)}\chi^{-(1)} \otimes h_{(2)(2)}$$
$$\otimes\ h_{(3)(2)}\chi^{(2)}Sh_{(3)(3)}a_{(2)}\chi^{-(2)}$$
$$=\ h_{(1)} \otimes h_{(2)}\chi^{(1)}Sh_{(6)}a_{(1)}\chi^{-(1)} \otimes h_{(3)}$$
$$\otimes\ h_{(4)}\chi^{(2)}Sh_{(5)}a_{(2)}\chi^{-(2)}$$

On laisse au lecteur le soin de vérifier que

$$\Delta\theta(h \otimes a) = \theta \otimes \theta(h_{(1)} \otimes \chi^{(1)}\,a_{(1)}\chi^{-(1)} \otimes h_{(2)} \otimes \chi^{(2)}\,a_{(2)}\chi^{-(2)})$$

comme requis. $\square$

Entre octobre 2002 et janvier 2003, 251 articles ont été publiés à propos de nos recherches sur le forum scientifique de discussion Science Physics Research. Or, en dehors de celles d'Arkadiusz Jadczyk et de quelques rares spécialistes des groupes quantiques et algèbres d'opérateurs, aucune de ces interventions ne montrait que leurs auteurs avaient compris le sens de nos travaux. C'est dans ce contexte que le physicien théoricien Urs Schreiber, spécialiste de la théorie des (super) cordes et modérateur du SPR, a publié un texte dans lequel il résumait son interprétation de nos idées. Plus tard, ce texte a été placé sur le site de Schreiber précédé de son propre commentaire : « Dans la longue discussion déclenchée par l'affaire Bogdanov, de nombreux intervenants ont difficilement tenté de comprendre quel pouvait être le sens de leurs articles. En suivant les échanges sur le forum, j'ai alors eu l'impression grandissante que les idées centrales de ces articles étaient, de fait, beaucoup plus simples que ne le faisaient apparaître les questions et les commentaires des experts. En conséquence, j'ai écrit un message court, reproduit ci-après, dans lequel je tentais de résumer ce que je pensais être la ligne de raisonnement qui sous-tendait les articles des Bogdanov. J'ai été heureux et, d'une certaine façon, surpris lorsque j'ai reçu, le 27 janvier 2003, un message de Igor et de Grichka Bogdanov en personne dans lequel ils confirmaient mon analyse. »

V

COMMENTAIRE SUR L'APPROCHE
TOPOLOGIQUE DE LA SINGULARITÉ

par Urs SCHREIBER
Département de physique théorique
Université d'Essen
10 novembre 2002

Le raisonnement des Bogdanov est le suivant :

Ils commencent par considérer la forme générale d'une fonction de partition quelconque

$$Z \text{ (bêta)} = \text{Tr (exp (– bêta H))}.$$

Ils posent bêta égale zéro et trouvent $Z (0) = \text{Tr (1)}$. Ils remarquent alors que le hamiltonien a disparu de cette équation. Ils en concluent que Tr (1) doit être la fonction de partition d'une théorie topologique des champs, dans la mesure où ils posent que la fonction de partition d'une théorie topologique des champs peut être obtenue en donnant au hamiltonien dans l'équation exp (– bêta H) la valeur zéro. Appelons ce résultat A.

Deuxième étape, Igor et Grichka Bogdanov entreprennent d'appliquer cette idée à un contexte justifiant bêta égale zéro et débouchent donc sur la cosmologie FRW, où bêta est égal à zéro en même temps que le facteur d'échelle R devient nul. Ils raisonnent de la manière suivante : « Sur la Singularité Initiale, on a bêta égale zéro, par conséquent, la physique, au voisinage de la Singularité Initiale, d'après le résultat A est décrit par la théorie topologique des champs. » Ce résultat correspond à B.

(Notons que par la généralité du résultat A, il n'est pas nécessaire pour les Bogdanov de spécifier quelle théorie des champs ils considèrent. Toutefois, ils considèrent leur H comme le hamiltonien d'une théorie des champs dans un contexte FRW fixé, non pas en tant que contrainte hamiltonienne d'une quelconque théorie de la gravité.)

L'étape suivante, que nous appelons C, est qu'une théorie topologique des champs est une théorie des champs définie sur une variété riemannienne. Puisque, d'après le résultat B, « toute théorie des champs est une théorie topologique des champs au voisinage de la Singularité Initiale », il en découle que la métrique de l'espace-temps sur la Singularité Initiale doit être riemannienne, ce qui constitue le résultat D.

Ensuite, D étant en contradiction avec l'assomption originelle d'une cosmologie FRW munie d'une métrique pseudo-riemannienne, ils invoquent la mécanique quantique et postulent que la signature de la métrique doit être soumise à des fluctuations quantiques au voisinage de la Singularité Initiale. Cela représente le résultat E.

J'ai écrit cela pour mettre en évidence ce que je crois être les idées centrales des auteurs lorsqu'ils ont écrit leurs articles et comment cela les a conduits vers leurs conclusions.

Urs Schreiber
Physicien théoricien
Université d'Essen

Comme nous l'avons remarqué ailleurs, ce qui apparaît sur internet, c'est bien une nouvelle forme de rumeur, bien plus dangereuse que les seuls bruits véhiculés à l'ancienne de bouche à oreille : mi-parole, mi-écriture, les échanges sur les forums de discussion relèvent bien d'une nouvelle économie de l'information d'où toute censure semble désormais exclue. Curieusement, le mail institue un univers où le contact s'opère presque par « capillarité » ; on échange bien des phrases faites de mots, mais ceux-ci sont d'une matière inconnue : ils n'ont pas le « poids du réel », là où la parole est nécessairement la rencontre de l'autre. A l'évidence, les « chats » (l'expression agace : elle désigne à l'américaine les « discussions sur le net ») sont bel et bien une sorte de parole (ou, ce qui revient au même, d'écriture à haute voix) : portés par l'illusion tenace d'une proximité de l'interlocuteur (on pourrait presque le toucher), les échanges sont dominés par « l'esprit de confidence » : on feint de croire au tête-à-tête clandestin avec l'autre, on se persuade que l'on est bien seul avec lui, alors qu'ailleurs dans le réseau une foule immense observe, guette, épie, dissèque chaque ligne de ces étranges dialogues. Jusqu'ici, il n'existait aucun mode de communication immédiate perçu comme un acte collectif. Mieux que tout autre médium, ce mixte de parole et d'écriture autorise désormais au grand jour ce que Freud appelait

367

Avant le Big Bang

*autrefois la « scène du refoulement » : bien à l'abri
derrière son clavier, le participant au forum peut tout penser,
tout dire, car il participe par définition à l'inconscient collectif
en train de se faire, en train de parler. Non codé par la morale,
échappant aux règles habituelles de la communication,
ce discours tapé est donc la matière même de la rumeur et,
dès lors qu'il ne sait plus faire la différence entre l'individu
et la collectivité, devient la forme la plus maligne – la plus
perverse – de la conversation.*

*Voici le résultat d'une de ces « conversations » sur internet :
l'erreur du physicien John Baez, largement reprise, copiée,
recopiée d'un forum à l'autre.*

VI

À PROPOS DU LAGRANGIEN...

Certain lecteurs se souviennent peut-être du débat attisé, en octobre 2002 via internet, par le physicien américain John Baez quant aux fondements théoriques de nos travaux. John Baez se décrit volontiers comme « raisonnablement compétent » en théorie topologique des champs. Mais dans ce cas, comment expliquer ses erreurs d'interprétation dans ce domaine ? Dès le début de l'« affaire », il commet un contresens qui va orienter la lecture de nos travaux par la majorité des physiciens : aucun d'eux ne va découvrir que « Dear John » s'est trompé quant à notre interprétation du lagrangien.

Commençons par rappeler ce que Baez a écrit le 11 novembre 2002 sur le SPR : « *Dans la mesure où j'ai effectué des travaux sur la théorie topologique des champs, j'ai été particulièrement amusé par ce passage dans leur article "Théorie topologique des champs de la Singularité Initiale" : "Une théorie est dite topologique si elle ne dépend pas du lagrangien du système".*

Cela pourrait prendre pas mal de temps pour vous expliquer, mais en gros, cela revient à dire ce que les Bogdanov appellent "topologique" une théorie qui ne dépend pas de ce qu'est la théorie [...]. Une théorie qui ne dépend pas de ce qu'elle est ! »

Ici, ce que John Baez semble ignorer c'est que notre approche est rigoureusement *exacte* alors que la sienne est trivialement fausse. Voici pourquoi.

Avant le Big Bang

Pour commencer, le 27 février 2003, le physicien théoricien Peter Woit a écrit ce qui suit sur le site du SPR : « Je suis informé qu'au moins un spécialiste réputé en théorie des cordes, rattaché à une respectable institution, a fait circuler en direction de ses collègues une attaque contre John Baez validant le point de vue des Bogdanov, selon lequel une théorie topologique est une théorie qui ne dépend pas du lagrangien. »

Woit était en effet bien informé. Mais qui est ce mystérieux « spécialiste réputé » dont il parle ? Après enquête (car il ne souhaitait pas que son point de vue soit rendu public), nous avons découvert qu'il s'agissait du professeur Massimo Poratti, l'un des meilleurs experts de la théorie des cordes mais également fin connaisseur de la théorie topologique des champs. Or, le 29 octobre 2002, il a adressé à plusieurs physiciens théoriciens le courrier que voici :

« Le commentaire de ce John Baez ne tient pas debout. Il semble trouver particulièrement drôle l'affirmation des Bogdanov selon laquelle une théorie topologique ne dépend pas du lagrangien. Malheureusement pour lui, c'est bien ce qui se passe dans la théorie de Witten des invariants polynomiaux de Donaldson [...]. Cette théorie peut être vue comme la version à jauge fixée du lagrangien nul. Toutes ses propriétés non triviales proviennent de l'ambiguïté de Gribov quant à la fixation de jauge. »

Ici, les « propriétés non triviales » mentionnées par Poratti sont, en effet, connues de tous ceux qui ont travaillé en théorie topologique des champs. Sauf... de John Baez lui-même. Bien entendu, cela n'a en soi aucune importance. A ceci près que ce soi-disant « argument » trivialement faux a été brandi par Baez comme un trophée et a fait le tour du monde. Sans se poser la moindre question, des dizaines de physiciens théoriciens ont ainsi repris l'erreur, l'ont formatée, polie, instrumentalisée, jusqu'à en faire l'une des principales pièce à conviction contre notre approche « topologique » de la Singularité Initiale. Un exemple ? Celui du physicien théoricien Astor Tocvick : « Ils n'utilisent pas une terminologie claire (ceci a été remarqué plus tôt, à savoir "une théorie qui ne dépend pas de son lagrangien". » Autre exemple : Aaron Bergman, physicien théoricien à la très sélective université de Princeton, particulièrement actif dans ce débat incohérent. Sa spécialité porte sur la théorie des cordes. Autrement dit, il n'est que peu apte à comprendre la part la plus importante de nos travaux (très éloignés de la théorie des cordes). C'est sans doute pour cela que, dans un premier temps, il trouve nos articles *« difficiles à déchiffrer »*. Malheureusement, il n'en est pas resté là. Choisissant à son tour de « régler » le cas du papier de *Classical and Quantum Gravity*, il a écrit sur le SPR : « J'ai jeté un coup d'œil dessus et clairement, le referee ne l'a même pas regardé. En particulier, j'apprécie : "une théorie est topologique si (le lagrangien étant non trivial) celle-ci ne dépend pas du lagrangien". » Hélas pour Bergman : la vérité est que non seulement le referee de *CQG* a bel et bien « regardé » l'article (il nous a envoyé plusieurs pages de commentaires et demandes de corrections aujourd'hui publiées sur le site de John Baez), mais il est le premier à avoir fait, avant Parotti, une évaluation exacte de notre idée selon laquelle une théorie est topologique si elle est indépendante du lagrangien. Et Bergman a manifestement tort (bien entendu, il ne s'agit pas chez lui de la seule erreur : nous en avons relevé quatre autres du même type – contre neuf, il est vrai, chez John Baez…).

Si nous avons décidé de joindre à ces annexes le texte qui suit,
c'est qu'il met en évidence l'une des conséquences les plus
inattendues de la fluctuation de la signature de la métrique à
l'échelle de Planck : celle d'une solution possible à
l'unification des quatre forces fondamentales de la nature.
Certes, la théorie de supersymétrie est censée réaliser cette
unification entre la symétrie externe d'espace-temps
(la gravitation) et les symétries internes (force
électromagnétique, force nucléaire forte, force faible
de désintégration), mais elle construit pour cela un produit
de groupe très « lourd » – $SL(2, C) \times SU(3) \times U(1)$ – qui oblige
à considérer l'existence de dimensions supplémentaires
d'espace. C'est de là que proviennent les 11 dimensions
de la théorie des cordes. Or comme nous allons le voir,
dans notre modèle, la fameuse unification peut être réalisée
en basses dimensions (les dimensions supplémentaires n'étant
alors que de simples champs scalaires).

VII

L'UNIFICATION DES QUATRE FORCES DE L'UNIVERS

Il y a presque quatre-vingt-dix ans, jour pour jour, Einstein était en train d'achever ce véritable monument qu'est la théorie de la relativité. Mais en un certain sens, c'était la dernière œuvre de sa vie. Car pendant plus de quarante ans, il s'est acharné sans répit à construire ce qu'il appelait la « théorie du champ unifié » : une théorie enfin *complète*, qui aurait rassemblé en une seule les quatre forces de l'Univers, celles de l'infiniment grand et celles de l'infiniment petit. Or, hélas ! jamais il n'est parvenu à réaliser son grand rêve.

L'un de nos correspondants, le physicien américain Michio Kaku, exprime en quelques mots l'impact de ce défi : « J'avais à peine huit ans lorsqu'un beau jour notre maître d'école a décidé de nous parler d'un grand savant qui venait de mourir. Apparemment, peu de gens comprenaient ses idées, mais ses découvertes avaient bouleversé le monde entier. Or, le plus intrigant chez cet homme, c'est qu'il était mort avant d'avoir pu achever sa fabuleuse découverte. Il avait passé de longues années solitaire, à la poursuite de la plus grande théorie de tous les temps. Hélas ! il ne laissa qu'un empilement d'articles non terminés sur son bureau. Mais quel était donc ce travail inachevé ? Quel problème pouvait donc être si difficile et si important pour qu'un savant d'une telle envergure lui ait consacré tant d'années en pure perte ? »

Or, après Einstein, des milliers de savants, parmi les meilleurs du monde, ont également tenté l'impossible : réunir au sein d'un même « champ unifié » les forces de l'infiniment grand et celles de l'infiniment petit. Et du même coup, réunir enfin au sein d'une *même* théorie la relativité générale et la mécanique quantique. Mais là encore, aucun succès véritable n'est venu récompenser ces années d'efforts démesurés : la « Théorie du Tout », cette théorie ultime de l'Univers, paraît aujourd'hui plus éloignée que jamais. En quoi consiste un tel défi ? On sait que les quatre forces de l'Univers, très différentes les unes des autres, sont totalement séparées. Rappelons-le, les deux forces de l'infiniment petit sont la radioactivité (force faible) et la force nucléaire (force forte). A l'autre bout, dans l'infiniment grand, on trouve la force électromagnétique – dont la portée est infinie – et, enfin, la plus mystérieuse de toutes : la force de gravitation (également de portée infinie). Or, cette dernière force – qui fait que le livre que vous tenez entre les mains ne se met pas à flotter dans les airs comme un ballon – est des milliards de milliards de milliards de fois plus faible que la force nucléaire. Voilà qui explique pourquoi il est si difficile de les réunir, de les *unifier* au sein d'un champ unique. Car les fondre en une seule, cela signifie non seulement qu'elles deviennent égales en intensité, mais encore que leur nature profonde, leur substance doit se révéler identique. En somme, une sorte de « superforce » résultant de la fusion de quatre forces distinctes. Or, il existe aujourd'hui un modèle d'unification des trois premières de ces forces : l'électromagnétisme, la radioactivité et la force nucléaire. Cette « grande unification », comme on l'appelle, s'est très certainement produite il y a très longtemps, quelques instants après le Big Bang. On la décrit à l'aide de ces fameux groupes de symétrie dont nous avons déjà parlé. Plus que de simples instruments, ce sont

Annexes

de véritables « êtres mathématiques », qui portent des noms mystérieux, pareils à des noms de code, ou d'agents secrets : SU(3), SO(5), E8 etc. Mais, ici encore, les choses sont finalement plus simples qu'elles n'en ont l'air. Revenons à quelques principes élémentaires. Pour réaliser l'unification des forces, il est naturel que nous utilisions des groupes dits « d'unification ». Et sur ce point, la science a trouvé des réponses. En effet, chacune des forces de l'Univers est aujourd'hui décrite par un groupe d'unification qui lui est propre.

Commençons par la force électromagnétique. Le groupe qui lui correspond s'intitule « U(1) ». Pourquoi U ? Parce qu'il s'agit, nous l'avons précisé, d'un groupe d'unification. Pourquoi 1 ? Simplement parce que la force électromagnétique n'a qu'une seule particule pour la véhiculer : le célèbre photon (ou « grain de lumière »). En entrant dans la mécanique unitaire de U(1), on constate que ce groupe n'a qu'un seul générateur (si on compare le groupe à une voiture, celle-ci n'a qu'un seul « moteur » pour la faire « marcher »). Passons à SU(2). Il s'agit également d'un groupe d'unification (« SU » veut dire groupe unitaire spécial). Il décrit la force faible de radioactivité. Celle-ci est transmise par trois particules différentes. Le groupe a donc trois générateurs (trois moteurs). Enfin, reste la force nucléaire « forte ». Elle est transmise par huit particules (on les appelle les gluons). Le groupe correspondant s'écrit SU(3). La grande unification des trois forces (électromagnétisme, radioactivité et force nucléaire) dans le modèle standard a donc donné lieu à une formule célèbre, aujourd'hui acceptée dans le monde entier : SU(3) × SU(2) × U(1) (qu'on appelle les « symétries internes »).

A présent, lorsqu'on ajoute la dernière force, à savoir la gravité, à l'union des trois premières, on réalise l'unité *complète* de toutes les interactions de l'espace-temps. Comme la symétrie d'espace-temps s'écrit SL(2, C), la supersymétrie complète prend la forme suivante :

$$SL(2,\ C) \times SU(3) \times SU(2) \times U(1)$$

Or , nous avons démontré dans un article aujourd'hui publié que l'équation ci-dessus est strictement équivalente au groupe d'unification décrivant l'unification sous supersymétrie, entre le groupe de Lorentz et le groupe euclidien à quatre dimensions. Autrement dit, l'unification entre les quatre forces de l'Univers est réalisée, à l'échelle de Planck, dans le cadre de la fluctuation de signature. Pour mettre les spécialistes sur la piste de notre résultat, il suffit d'observer que le nombre de générateurs du modèle standard d'unification des quatre forces (au niveau local) est de 18. Or, notre propre « espace d'unification » [qui est en fait l'espace homogène symétrique SO(3, 1) × SO(4) quotienté diagonalement par SO(3)] est également – dans la mesure où la théorie est supersymétrique – de dimension 18.

Un tel résultat ouvre de fantastiques perspectives puisque, pour la première fois, se trouve réalisée, en dimensions 5, la fameuse unification entre toutes les forces de l'Univers. Et probablement que si celle-ci n'avait pu être obtenue jusqu'ici, c'est parce que toutes les tentatives ont toujours été effectuées dans le cadre d'une signature *fixe*. Or, aucune unification à basse dimension n'est possible, justement, si l'on ne considère pas la fluctuation de signature. C'est donc l'un des nouveaux « trésors » que l'on peut trouver dans la fluctuation de la direction du temps à l'échelle de Planck.

VIII

LE CÔNE DE LUMIÈRE COSMOLOGIQUE

*Le cône de lumière cosmologique constitue l'objet
fondamental de la relativité générale. Nous le représentons
ici sous une forme légèrement modifiée par la présence,
sur son sommet, de la singularité initiale. Ce cône
est donc divisé en trois régions :
– la région classique : depuis les grandes échelles
jusqu'à l'échelle de Planck ;
– la région quantique : depuis l'échelle de Planck
jusqu'à l'échelle de 0 :
– la région singulière : la singularité à échelle 0.
L'Ailleurs est tout autour.
Dans la région classique la métrique est lorentzienne :
dans la région quantique, la métrique est en état de
superposition (fluctuations entre la forme lorentzienne
et la forme euclidienne) ; dans la région singulière,
la métrique est euclidienne.*

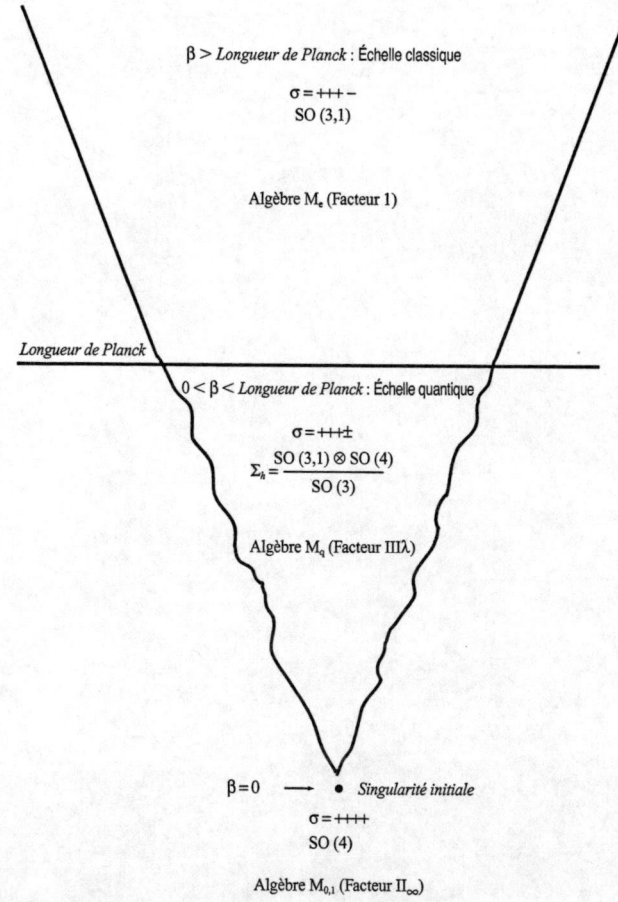

Cône de lumière cosmologique

BIBLIOGRAPHIE SOMMAIRE

Jean-Paul Auffray, *Einstein et Poincaré*, Le Pommier.

Hans Albrecht Bethe, Roman W. Jackiw, *Intermediate Quantum Mechanics*, Advanced Book Classics.

Igor Bogdanov, Grichka Bogdanov, Jean Guitton, *Dieu et la Science*, Grasset.

Alain Connes, *Géométrie non commutative*, InterEditions

Jacques Demaret, Dominique Lambert, *Le Principe anthropique*, Armand Colin.

Albert Einstein, *La Relativité*, Payot, coll. « Petite Bibliothèque ».

Alexander Friedmann, Georges Lemaître, *Essais de cosmologie*, Le Seuil.

G. W. Gibbons, E. P. S. Shellard & S. J. Rankin, *The Future of Theoretical Physics and Cosmology*, Cambridge University Press.

Brian Greene, *L'Univers élégant*, Robert Laffont.

Edgar Gunzig & Simon Diner, *Le Vide, l'univers du tout et du rien*, Complexe.

Stephen Hawking, *Trous noirs et bébés univers*, Odile Jacob, coll. « Poche ».

Stephen Hawking, *Commencement du temps et de la physique*, Flammarion.

Stephen Hawking, Roger Penrose, *L'Espace-temps*, Gallimard.

Gerard t'Hooft, *In Search of the Ultimate Building Blocks*, Cambridge University Press.

Arkadius Jadczyk et Robert Coquereaux, *Riemannian Geometry, Fiber Bundles, Kaluza-Klein Theories and All That*, World Scientific, coll. « Lecture Notes in Physics », Singapour.

Mario Livio, *The Accelerating Universe*, Wiley.

Shahn Majid, *Quantum Groups*, Cambridge University Press.

Ilya Prigogine, *La Fin des certitudes*, Odile Jacob, coll. « Poche ».

Charles Seife, *Zéro*, Lattès.

Mikhail Shifman, *Instantons in Gauge Theories*, World Scientific.

383

Avant le Big Bang

Joseph Silk, *Le Big Bang*, Le Livre de Poche.
Paul Strathern, *Oppenheimer, je connais,* Mallard.
Paul Strathern, *Hawking, je connais*, Mallard.
Kip Thorne, *Trous noirs et Distorsions du temps*, Flammarion.
Anthony Zee, *Quantum Field Theory*, Cambridge University Press.

TABLE

*Nous remercions ici fraternellement
Michel Massuyeau pour sa lecture
attentive et parfaite du livre avant le livre*

Cet ouvrage a été imprimé par

FIRMIN DIDOT
GROUPE CPI

Mesnil-sur-l'Estrée

pour le compte des Éditions Grasset
en mai 2004

Photocomposition nord Compo
Villeneuve-d'Ascq (Nord)

Imprimé en France

Dépôt légal : mai 2004
N° d'édition : 13287 - N° d'impression : 68363
ISBN : 2-246-501113-3